职业教育食品类专业系列教材

食品企业管理

张冬梅　崔美芳　张　鹏　主编

科学出版社

北　京

内 容 简 介

本书紧扣食品行业人才需求，精选教学内容，着重增加新颖、典型的食品企业案例分析，重点阐述食品企业管理知识。本书主要内容包括：食品企业管理概述，食品企业的组织管理，食品企业的经营管理，食品企业的生产管理，食品企业的市场营销管理，食品企业的人力资源管理，食品企业的技术和信息化管理，5S 现场管理法，ISO 9001 质量管理体系，良好生产规范（GMP），危害分析与关键控制点（HACCP），ISO 22000 食品安全管理体系，食品有毒有害物质限量标准，食品添加剂和食品营养强化剂合规，食品标签和营养标签标准合规。同时，各单元附有教学课件等二维码方便读者学习。

本书既适合于高等院校食品相关专业教学使用，也适合于食品企业管理培训学员使用，还可作为食品管理部门和食品企业管理干部的参考用书。

图书在版编目（CIP）数据

食品企业管理/张冬梅，崔美芳，张鹏主编. —北京：科学出版社，2022.12
（职业教育食品类专业系列教材）
ISBN 978-7-03-074357-2

Ⅰ.①食… Ⅱ.①张… ②崔… ③张… Ⅲ.①食品企业－企业管理－高等学校－教材 Ⅳ.① F407.826

中国版本图书馆 CIP 数据核字（2022）第 243855 号

责任编辑：王 彦 王建洪/责任校对：赵丽杰
责任印制：吕春珉/封面设计：东方人华平面设计部

科 学 出 版 社 出版
北京东黄城根北街 16 号
邮政编码：100717
http://www.sciencep.com

三河市骏杰印刷有限公司印刷
科学出版社发行 各地新华书店经销

*

2022 年 12 月第 一 版 开本：787×1092 1/16
2024 年 9 月第四次印刷 印张：15 1/4
字数：347 000
定价：59.80 元

主　　编　张冬梅（山东商务职业学院）

　　　　　崔美芳（山东商务职业学院）

　　　　　张　鹏（山东城市服务职业学院）

副 主 编　赵　伟（吉林省经济管理干部学院）

　　　　　宋　媛（吉林省经济管理干部学院）

　　　　　于中玉（吉林省经济管理干部学院）

　　　　　范丽霞（河南工业贸易职业学院）

　　　　　薛　芳（山东药品食品职业学院）

　　　　　宋运霞（邯郸职业技术学院）

参　　编　赵现锋（河南轻工职业学院）

　　　　　于金换（烟台职业学院）

　　　　　陈晓宇（黑龙江农业工程职业学院）

　　　　　李　锋（南通科技职业学院）

前　言

依据高职食品专业人才培养的要求，本书在编写过程中打破学科边界束缚，精选教学内容，增添适应现实和未来需要的新技术，删除陈旧过时内容，精简、重组并整合课程，以"理论够用、强化实践、突出训练、注重实效"为原则，以案例教学为特色，以提高学生岗位实际工作能力为中心，以提高教学效率为目的。

在社会经济的发展过程中，宏观经济的繁荣昌盛有赖于微观经济主体——企业的健康有序发展，而企业的健康活力又在很大程度上取决于企业自身的管理。食品企业管理是一个具有丰富内涵的复杂系统工程，其经营活动的基本任务是使企业人力、物力、财力资源得到优化配置，能够以最少的投入获得最多的产出，即在生产经营活动中，通过科学管理，获得成本低、费用省、效率高、效益好的最佳效果。

本书采用项目任务化编写体例，共设计三个模块：模块一为食品企业基础管理，包括食品企业管理概述、食品企业的组织管理、食品企业的经营管理、食品企业的生产管理、食品企业的市场营销管理、食品企业的人力资源管理和食品企业的技术与信息化管理七个单元；模块二为食品企业质量安全管理，包括5S现场管理法、ISO 9001质量管理体系、良好生产规范（GMP）、危害分析与关键控制点（HACCP）和ISO 22000食品安全管理体系五个单元；模块三为食品企业合规管理，包括食品有毒有害物质限量标准、食品添加剂和食品营养强化剂合规、食品标签和营养标签标准合规三个单元。每个单元由学习目标、思维导图、案例导入、必备知识、拓展资源和复习巩固组成。本书结构严谨、形式活泼，将理论性、实用性和趣味性融为一体，具有深刻的启迪性和可操作性，其中教学课件等以二维码的形式呈现，方便学习者反复观看。

本书由山东商务职业学院张冬梅担任主编，负责全书的整体框架并统稿。编写分工如下：张冬梅、宋运霞编写单元一、单元五、单元六和单元七；崔美芳、赵伟编写单元二、单元三；张鹏、宋媛编写单元四、单元八；范丽霞、李锋编写单元九、单元十一；薛芳、陈晓宇编写单元十、单元十五；于金换编写单元十二；于中玉编写单元十三；赵现锋编写单元十四。

本书在编写过程中，参考了许多相关书籍，并吸收了大量知识，在此谨向有关原作者表示诚挚的谢意。由于作者水平和经验所限，书中不妥之处在所难免，敬请广大读者批评指正。

模块一　食品企业基础管理

模块二　食品企业质量安全管理

模块三　食品企业合规管理

模块 一

食品企业
基础管理

单元一　食品企业管理概述

学习目标

食品企业管理概述

知识与技能目标

（1）了解食品企业管理的概念；

（2）熟悉食品企业管理的职能；

（3）掌握食品企业管理的基本原理和基本方法；

（4）能正确运用食品企业管理的基本原理和基本方法。

思政与素养目标

树立责任意识和创新精神。

思维导图

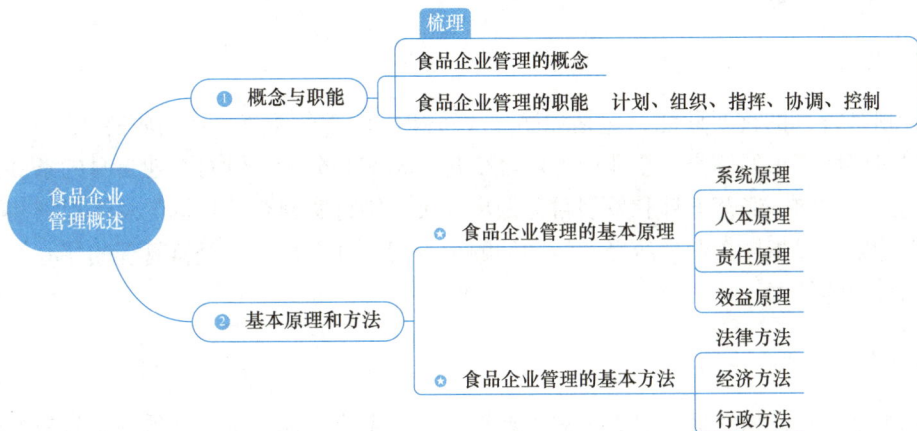

案例导入

安琪集团：对标卓越、聚焦主业，创新健康生活

近年来，安琪集团围绕"做国际化、专业化生物技术大公司"的战略目标，践行

"发展生物技术，创新健康生活"的使命，以国内外领先企业为标杆，聚焦酵母、健康食品配料、营养保健食品、生物技术、新型健康包材5个产业布局和22个业务单元，不断推进党建引领、深化改革、科技创新、数字化赋能等重点项目。

安琪集团发扬"追求卓越、勇于创新、永不满足"的企业精神，坚持刀刃向内，聚焦关键深化改革。增强战略思维，把谋事和谋势、谋当下和谋未来统一起来，加强对中远期的战略谋划。结合细分产品、顾客、组织，安琪集团进一步优化组织机构，理顺管理体制。聚焦核心基础技术研究和市场消费需求，大力推进新产品开发和技术服务。安琪集团坚持德才兼备的用人理念，严格干部选拔标准，从岗位任职、薪酬考核、作风纪律建设等方面推进改革创新，加强干部队伍建设，激发干部干事创业的热情。

（资料来源：https://www.angelyeast.com/contents/3337/83258.html，有改动）

必备知识

一、食品企业管理的概念与职能

（一）食品企业管理的概念

食品企业管理就是在一定生产方式和文化背景下，由食品企业管理人员或管理机构依照一定的原理、原则和方法，对企业的人、财、物、信息等生产要素进行计划、组织、领导、控制和创新，以提高经济效益，实现盈利目标的活动的总称。

（二）食品企业管理的职能

1．计划职能

计划是管理的首要职能，包括预测、决策和计划三个环节。计划职能从广义上说，是通过对市场需求的调查，企业内外环境变化的预测和分析，针对企业自身的条件，对企业的经营方向、经营方针和发展目标做出决策，制订实现企业目标的总体规划和具体的行动计划，以指导企业生产经营活动的顺利进行。计划是生产经营管理的核心，是企业一切行动的依据。

2．组织职能

组织是实现计划的保证，为了完成计划、达到企业目标，企业必须建立起一个适合生产、便于管理的组织系统。组织就是按照企业生产经营活动的各个要素、各个部门、各个环节和各个方面，在空间和时间的联系上，在上下左右的关系上，在劳动的分工协作上，合理组织起来，保证计划的实现。组织职能的具体内容包括设计组织结构，建立适当的管理层次和管理幅度，健全各项规章制度，确立各部门的职责范围及其相互关系，确定它们之间信息沟通和相互协调的原则和方法，以及人员聘用、组织任用和考核、奖惩制度等，其目的在于调动员工的积极性，使组织职能最有效地发挥作用。

3．指挥职能

指挥职能就是对企业各级人员的领导。它只是在上下级关系中发挥作用，反映的是一种纵向管理关系。现代企业的生产经营活动十分复杂，各项工作环环相扣，相互联系，相互制约，必须高度集中、统一指挥。计划是指挥的依据，组织是指挥的保证。要实现科学的指挥，必须建立统一的、强有力的、高效率的生产经营指挥系统，并在企业的生产经营过程中实行统一的领导，统一的指挥和调度，及时解决生产经营过程中出现的各种问题。在以高度社会化大生产为主要特征的现代企业中，统一指挥尤为重要。

4．协调职能

协调职能是指管理者为保证企业生产经营活动的正常进行而对企业各部门、各单位、各环节之间的不和谐现象进行各种调节。它可以协调企业各方面的工作，以及系统各项生产经营活动，使它们建立良好的合作关系，不发生重复或矛盾，从而有效地实现企业的目标。

5．控制职能

控制职能是指不断地接受企业内外部的有关信息，按照既定的目标和标准对企业的生产经营活动进行监督、检查，如果发现偏差，立即采取纠正措施，使工作按预定计划进行。控制和计划的关系非常密切，控制要以计划为依据，而计划要靠控制来保证实现。控制要有组织机构、合理的规章制度及明确的责、权、利相结合的经济责任制。

总之，食品企业管理的五个具体职能互相联系、互相制约，既不可缺乏，又不能偏废，构成一个有机的统一体。通过计划，明确企业的目标和任务；通过组织，建立实现企业目标和任务的手段；通过指挥，建立企业正常的生产秩序；通过协调，调节企业与各方面的相互关系，加强相互间的配合；通过控制，检查企业的计划完成情况。

二、食品企业管理的基本原理和方法

（一）食品企业管理的基本原理

1．系统原理

系统原理认为管理是一个系统，其各要素不是孤立的，要实现管理的目标必须对食品企业经营管理活动及其要素进行系统分析，综合治理。

（1）整体性观点。整体性观点是系统论最基本的观点。该观点认为系统所构成的各要素按一定的逻辑要求为实现系统目标构成一个整体，这就要求在管理活动中将系统要素之间的相互关系及要素与系统之间的关系以整体为主进行协调，局部服从整体，使整体效果达到最优，即要求局部利益服从整体利益，系统要素功能服从系统整体功能。

（2）开放性观点。开放性观点又称有序性观点。系统根据其与环境的关系可分为与的概念，短期最优不一定长期最优，局部最优不一定整体最优。效益最优原则要求食品企业必须从全局的角度考虑企业长远的发展。

效益是管理的根本目的，管理是对效益的不断追求。要实现最佳管理效益，食品企业应注意以下几点：要重视经济效益；要有正确的管理战略；要努力提高管理系统的效率；要追求长期、稳定的高效益；要确立管理活动的效益观。

（二）食品企业管理的基本方法

1．法律方法

1）法律方法的概念

法律，是由国家制定或认可的，体现统治阶级意志，以国家强制力保证实施的行为规则的总和。法律方法是指国家根据广大人民群众的根本利益，根据各种法律规范、条例、司法、仲裁工作，调整社会经济的总体活动和各企业、单位在管理活动中所发生的各种关系，以保证和促进社会经济发展的管理方法。有了经济法规，食品企业的各项管理活动就有法可依，有章可循。合法的经济活动受到法律的保护，不合法的、危害社会的经济活动就要受到法律的制裁。因此，必须加强食品企业的法制意识，进行法制宣传教育，使各种领导、管理人员和广大职工知法、守法、依法办事，充分发挥法律武器在食品企业管理中的作用。

2）法律方法的特性

（1）强制性。法律规范同其他社会规范不同，它是由国家强制实施的、人人必须遵守的行为规则，具有普遍的约束力和强制性。法律法规一经制定就要执行，各个企业、单位以至每个公民都必须毫无例外地遵守。否则，要受到国家强制力量的惩处。

（2）规范性。法律和法规是所有组织和个人行动的统一准则，对组织和个人具有同等的约束力。法律规范规定人们在什么情况下可以做什么、应当做什么或不应当做什么，同时又通过这种指引，作为评价人们行为的标准。根据这些规范可以推测自己或他人的行为是合法或是违法，并有什么后果等。法律法规都是用极严格的语言，准确阐明一定的含义，并且只允许对它做出一种解释。法律法规之间不允许互相冲突，法规服从法律，法律应服从宪法。

（3）严肃性。法律法规的制定必须严格按照法律规定的程序和规定进行，一经制定和颁布，就具有相对的稳定性。法律法规不可因人而异，滥加修改，必须保持其严肃性。司法工作更是严肃的行为，它必须通过严格的执法活动来维护法律的尊严。法律规范制约的对象不是具体的人，而是概括的人，故具有普遍适用性和相对稳定性。

3）法律方法的具体形式

由于社会关系的复杂性和多样性，法律规范的形式与内容也极为丰富，法学上根据法律所调整的社会关系的不同可将其分为各个不同的法律，并形成相互联系、相互协调的统一的法律体系。企业管理的法律方法中，既包括国家正式颁布的法，也包括各级政府机构和各个管理系统所制定的具有法律效力的各种社会规范。法律法规一般是由一系列单项的法律法规所组成。例如，用于国民经济管理总体方面的，有计划法、工业法、农业法、商业法、基本建设法、财政法等；用于工业管理活动方面的，有公司法、工业企业法、交通运输法、海商法等；用于流通领域管理方面的，有商标法、价格管理法、外汇管理法、证券交易法等；在调整各地区、各部门企业及各单位之间的经济活动方面，有经济合同法；用于资源和环境保护方面的，有自然资源法、能源法、环境保护法等；用于保护劳动者及其集体权益方面的，有劳动法、专利法、版权法、创造发明法等；随着改革开放的继续和深入，还有中外合资经营企业法、外资企业法、对外贸易法、涉外税法、涉外金融法、涉外经济合同法等。建立健全各种法律法规，最根本的是要遵循事物自身的客观规律。

法律方法的形式，不仅包括建立和健全各种法规，而且包括相应的司法工作和仲裁工作。这两个环节是相辅相成、缺一不可的。只有法规而缺乏司法和仲裁，就会使法规流于形式，无法发挥效力；法规不健全，司法和仲裁工作则会产生混乱，无所适从。

4）法律方法的作用

一是保证必要的秩序，使各个系统都明确自己的职责、权利和义务，互相沟通。管理系统内外部存在着各种社会经济关系，只有通过法律方法才能公正、合理、有效地加以调整，及时排除各种不利因素的影响，保证社会经济秩序的正常运行，为管理活动提供良好的外部环境。

二是调节各种管理因素之间的关系，即用法律规范调节各种组织及其各个下属构成单位之间的纵向和横向关系。根据对象的不同特点和所给任务的不同，法律可以规定不同管理因素在整个管理活动中各自应尽的义务和应起的作用。这就体现了法律方法具有一定的自动调节功能。

三是使管理活动纳入规范化、制度化轨道。法律方法的运用，有助于使符合规律、行之有效的管理制度和管理方法用法律的形式规范化、条文化、固定化，使人们有章可循，严格执行这些制度和方法，管理系统便能自动有效运转。这样既可保证管理效率，又可节约管理者精力。

2．经济方法

1）经济方法的概念

经济方法是指按照客观经济规律的要求，运用各种经济手段（如价格、税收、信贷、利润、工资、奖金、罚款），调节各种不同经济主体之间的关系，以获取较高的经济效益与社会效益的管理方法。经济方法不具有强制性，它的核心和实质是贯彻按劳分配，正确运用物质利益原则，以经济利益为动力，有效地配置企业内的人、财、物等资源，合理地组织和管理企业的生产经营活动，妥善处理国家、集体、个人的经济利益关系，调动广大员工的积极性，促使企业员工从经济利益上自觉地关心企业生产经营活动和经营成果，积极主动地开展经济活动以实现管理目标。

2）经济方法的特性

（1）利益性。经济方法是通过利益机制引导被管理者去追求某种利益，间接影响被管理者行为的一种管理方法。

（2）关联性。经济方法的使用范围很广。各种经济手段之间的关系不但错综复杂，影响面宽，而且每一种经济手段的变化都会造成社会多方面经济关系的连锁反应。它不仅会影响当前，而且会波及长远，产生一些难以预料的后果。

（3）灵活性。一方面，经济方法针对不同的管理对象，如企业、职工个人，可以采用不同的手段；另一方面，对于同一管理对象，在不同情况下，可以采用不同方式来进行管理，以适应形势的发展，如税收的增减可分为鼓励与限制某一产业的发展，增减的幅度越大，作用越明显。

（4）平等性。经济方法承认被管理的组织或个人在获取自己的经济利益上是平等的。社会按照统一的价值尺度来计算和分配经济成果；各种经济手段的运用对于相同情况的被管理者起同样的效力，不允许有特殊。

3）经济方法的具体形式

（1）价格。在市场经济活动中，价格是最有效的调节手段，自觉地利用价值规律，主要是要正确运用价格杠杆，建立合理的价格体系，规定有科学根据的价格水平、商品比价和各种差价（如商品差价），并根据国民经济发展需要，通过价格与价值的一致或背离，调节生产经营活动，保证经济的协调发展和经济效益的提高。

（2）税收。税收是国家参与国民收入分配和再分配的重要手段。合理规定不同税种和税率，通过对企业、事业单位和个人征收的税金额的调节，来影响引导和控制生产、交换、分配和消费等活动，促进国民经济的发展。

（3）信贷。信贷是国家加强经济管理、提高经济效益的有力手段，信贷是最为灵活、有效的经济杠杆，其具体手段主要有贷与不贷、多贷与少贷及差别利率和贷款期限等。

（4）工资。工资是实行按劳分配原则的一种劳动报酬形式，直接涉及企业和劳动者个人的物质利益。正确使用工资，对于调动企业的经营积极性和职工个人的劳动积极性，有着重要的作用。职工工资应该与企业经济效益挂钩，应该与职工个人贡献挂钩。

（5）汇率。汇率主要通过汇率变化对输出和输入的影响，促进国际收支平衡。

（6）利润。在市场经济条件下，利润是反映经济组织经济效益的综合指标。利润把企业经济效益与职工的经济利益相挂钩，促使企业劳动者既关心个人利益又更多地关心企业的经营及其成果。

（7）奖金与罚款。奖励与惩罚最重要的是严明，该奖即奖，当罚则罚，激励正气，驱除邪气。只有这样，才能使奖金与罚款真正成为有效的管理手段。

经济方法实质是围绕着物质利益来展开的，即运用各种经济手段正确处理国家、集体与劳动者三者之间的经济关系，最大限度地调动各方面的积极性、主动性、创造性和责任感。

4）经济方法的作用

经济杠杆是社会自觉地运用经济规律的作用，调动和调节社会再生产过程（生产、分配、交换、消费），使之按照最大的经济效果、最符合生产目的的方向运动的经济范畴。

经济规律的作用是通过一定的经济范畴来实现的。因此，运用经济规律只能通过运用相应的经济范畴为手段来实现。当然，不是所有的经济范畴都是经济杠杆，只有那些在经济管理中可以用来作为调节和调动生产总过程和各个方面、各个环节按一定方向或目的运动的经济范畴才是经济杠杆。所以，也可以说经济杠杆是作为经济管理的经济手段的经济范畴。在社会主义经济中，经济杠杆有着广泛的作用，具体可以分为两类：一类是调节作用，另一类是推动（或调动）作用。

3．行政方法

1）行政方法的概念

行政方法是指依靠行政组织的权威，运用命令、规定、指示、条例等行政手段，按照行政系统和层次，以权威和服从为前提，直接指挥下属工作的管理方法。它的实质是通过行政组织中的职务和职位来进行管理，强调职责、职权、职位，而并非个人的能力或特权。行政方法的管理效果在很大程度上取决于企业管理者素质和水平的高低。提高行政方法的管理效果，关键在于企业领导权威，企业领导权威来自领导者的科学领导。

2）行政方法的特性

（1）权威性。权威性是指基于下级必须服从上级的原则，用领导机关的权威直接影响被管理者的意志，左右被管理者的行动。行政方法所依托的基础是管理机关和管理者的权威，管理者权威越高，所发出的指令接受率就越高。提高各级领导的权威是运用行政方法进行管理的前提，也是提高行政方法有效性的基础。管理者必须努力以自己优良的品质、卓越的才能去增强管理权威，而不能仅仅依靠职位带来的权力来强化权威。

（2）强制性。行政权力机构和管理者所发出的命令、指示、规定等，对管理对象具有不同程度的强制性。行政方法就是通过这种强制性来达到指挥与控制的目的。但是，行政强制与法律强制是有区别的：法律的强制性是通过国家机器和司法机构来执行的，即准许人们做什么和不准许做什么；而行政的强制性是要求人们在行动的目标上服从统一的意志，它在行动的原则上高度统一，但允许人们在方法上灵活多样。行政的强制性是由一系列的行政措施作为保证来执行的。

（3）针对性。针对某一时期、某一目的、某一对象而采取具体措施，随着时间、目的、对象的变化而变化。任何行政指令往往是在某一特定的时间内对某一特定对象起作用，具有明确的指向性和一定的时效性。

（4）垂直性。行政方法是通过行政系统、行政层次来实施的。因此，基本上属于"条条"的纵向垂直管理。行政指令一般都是自上而下，通过纵向直线下达的。下级组织和领导人只接受一个上级的领导和指挥，对横向传来的指令基本上是不理睬的。因此，行政方法的运用，必须坚持纵向的自上而下，切忌通过横向传达指令。

（5）无偿性。运用行政方法进行管理，上级组织对下级组织的人、财、物等的调动和使用不遵循等价交换的原则，不考虑价值补偿问题，一切根据行政管理的需要。行政方法的适应范围广、适应性强，各部门的管理都离不开行政方法。

3）行政方法的具体形式

（1）行政建议。所谓行政建议，是指行政管理机关在日常监督管理活动中，对各类市场主体已发生的较为严重、频繁的违法违规行为或潜在的违法问题，在依法进行处理的同时，以善意劝导的方式，书面向当事人或有关主管部门提出与工商执法职能相关的建议和意见，以促使其整改和规范。行政建议是站在平等的角度，以帮扶为手段，以规范为目的。实践中需要注意的几个问题：严格遵守有关法律规定；选择行政建议的对象要有针对性；实施行政建议的方式、态度也要中肯、客观，建议书的措辞、语气要得当。

（2）规章制度和条例。不同的企业有不同的规章制度，同一企业有不同内容的规章制度。实践中需要注意几个问题。首先，规章制度必须出自企业中的权利部门，或经其审查批准。其次，规章制度必须按照企业内部规定的程序制作，如果法律对企业规章制度的制定又规定了特定的程序，必须遵循该程序；规章制度必须向劳动者公示。最后，规章制度是规范，是有关权利义务的设定，并非针对某个人、某个事件。规章制度包括行政法规、章程。

（3）行政命令。行政命令是指行政主体依法要求相对人进行一定的作为或不作为的意思表示。行政命令具有强制力，它包括两类：一类是要求相对人进行一定作为的命令，如命令纳税、命令外国人出境；另一类是要求相对人履行一定的不作为的命令，称为禁（止）令，如因修建马路禁止通行，禁止携带危险品的旅客上车等。

（4）行政处罚。行政处罚是调整国家行政机关和法定授权组织与行政违法相对人之间行政处罚的关系的法律规范。行政处罚由具有行政处罚权的行政机关在法定职权范围内实施。

4）行政方法的作用

（1）有利于被管理系统集中统一，通过发布命令、贯彻实施、检查督促、调节处理等程序，把人们的意志和行动统一起来、组织起来。

（2）有利于贯彻党和国家的方针和政策，有利于国家直接控制关系国计民生的决策和措施。

（3）有利于管理职能的发挥，如发挥高层领导的决策、计划作用，充分依靠行政机关的权威性对各个领域进行组织、指挥，通过行政管理，行政层次、行政手段进行控制。

（4）有利于处理特殊问题，以应付意外事件，如有针对性地发布行政命令，对特殊的个性问题采取强有力的措施并予以处理等办法。

拓展资源

双汇集团：关注社会需求，履行社会责任，实现和谐发展

双汇集团始终坚持依法经营、诚信为本、持续发展、惠及民生，高度重视环保，积极参与慈善活动，为社会创造永续价值，做政府、社会、股东和广大消费者信赖的企业。

双汇集团坚持围绕"农"字做文章，围绕肉类加工项目，实施产业化经营，促进了农业结构调整和农民增收。双汇集团每年消化生猪2000万头，转化粮食1000万吨，带动种植、养殖、加工业实现产值1000亿元，为300多万人提供了就业机会，为农业结构调整、农民就业、农民增收做出了贡献。

双汇集团始终围绕国家产业政策调整和重大区域发展战略，布局企业的投资项目，特别是在东北老工业基地振兴、三峡库区建设、西部大开发、四川灾后重建等国家战略调整中，双汇集团根据自身实际，积极选择投资项目，先后在宜昌、望奎、哈尔滨、绵阳、南宁、昆明、西安、上海等地布局投资项目，拉动区域经济建设，促进当地产业转型，取得了良好的社会效益。

双汇集团积极参与社会公益事业和慈善救助活动。例如，每年对考入大学的员工子女进行助学奖励，积极赞助体育赛事活动，在重大的自然灾害中慷慨捐资捐物，采购防疫物资驰援抗疫一线，体现公益爱心。双汇集团曾被中华人民共和国民政部授予"中华慈善奖"。

（资料来源：https://www.shuanghui.net/page-59.html，有改动）

复习巩固

（1）食品企业管理的职能有哪些？

（2）如何理解责任原理？

（3）管理的方法都有哪些？你认为哪一种方法在企业管理中更重要？

单元二 食品企业的组织管理

学习目标

食品企业的组织管理

知识与技能目标

（1）了解组织的概念及其管理的内容；

（2）掌握食品企业组织设计的原则和步骤；

（3）熟悉食品企业的组织结构类型及各自的优缺点；

（4）能为食品企业提供适宜的组织结构类型参考。

思政与素养目标

树立大局观念和团队合作精神。

思维导图

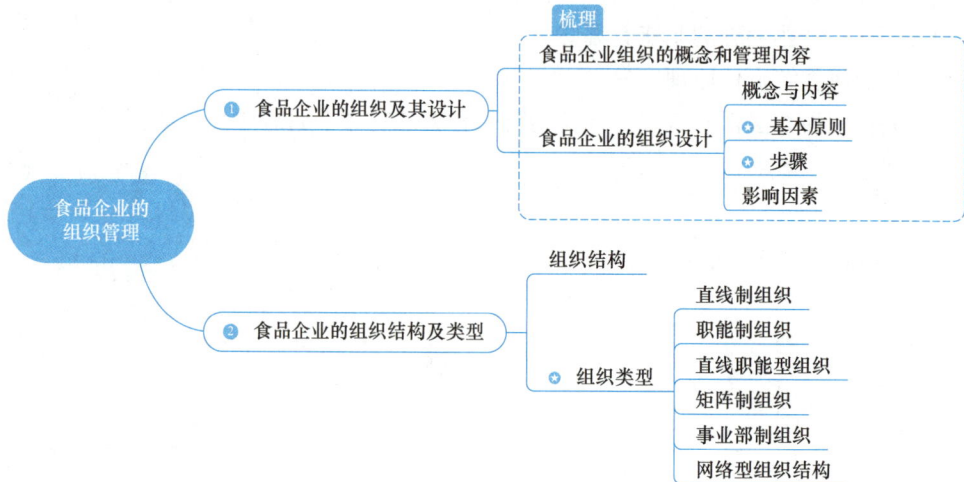

案例导入

中粮集团的组织架构

中粮集团规模庞大、品种繁多、技术复杂，适宜采用事业部制的组织架构，其职能部门和专业化公司（平台）如下。

中粮集团的职能部门主要包括：办公室（党组办公室）、战略部、财务部、人力资源部、审计部、质量安全管理部、纪检监察组、党群工作部、法律部、对外合作部、信息化管理部、党组巡视工作办公室、集团扶贫工作办公室、中粮香港办事机构。

中粮集团的专业化公司（平台）主要包括：中粮国际、中粮贸易、中粮油脂、中粮粮谷、中粮生物科技、中粮糖业、中国纺织、中粮工科、中粮酒业、中粮可口可乐、中粮家佳康、中国茶叶、蒙牛乳业、我买网、中粮包装、中粮资本、大悦城控股、中粮营养健康研究院。

（资料来源：http://www.cofco.com/cn/AboutCOFCO/SubsidiaryUnit/，有改动）

必备知识

一、食品企业的组织及其设计

（一）食品企业的组织

1. 食品企业组织的概念

组织是人们为了实现共同的目标而形成的一个协作系统，学校、工厂、政府机关、社会团体等都是组织。食品企业的组织是在食品企业中从事管理活动以实现企业目标的一个协作系统。

2. 食品企业组织的管理内容

食品企业组织的管理内容包括三个方面。第一，确定领导体制，设立管理组织机构。体制是一种机构设置、职责权限和领导关系、管理方式的结构体系。确定领导体制，设立管理组织机构，其实就是要解决领导权的权力结构问题，它包括权力划分、职责分工及其相互关系。第二，对组织中的全体人员指定职位、明确职责及相互划分，使组织中的每一个人明白自己在组织中处于什么样的位置，需要干什么工作。第三，设计有效的工作程序，包括工作流程及要求。一个企业的任何事情都应该按照某种程序来进行，这就要求有明确的责任制和良好的操作规程，一个混乱无序的企业组织是无法保证完成企业的总目标、总任务的。

（二）食品企业的组织设计

1. 组织设计的概念

组织设计就是对组织结构和组织活动进行的构思、创建、变革、再创新的过程。组织成立之初，按照当初的目标设计组织结构、安排组织活动。但是，随着组织的发展和扩大，组织目标也在改变，组织的外部环境和内部条件都在发生变化，原来的组织结构和组织系统已不能适应新的要求，甚至成为组织进一步发展的桎梏，这时就需要对组织进行变革，重新考虑组织的设计问题，推出新的组织结构。一个企业主要是依据外部环境（包括市场、科技发展、国家政策、社会经济发展水平等）和自身实际情况（特别是企业发展战略）来设计组织的。

2. 食品企业组织设计的内容

食品企业组织设计的内容一般包括以下几点。

（1）高层次决策层组织系统的设计，包括企业领导体制、顾问组织和咨询组织等。

（2）职能和参谋组织系统的设计——职能科室。

（3）生产指挥系统的组织设计——分公司、车间、班组等。

（4）组织实体的设计，包括组织目标的设置，目标活动项目的制订，机构的设置，人员的任命，规章制度的制订等。

3. 食品企业组织设计的基本原则

1）封闭原则

封闭的含义就是一个指挥系统在执行的过程中要有监督系统和信息反馈系统，也就是说，任何组织机构既要有执行法，又要有监督法和反馈法。任何组织及其管理系统必须构成一个连续的、封闭的循环回路，才能形成有效的管理。具体到一个企业领导人就是既要接受上级的领导，还要接受下级的监督。

2）统一领导和分级管理原则

统一领导和分级管理原则是组织管理的基本原则。组织设计一个职务应该有人负责，同时明确他向谁负责，他负责的对象是谁。在指挥上严格实行一元化，每一个人只接受一个上级的命令，并对他负责。具体要求包括：第一，统一指挥，层层负责，上下级之间形成一个等级链，不能中断；第二，一个下级只能有一个上级；第三，不允许上级越过下级越级指挥；第四，各个管理业务部门（主要是指职能科室、咨询机构、参谋部门）在内部同样要实行统一指挥，但在外部只是同级指挥系统的参谋，只能提供建议，无权进行直接领导。这就要求各部门、各环节加强横向联系，并把横向联系的结果直接报告上级，避免多头领导、政出多门的弊端。

3）任务和目标原则

任务和目标原则就是组织设计要以工作任务为中心和原则，这样有利于实现目标。具体地说，设多少级层级管理、多少职能科室人员，应根据工作任务的多少、难易程度来考虑，根据工作任务"因事设职"，而不"因人设职"。做到"事事有人做"，而非"人人有事做"。当然，这并不意味着可以忽视人的因素，忽视人的特点和能力。

4）有效管理幅度原则

管理幅度（管理跨度、跨距）指的是一个人直接领导下属的人数。人数越多，管理幅度就越大；人数越少，管理幅度就越小。管理幅度的大和小到底哪个好不能一概而论，由于人的精力、体力、知识能力的限制，而且管理者和下级之间相互影响的关系数基本上呈几何级数增加，因此，一个人的管理幅度存在一个最佳管理幅度，不能无限地扩大。

有效管理幅度是指一个领导人能够直接而有效地领导下属的人数，在这一管理幅度下领导人最能发挥才能。对企业的高低管理层次，要根据不同的情况设置有效的管理幅度。一般来说，上层领导由于决策难度大，工作重复性小，管理幅度较小，而在中层、基层，管理幅度逐渐增大。

管理幅度与管理层次呈反比例关系。当组织规模一定时，在确定有效管理幅度的同时，也就相应确定了管理层次，两者是同时进行的。管理幅度越大，管理层次越少；管理幅度越小，管理层次越多。这就决定了两种基本的管理组织结构形态：扁平结构形态和锥形结构形态。

扁平结构是指组织规模已定、管理幅度较大、管理层次较少的一种组织结构形态。它的优点包括以下几点。

（1）层次少，信息的传递速度快。高层领导人可以尽快地发现问题并及时采取相应的纠偏措施。

（2）由于信息传递经过的层次少，失真的可能性也小。

（3）主管人员的管理幅度较大，不可能对下属的管理十分苛刻，因而有利于下级发挥主动性和积极性。

它的局限性包括以下几点。

（1）主管人员不能对每一位下属进行充分而有效的指导和监督。

（2）对信息的处理和利用也会因数量太大而受到影响。

锥形结构是指管理幅度较小、管理层次较多的高、尖、细的金字塔组织结构形态。它与扁平结构相反，优点是较小的管理幅度可以使主管人员认真、仔细地处理信息，并对每一个下级进行详尽的指导，但缺点也是明显的。

（1）过多的管理层次会使信息在传递过程中失真。

（2）使各层次主管感到自己在组织中的地位相对渺小，从而影响其工作积极性的发挥。

（3）使管理工作复杂化。

在食品企业的组织设计中，如何正确处理好管理幅度与管理层次的关系，就是要把握好"度"的关系。

5）分工协作原则

在整体规划的前提下，按专业化进行分工，同时各部门进行协作，共同完成目标，让每一个职务和每一个工作人员都明确他需要完成整体目标的哪部分，也叫专业化与协作原则或整分合原则。但是，分工并不是管理的终结，分工也不是万能的，它也带来了一些新的问题，如分工特别容易导致食品企业管理在时间、空间、质量和数量等方面的脱节。因此，必须有强有力的组织管理，使各方面同步协调，有计划、按比例综合平衡发展，使各部门共同努力，完成目标。

6）权责对等原则

职权是管理职位范围内的权力。职责是担任某一职位时应履行的责任。职权是行使职责的工具，职责是岗位任务的具体化。权责对等原则就是在进行组织设计时，既要明确规定各管理层次和各部门、各岗位的职责范围和工作任务，同时也要授予其完成工作任务承担职责所必需的管理权限。权大责就大，权小责也小，权责要一致。有责无权会导致食品企业管理人员无法履行义务、承担职责，而有权无责会导致食品企业管理人员滥用职权谋取私利、滋生腐败。因此，组织设计应将每个职务、每个岗位的职权和职责明确规定出来，形成管理规范，并建立相应的监督和制约机制。

7）有效性原则

有效性原则要求机构要精简，队伍要精干，从而实现高效率，即尽量减少业务中的重复现象。这就要求食品企业要精简机构，缩编队伍，要通过培训等各种手段提高人员的素质，同时设置的任务要饱满，工作要有负荷和压力，否则人浮于事，人的能力就会发生阻抗和内耗，出现"一个和尚挑水吃，两个和尚抬水吃，三个和尚没水吃"的现象。

8）集权与分权相结合的原则

集权应以不妨碍下属履行职责，有利于调动下属积极性为宜；分权应以下级能够正常履行职责，上级对下级的管理不至失控为准。集权与分权的关系处理得越是恰当，就越有利于组织有效运行。集权是组织保持统一性与协调性的内在需要，组织重大决策关系，组织全局的、长远的发展战略问题的决策，都必须实行集权。但是过分集权必然导致组织的灵活性、适应性减弱，同时也会影响下级的工作主动性和积极性。集权与分权相结合的原则，就是在组织设计中要注意权力的适度平衡，重大决策实行集权，日常事务性决策实行分权。这样既可以充分调动下级的积极性，又可以有效地控制全局，提高管理效率。

9）信息畅通原则

现代企业依托信息进行管理，因此要正确设计一个信息传递系统，使信息能够双向沟通，做到信息的反馈准确、灵敏和有力。为了使信息畅通，沟通的渠道有三个。

（1）上情下传。上情下传就是从最高领导人到管理人员，再到一般职工的信息传递和思想沟通。上情下传的内容主要是企业的经营思想、方针、目标，各部门的目标和规划，作业的指示和分工等。

（2）下情上达。下情上达就是职工对管理人员，管理人员对上级领导围绕着上级分配的工作任务、目标和指示，以提出报告、申述意见、提出合理化建议、反映不满意见等方法沟通思想，如设立意见箱、召开座谈会等形式。

（3）横向沟通。横向沟通就是各部门之间、各作业现场之间的信息沟通，主要形式是联络（联席会、碰头会）、各种文书（文件、报告、提案）的传阅、专业会议（生产会议、新产品规划会议）、职能部门的劝告、参谋和指导。

在这三种渠道中绝不能忽视上级对下级的沟通关系，否则上下级环节就会脱节，变成执行系统自己反馈信息。因为相对来说自上而下的沟通关系是主动的，而自下而上的沟通关系是被动的。

4．食品企业组织设计的步骤

1）确立组织目标

食品企业通过收集及分析资料，进行组织设计前的评估，以确定组织目标。组织目标是组织设计的基础，因为组织设计的任务是设计清晰的组织结构，规划和设计组织中各部门的职能和职权，确定组织中职能职权、参谋职权、直线职权的活动范围并编制职务说明书。这一切都是按照组织整体目标分解落实到各管理层次、管理部门、管理岗位的具体要求进行的。管理的整分合原理就是将组织作为一个整体系统，划分为若干中系统、小系统（部门、岗位），各中小系统发挥各自的功能，从而形成一个合力，保证组织整体功能的实现。

2）划分业务部门

一个组织是由若干部门组成的，根据组织的工作内容和性质，以及工作之间的联系，将组织活动组合成具体的管理单位，并确定其业务范围和工作量，进行部门的工作划分。部门划分的依据是把管理职能相似、活动内容相似或工作关系联系紧密的员工划归到一个部门中，组成一个基本管理单元。组织活动的特点、环境和条件不同，划分部门所依据的标准也不同。对同一组织来说，在不同时期、不同发展战略目标的指导下，划分部门的标准可以根据实际需要进行动态调整。

3）提出组织结构的基本框架

按照组织设计要求，决定组织的管理层次及部门结构，形成层次化的组织管理系统。组织管理系统是由职能职权、参谋职权、直线职权三种职权类型及部门、岗位、职务构成的。组织结构可以用复杂性、规范性和集权性三种特性来描述。复杂性是指组织内部的专业化分工程度、组织层级、管理幅度及部门之间、人员之间的关系有着很大的差别性。组织规模越大、层级越多、部门越多、分工越细，组织的复杂性就越高。规范性是指组织系统需要制订各种规章制度及程序化、标准化的工作规范才能有效运行。集权性是指组织系统中不同管理层级和不同部门在管理决策中的权力集中的程度。组织结构的基本框架要根据这些要求和特点提出。

4）确定职责和权限

确定职责和权限步骤明确规定各层次、各部门及每一职位的权限、责任。一般用职位说明书或岗位职责说明书等文件形式表达。为了保证组织各项工作的有效开展，协调好组织中部门与部门之间、人员与任务之间、各管理层级之间的关系，就必须确定职责与权限。每一个管理者都要根据自己的工作权限实施管理活动，并承担相应的责任。组织活动不允许越权指挥，也不允许不作为，否则都要承担责任。确定职责和权限的目的就是做到人人有专责，事事有人管，各尽其职、各负其责。

5）设计组织的运作方式

设计组织的运作方式包括以下三种。

（1）联系方式的设计，即设计各部门之间的协调方式和控制手段。

（2）管理规范的设计，确定各项管理业务的工作程序、工作标准和管理人员应采用的管理方法等。

（3）各类运行制度的设计。

组织的运作方式要充分体现"统一、精简、高效"的要求。统一是指上下级之间要形成一个清晰的指挥链，按照工作分工和管理权限实行统一指挥，不能越级指挥，不能同时多头向下属下达指令，否则下属无所适从。精简是指减少不必要的层次、部门、环节、岗位、人员，防止机构重叠、机构臃肿、人浮于事、效率低下的现象发生。高效是指花费较短的时间完成同样的工作任务或在相同的时间内完成更多的工作任务。高效意味着管理成本低、效益好。要达到"统一、精简、高效"的要求，就要规范工作流程，明确管理标准和技术标准，制订劳动定额、物资消耗定额、能源消耗定额，实行定员定编，实行严格的考核和评价制度，并按考核结果进行奖惩。

6）决定人员配备

食品企业应按职务、岗位及技能要求，选择配备恰当的管理人员和员工。人员配备的基本原则是"因事设人、人岗匹配、人尽其才"。因事设人是指有工作任务，是实现组织目标所必需的工作任务，而且是饱和的工作量，才设立相应的岗位并配备人员。人岗匹配是指按照工作需要选择能够胜任工作，能保质保量完成工作任务的人员，岗位与配备的人员素质（学历、经验、能力、品行等）完全符合。人尽其才是指人员配备之后每个人都能充分展现自己的实力，充分发挥自己的潜能。只要尽心尽力就能在本职工作中成就一番事业，实现自己的人生价值，满足自我发展的需要。

7）形成组织结构

形成组织结构是对组织设计进行审查、评价及修改，并确定正式组织结构及组织运作程序。大型组织通常采取事业部制，中型组织通常采取直线职能制，小型组织通常采取直线制，也可以根据实际需要采取矩阵制或网络组织等形式。采取何种类型的组织结构取决于组织规模、目标、具体任务及运作方式。总的来说，组织结构要有效地保证组织活动的开展，最终保证组织目标的实现。

8）调整组织结构

食品企业应根据组织运行情况及内外环境的变化，对组织结构进行调整，使之不断完善。组织设计的目的就是要通过创构柔性灵活的组织结构，动态地反映内外环境变化的要求，并且能够在组织运行发展过程中，有效积聚新的组织资源要素，增强组织的应变能力、竞争能力、创新能力、发展能力、盈利能力。

5. 食品企业组织设计的影响因素

1）环境因素

环境包括一般环境和特定环境两部分。一般环境包括经济环境、技术环境、社会环境、政治环境、自然环境。经济环境包括国民经济发展状况、政府的经济政策、市场供求状况、商品价格水平、消费者的消费水平等。技术环境包括技术更新换代的速度，新材料、新能源、新工艺、新技术的应用状况。社会环境包括居民的教育程度、文化水平、宗教信仰、风俗习惯、伦理道德和价值观念等。政治环境包括国家法律法规、党的路线和方针政策、政局稳定状况、政治经济制度与体制。自然环境包括地理位置、气候、自然资源等因素。特定环境包括供应者、服务对象、竞争者、政府部门和社会利益维护团体等。一般环境对组织目标会产生间接影响，而特定环境会对组织目标产生直接影响。无论是一般环境还是特定环境都具有复杂性和变动性的特点，这两个特点决定了环境的不确定性。由于管理者无法准确掌握外部环境的变动趋势，组织设计就必须根据外部环境的变化做出相应的调整。

2）战略因素

战略是指决定和影响组织活动性质及根本方向的总体目标，以及实现这一总体目标的路径和方法。战略具有全局性、长远性、纲领性的特点。全局性是指战略发展关系到组织的整体利益，制约着组织一切具体活动，是对组织未来发展方向和根本利益的规划和设计。长远性是指战略着眼于组织相当长一段时期内的总体发展，确立了组织远景目标，并谋划了实现远景目标的发展路径和方法。纲领性是指战略规定了组织一定时期内的宗旨、目标、方针和政策，是组织成员行动的指南，在未来组织活动中起着导向的作用。组织在战略管理过程中，通过对环境的分析，发现机会和威胁，识别优势和劣势，从而制订并实施组织战略。组织设计则根据战略发展的不同阶段相应地调整组织结构。

3）技术因素

技术是进行物质资料生产所凭借的方法、能力或设备等。任何组织在投入—转换—产出的过程中，都要通过技术完成这一过程，达到投入少、产出高的目的。组织在不同时期，应用的技术手段、技术方法不同，组织结构和生产方式就不同。在以手工劳动为主的技术条件下，实行单件小批量生产；在以机械化为主的技术条件下，实行大批量生产；在以自动化为主的技术条件下，实行流水线生产。技术复杂程度越高，组织结构复杂程度也相应提高。但是，随着计算机技术在管理活动中的普遍应用，组织结构呈现出柔性化、扁平化的发展趋势。

4）组织规模

一般而言，组织都要经过诞生、成长、衰退几个不同的发展阶段。在诞生阶段，组织规模相对较小，管理关系比较简单，组织结构也比较简单，一些小规模的组织往往采用直线制或直线职能制的组织结构。随着组织的快速成长，组织规模由小到大，功能由弱变强，组织活动内容、活动范围都扩大了，管理关系越来越复杂，这时多采用事业部制或超事业部制。到了衰退阶段，组织采取防守或收缩战略，组织结构也会相应变化。

二、食品企业的组织结构及类型

（一）食品企业的组织结构

食品企业的组织结构是指组织的基本架构，是对完成组织目标的层次、部门、岗位、职务、人员、职责、职权及其相互关系所做出的制度性安排。组织结构的本质是组织成员之间的分工协作关系和权责关系，因此组织结构又可称为权责结构。

组织结构包括职能结构、层次结构、部门结构和职权结构四个方面。

职能结构是指完成组织目标所需要的各种专业化分工及其比例关系，如企业中的生产、营销、财务、人事、技术、质检、后勤、基建等业务职能。

层次结构是指组织中不同管理层次的构成。规模较小的组织一般是1～2个层次；大中型组织通常是3～4个层次；特大型组织有5～6个层次。

部门结构是指组织内部的职能部门或业务部门的构成，如处、科、室、分公司、分厂、车间、部等构成。对于不同的组织，部门的称呼也不完全相同。

职权结构是指各层次、各部门在权力和责任方面的分工及相互关系，如在股份制企业中，董事会是决策机构、经理负责执行与指挥、监事会负责监督。

这四个结构既体现了组织中纵向的隶属关系、指挥与被指挥关系、领导与被领导关系，也体现了横向的分工协作关系、业务上的指导与配合关系。组织结构保证了每一个成员都将在此结构中充当一定的角色，承担一定的工作任务和职责，否则就不是该组织成员。

（二）食品企业的组织类型

1. 直线制组织

直线制组织结构是最早、最简单的一种组织结构形式。它的特点是从最高管理者到基层工作人员之间形成自上而下的垂直领导隶属关系，不设职能机构，如同直线，因此称为直线制（图2-1）。

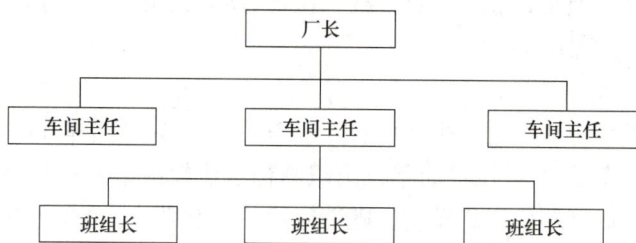

图2-1　直线制组织结构图

直线制的优点是：结构简单，便于统一指挥，沟通方便，决策迅速，责任清楚，管理效率高。它的缺点是：这种组织结构一般只适用于规模小、生产过程简单的企业，而在大规模的现代化生产的企业中，由于管理任务繁重而复杂，这种结构就不适宜了。

2. 职能制组织

职能制组织结构就是职能部门在自己所管辖的业务范围内，有权向下一管理层次的部门下达命令和指示，实施指挥职能。下一管理层次的部门不仅要接受上一级直线主管人员的指挥，还必须接受各职能部门的指挥（图2-2）。

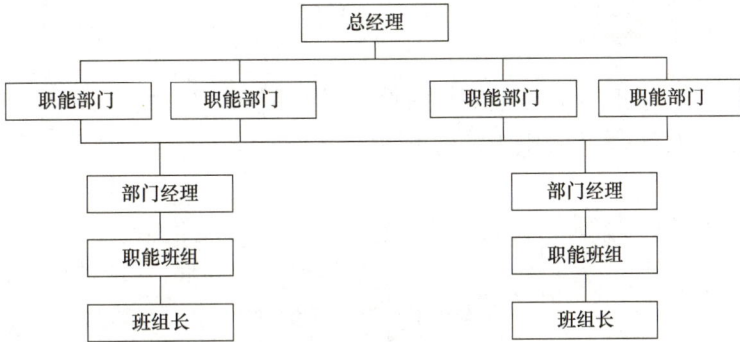

图2-2 职能制组织结构图

职能制的优点是：管理工作实现了专业化分工，能适应现代企业生产技术和经营管理活动比较复杂、比较精细的要求。它的缺点是：破坏了统一指挥的原则，令出多门，容易发生矛盾和混乱，使下一管理层次的人员无所适从。

3. 直线职能型组织

直线职能型组织又称为直线参谋制组织。

直线职能型是直线制与职能制优点的结合，它以直线领导为主体，同时发挥职能部门的指导参谋作用。这种组织结构由直线领导行使指挥权，统一对下一级机构下达命令和指示；而职能部门作为管理方面的参谋，他们只能对下级机构的工作提出建议和进行指导，没有决策权，也不能直接进行指挥和命令（图2-3）。

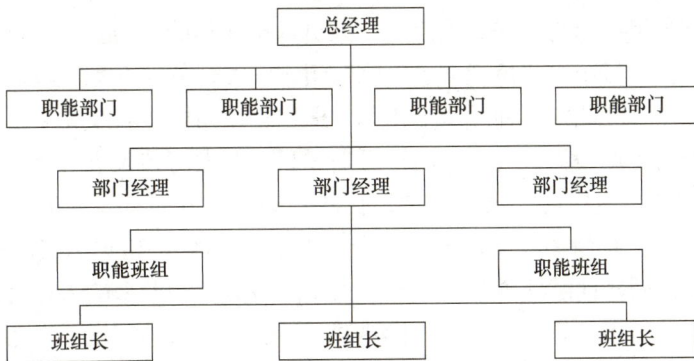

图2-3 直线职能制组织结构图

直线职能制的优点是：既保证了集中的统一指挥，又发挥了职能部门的指导参谋作用，能够适应现代化企业分工明确、管理精细、专家治理的要求。它的缺点是：职能部门的许多工作要向上级领导请示汇报才能处理，这不仅加重了上级领导的工作负担，而且造成了办事效率低的后果。

4．矩阵制组织

在组织结构上，把既有按职能划分的垂直领导系统，又有按产品（项目）划分的横向领导关系的结构，称为矩阵组织结构（图2-4）。

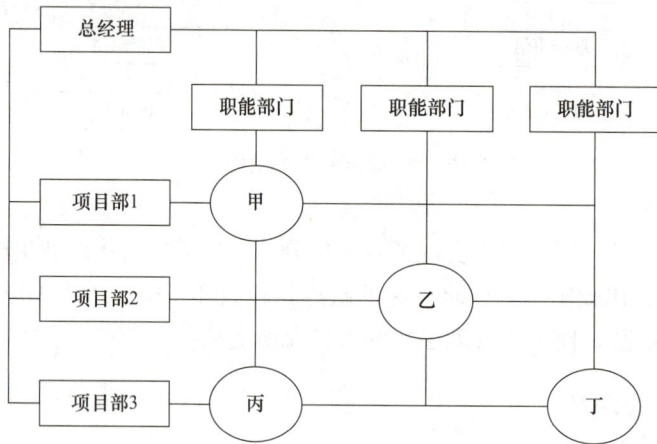

图2-4　矩阵制组织结构图

矩阵制组织结构是为了改进直线职能制横向联系差、缺乏弹性的缺点而形成的一种组织形式。它的特点表现在围绕某项专门任务成立跨职能部门的专门机构上。例如，组成一个专门的产品（项目）小组去从事新产品开发工作，在研究、设计、试验、制造各个不同阶段，由有关部门派人参加，力图做到条块结合，以协调有关部门的活动，保证任务的完成。这种组织结构形式是固定的，人员却是变动的，需要谁，谁就来，任务完成后就可以离开。项目小组和负责人也是临时组织和委任的。任务完成后就解散，有关人员回原单位工作。因此，这种组织结构非常适用于横向协作和攻关项目。

矩阵制结构的优点是：机动、灵活，可随项目的开发与结束进行组织或解散；由于这种结构是根据项目组织的，任务清楚，目的明确，各方面有专长的人都是有备而来的；因此在新的工作小组里，能沟通、融合，能把自己的工作同整体工作联系在一起，为攻克难关、解决问题而献计献策；另外，由于从各方面抽调来的人员有信任感、荣誉感，进而增加了他们责任感，激发了工作热情，促进了项目的实现；它还加强了不同部门之间的配合和信息交流，克服了直线职能结构中各部门互相脱节的现象。它的缺点是：项目负责人的责任大于权力，因为参加项目的人员都来自不同部门，隶属关系仍在原单位，只是为"会战"而来，加上没有足够的激励手段与惩治手段，所以项目负责人对项目人员的管理困难，这种人员上的双重管理是矩阵结构的先天缺陷；由于项目组成人员来自各个职能部门，当任务完成以后，仍要回原单位，因而容易产生临时观念，对工作有一定影响。

矩阵制组织结构适用于一些重大攻关项目。企业可用来完成涉及面广的、临时性的、复杂的重大工程项目或管理改革任务。特别适用于以开发与实验为主的单位，如科学研究尤其是应用性研究单位等。

5．事业部制组织

事业部制最早是由美国通用汽车公司总裁斯隆于1924年提出的，故有"斯隆模型"之称，也叫"联邦分权化"，是一种高度（层）集权下的分权管理体制（图2-5）。它适用于规模庞大、品种繁多、技术复杂的大型企业，是国外较大的联合公司所采用的一种组织形式。近几年我国一些大型企业集团或公司也引进了这种组织结构形式。

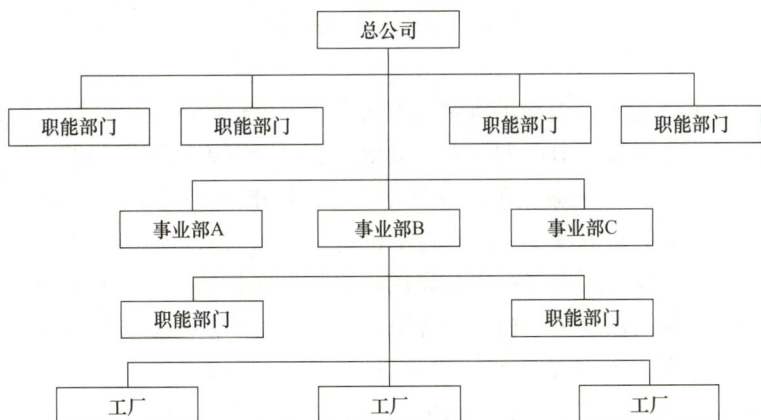

图2-5 事业部制组织结构图

事业部制是分级管理、分级核算、自负盈亏的一种形式，即一个公司按地区或按产品类别分成若干个事业部，从产品的设计、原料采购、成本核算、产品制造，一直到产品销售，均由事业部及所属工厂负责，实行单独核算，独立经营，公司总部只保留人事决策，预算控制和监督大权，并通过利润等指标对事业部进行控制。也有的事业部只负责指挥和组织生产，不负责采购和销售，实行生产和供销分离，但这种事业部正在被产品事业部所取代。还有的事业部是按区域来划分的。

事业部制的优点是：总公司领导可以摆脱日常事务，集中精力考虑全局问题，进行战略构想；事业部实行独立核算，更能发挥其经营管理的积极性，更有利于组织专业化生产或地区分工。它的缺点是：总公司与事业部的职能机构重叠，造成管理人员浪费；事业部之间因各自利益影响协作关系。

6．网络型组织结构

网络型组织结构是目前流行的一种新形式的组织设计，它是利用现代信息技术手段，适应与发展起来的一种新型的组织形式，它使管理机构对于新技术或者来自海外的低成本竞争能具有更大的适应性和应变能力。网络组织结构是一种很小的中心组织，依靠其他组织以合同为基础进行制造、分销、营销或其他关键业务的经营活动的组织形式（图2-6）。

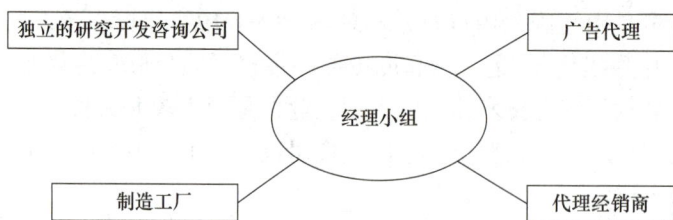

图2-6　网络型组织结构图

在网络型组织结构中，组织的大部分职能从组织外"购买"，这给管理机构提供了高度的灵活性，并使组织集中精力做它们最擅长的事。网络组织结构的核心是一个小规模的经理小组，他们的工作是直接监督公司内部开展的各项活动，并协调同其他制造、分销和执行网络组织的其他重要职能的外部机构之间的关系。从本质上讲，网络型组织结构的管理者将大部分时间都花在协调和控制这些外部关系上。这种关系以契约的建立和维持为基础，被联结在这一结构中的各经营单位之间并没有正式的资本所有关系和行政隶属关系，只是通过相对松散的契约（正式的协议契约书）纽带，通过一种互惠互利、相互协作、相互信任和支持的机制来进行密切的合作。

采用网络型结构的组织所做的就是通过公司内互联网和公司外互联网，创设一个物理和契约"关系"网络，与独立的制造商、销售代理商及其他机构达成长期协作协议，使他们按照契约要求执行相应的生产经营功能。由于网络型结构的组织大部分活动都是外包、外协的，因此，公司的管理机构就只是一个精干的经理班子，负责监管公司内部开展的活动，同时协调和控制与外部协作机构之间的关系。

网络型组织结构的优点是：极大地促进了企业经济效益实现质的飞跃；降低管理成本，提高管理效益；实现了企业全世界范围内供应链与销售环节的整合；简化了机构和管理层次，实现了企业充分授权式的管理。它的缺点是：网络型组织结构需要科技与外部环境的支持。

网络型组织结构并不适用于所有的企业，它比较适合电脑、玩具和服装制造企业。它们需要相当大的灵活性来对技术和时尚的变化做出迅速反应。网络型组织结构也适合那些需要低廉劳动力来制造活动的公司。

拓展资源

五粮液集团公司组织架构

```
                                    五粮液集团
        公司纪委
              董事会          经理层          监事会
           董事会办公室                    监事会办公室
```

纪委办公室
第一纪检监察室
第二纪检监察室
第三纪检监察室
战略发展部
财务管理部
党群工作部
公司办公室
审监部
人力资源部
资产管理部
安全生产监督部
后勤服务中心
安全保卫部
投资技改部
能源环保管理部
对外合作部
技术研究中心
物资采购中心
职工教育培训中心
信息管理中心
五粮液职工管理中心
企业文化研究传播中心
质量检测中心

招标办
深改办
两委办

宜宾五粮液股份有限公司
四川省宜宾普什集团有限公司
四川省宜宾环球集团有限公司
四川安吉物流有限公司
四川海大橡胶集团有限公司
四川省宜宾丽彩集团有限公司
四川圣山莫林实业集团有限公司
四川省宜宾五粮液集团保健酒有限责任公司
四川省宜宾五粮液集团进出口有限公司
宜宾金龙贸易开发有限公司
四川省宜宾五粮液集团财务有限公司
四川省宜宾五良医药有限公司
宜宾纸业股份有限公司
成都五粮液建设投资有限公司
宜宾市商业银行股份有限公司

（资料来源：https://www.wuliangye.com.cn/zh/main/main.html#/g=BRAND&id=12，有改动）

复习巩固

（1）食品企业组织设计的基本原则是什么？

（2）直线职能制的优缺点是什么？

（3）事业部制的特点有哪些？

单元三 食品企业的经营管理

学习目标

知识与技能目标

（1）熟悉食品企业的经营理念；

（2）熟悉食品企业经营决策的方法；

（3）掌握食品企业经营计划编制的方法；

（4）能选择适宜的方法为食品企业编制经营计划。

思政与素养目标

强化竞争意识和风险意识。

思维导图

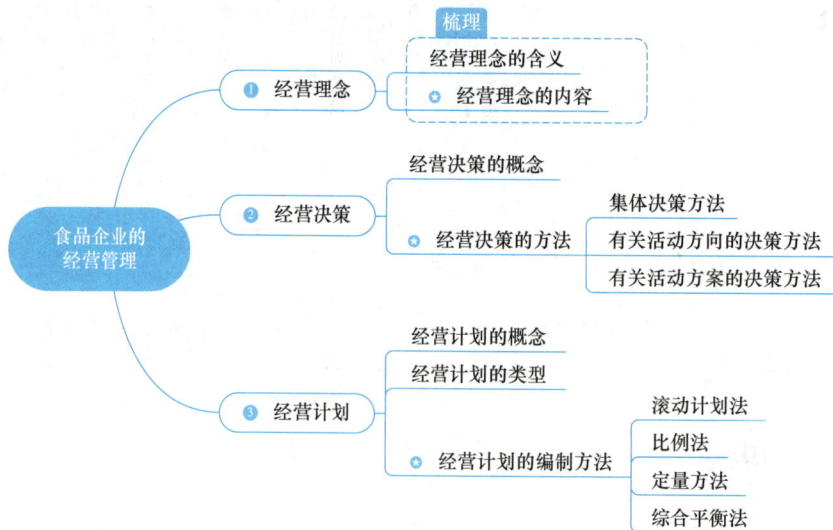

> **案例导入**

贝因美股份有限公司困境反转形势明朗

贝因美股份有限公司（以下简称贝因美）成立于1999年。2008年"三聚氰胺事件"带来了乳企市场格局变化，贝因美得以迅速发展，于2011年4月在深圳证券交易所挂牌上市。

2013年之后，贝因美的营业收入"掉头"直下，节节败退。2014年，贝因美归属净利润仅为6889万元，同比2013年跌近90.45%。2019年贝因美市场份额不足2%，跌出行业前十。在此困境下，贝因美试图转型，进入更广阔的领域。2020年2月，贝因美发布《2020—2024年发展战略规划纲要》，明确构建"母婴生态圈"的战略，婴儿配方乳粉、辅食、营养品、特殊医学配方食品和儿童健康食品（包括但不限于零食等）被列为贝因美发展的重要项目。

经过一系列布局，贝因美的业绩再次迎来好转。2021年贝因美实现营收25.4亿元，同比微降低4.71%，但归属净利润同比增长122.61%，实现盈利。2022年第一季度，贝因美实现营收8.14亿元，同比增长43.68%，归属净利润2012.64万元，同比增长38.45%。贝因美进入了恢复性发展时期。

（资料来源：https://www.time-weekly.com/post/271276，有改动）

> **必备知识**

一、食品企业的经营理念

（一）食品企业经营理念的含义

食品企业的经营理念是企业在持续经营和长期发展过程中，继承企业优良传统，适应时代要求，由企业家积极倡导，全体员工自觉实践，从而形成的代表企业信念、激发企业活力、推动企业生产经营的团体精神和行为规范。

（二）食品企业经营理念的内容

1．市场理念

企业必须以顾客为中心，以满足顾客需求与欲望为出发点，通过开展整体营销活动，在满足顾客需求的过程中获利。这种满足顾客需求的活动贯穿于市场调研、产品开发、渠道选择、定价、促销和提供全方位服务的过程中，不断收集顾客反馈信息，改进企业经营策略。

2．效益理念

企业经营管理的中心任务是要保证企业的生产经营活动能够取得良好的经济效益，而提高经济效益并不单纯就是企业盈利。企业树立效益观念要求把企业的经济效益和社会效益结合起来，把目前利益和长远利益结合起来。

3．竞争理念

在市场经济条件下，竞争的积极意义在于它是一种择优发展的经济手段，也是一种发挥企业主动性和创造性的外部压力。竞争能促进技术进步和经济繁荣。竞争既是产品的竞争、服务的竞争，也是人才、技术、管理的竞争。企业要在竞争中求得生存和发展，并在竞争中取胜，就必须敢于竞争和善于竞争，发挥自己的专长和优势。

4．创新理念

创新理念是企业不断进步的源泉，其不仅表现在技术上的创新，也表现在管理上、制度上的创新。许多企业优秀的管理，成就了它们持续的技术领先和市场领先。

5．全球化理念

我国已加入世界贸易组织（World Trade Organization，WTO），国内的企业应努力实现经营国际化，使企业的产品符合国际标准，使产品逐步走向国际市场，并在更大的范围内利用国外的资源、资金、技术、信息、人才来发展自身，同时推动国民经济的发展，这是每个企业的有效经营之路。而且，全球化观念可以使企业对各个不同国家和地区的市场做出灵活反应，形成世界性商情和销售网络，以参与竞争，扩大出口。

6．人才理念

企业要以人为本，尊重人、信任人、关心人、体贴人、激励人，充分发挥企业员工的积极性、主动性和创造性。

二、食品企业的经营决策

（一）食品企业经营决策的概念

食品企业经营决策是在对食品企业的外部环境、内部条件分析的基础上，依据客观规律和实际情况，对食品企业的总体发展和各种重要经营活动的经营目标、方针和策略，做好正确选择的工作。它是一个过程，是一种寻找问题、制订方案、选择评价方案的活动。

（二）食品企业经营决策的方法

1．集体决策方法

1）头脑风暴法

头脑风暴法是比较常用的集体决策方法，便于发表创造性意见，因此主要用于收集新设想。通常是将对解决某一问题有兴趣的人集合在一起，在完全不受约束的条件下，敞开思路，畅所欲言。头脑风暴法的创始人英国心理学家奥斯本为该决策方法的实施提出了四项原则。

（1）对别人的建议不做任何评价，将相互讨论限制在最低限度内。

（2）建议越多越好，在这个阶段，参与者不要考虑自己建议的质量，想到什么就应该说出来。

（3）鼓励每个人独立思考，广开思路，想法越新颖越奇异，越好。

（4）可以补充和完善自己的建议以使它更具说服力。

头脑风暴法的目的在于创造一种畅所欲言、自由思考的氛围，诱发创造性思维。这种方法的时间安排在1~2小时，参加者以5~6人为宜。

2）名义小组技术

在集体决策中，如对问题的性质不完全了解且意见分歧严重，则可采用名义小组技术。在这种技术下，小组的成员互不通气，也不在一起讨论、协商，从而小组只是名义上的。这种名义上的小组可以有效地激发个人的创造力和想象力。

在这种技术下，管理者先召集一些有知识的人，把要解决的问题的关键内容告诉他们，并请他们独立思考，要求每个人尽可能地把自己的备选方案和意见写下来。然后，再按次序让他们一个接一个地陈述自己的方案和意见。在此基础上，由小组成员对提出的全部备选方案进行投票，根据投票结果，赞成人数最多的备选方案即为所要的方案，当然，管理者最后仍有权决定是接受还是拒绝这一方案。

3）德尔菲技术

德尔菲技术被用来听取有关专家对某一问题或机会的意见。例如，管理者面临着一个有关用煤发电的重大技术问题时，运用这种技术的第一步是要设法取得与有关专家合作。然后，把要解决的关键问题分别告诉专家们，请他们单独发表自己的意见并对实现新技术突破所需的时间做出估计。在此基础上，管理者收集并综合各位专家的意见，再把综合后的意见反馈给各位专家，让他们再次进行分析并发表意见。在此过程中，如遇到差别很大的意见，则把提供这些意见的专家集中起来进行讨论。如此反复多次，最终形成代表专家组意见的方案。

运用该技术的关键如下。

（1）选择好专家，这主要取决于决策所涉及的问题或机会的性质。

（2）决定适当的专家人数，一般10~50人较好。

（3）拟定好意见咨询表，因为它的质量直接关系到决策的有效性。

2．有关活动方向的决策方法

管理者有时需要对企业或企业某一部门的活动方向进行选择，可以采用的方法主要有经营单位组合分析法和政策指导矩阵等。

1）经营单位组合分析法

经营单位组合分析法的基本思想是大部分企业都有两个以上的经营单位，每个经营单位都有相互区别的产品——市场，企业应该为每个经营单位确定其活动方向。该法主张在确定每个经营单位的活动方向时，应综合考虑企业和该经营单位在市场上的相对竞争地位和业务增长情况。相对竞争地位往往体现在企业的市场占有率上，它决定了企业获取现金的能力和速度，因为较高的市场占有率可以为企业带来较高的销售量和销售利润，从而给企业带来较多的现金流量。

业务增长率对活动方向的选择有两个方面的影响。

（1）它有利于市场占有率的扩大，因为在稳定的行业中，企业产品销售量的增加往往来自竞争对手市场份额的下降。

（2）它决定着投资机会的大小，因为业务的迅速增长可以使企业迅速收回投资，并取得可观的投资报酬。

根据上述两个标准——相对竞争地位和业务增长率，可把企业的经营地位分成四大类，见图3-1。

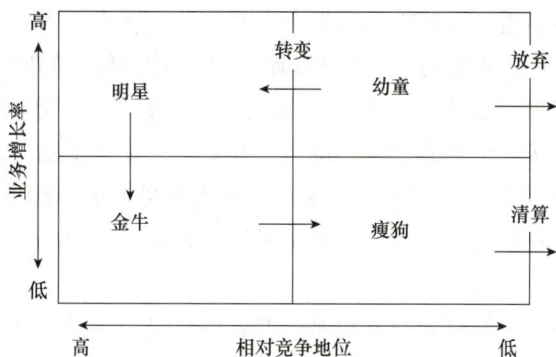

图3-1　波士顿矩阵图

（1）"金牛"经营单位的特征是市场占有率较高，而业务增长率较低。较高的市场占有率为企业带来较多的利润和现金，而较低的业务增长率需要较少的投资。"金牛"经营单位所产生的大量现金可以满足企业的经营需要。

（2）"明星"经营单位的市场占有率和业务增长率都较高，因而所需要的和所产生的现金都很多。"明星"经营单位代表着最高利润增长率和最佳投资机会，因此企业应投入必要的资金，增加它的生产规模。

（3）"幼童"经营单位的业务增长率较高，而目前的市场占有率较低，这可能是因为企业刚刚开发了很有前途的领域。由于高增长速度需要大量投资，而较低的市场占有率只能提供少量的现金，企业面临的选择是投入必要的资金，以提高市场份额，扩大销售量，使其转变为"明星"经营单位；或者如果认为刚刚开发的领域不能转变成"明星"经营单位，则应及时放弃该领域。

（4）"瘦狗"经营单位的特征是市场份额和业务增长率都较低。由于市场份额和销售量都较低，甚至出现负增长，"瘦狗"经营单位只能带来较少的现金和利润，而维持市场能力和竞争地位所需的资金甚至可能超过其所提供的现金，从而可能成为资金的陷阱。因此，对这种不景气的经营单位，企业应采取收缩或放弃的战略。

经营单位组合分析法的步骤通常如下。

（1）把企业分成不同的经营单位。

（2）计算各个经营单位的市场占有率和业务增长率。

（3）根据其在企业中占有资产的比例来衡量各个经营单位的相对规模。

（4）绘制企业的经营单位组合图。

（5）根据每个经营单位在图中的位置，确定应选择的活动方向。

经营单位组合分析法以"企业的目标是追求增长和利润"这一假设为前提。对拥有多个经营单位的企业来说，它可以将获利较多而潜在增长率不高的经营单位所产生的利润投向那些增长率和潜在获利能力都较高的经营单位，从而使资金在企业内部得到有效利用。

2）政策指导矩阵

政策指导矩阵即用矩阵来指导决策。具体来说，从市场前景和相对竞争能力两个角度来分析企业各个经营单位的现状和特征，并把它们标示在矩阵上，据此指导企业活动方向的选择。市场前景取决于赢利能力、市场增长率、市场质量和法规限制等因素，吸引力分为强、中、弱三种；相对竞争能力取决于经营单位在市场上的地位、生产能力、产品研究和开发等因素，分为强、中、弱三种。根据上述对市场前景和相对竞争能力的划分，可把企业的经营单位分成九大类，见图3-2。

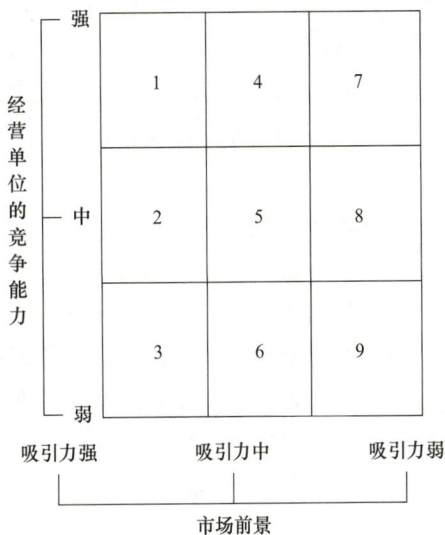

图3-2　政策指导矩阵图

处于区域1和4的经营单位竞争能力较强，市场前景也较好，应优先发展这些经营单位，确保它们获取足够的资源，以维持自身的有利市场地位。

处于区域2的经营单位虽然市场前景较好，但企业利用不够。这些经营单位的竞争能力不够强，应分配给这些经营单位更多的资源以提高其竞争能力。

处于区域3的经营单位虽然市场前景好，但竞争能力弱。要根据不同的情况来区别对待这些经营单位：由于企业资源的有限性，最有前途的经营单位应得到迅速发展，其余的则需要逐步淘汰。

处于区域5的经营单位一般在市场上有2～4个强有力的竞争对手，应分配给这些经营单位足够的资源以便它们随着市场的发展而发展。

处于区域6和8的经营单位市场吸引力不强且竞争能力较弱，或虽有一定的竞争能力但市场吸引力弱，应缓慢放弃这些经营单位，以便把收回的资金投入到赢利能力强的经营单位。

处于区域7的经营单位竞争能力较弱且市场前景不容乐观。这些经营单位本身不应得到发展，但可利用它们的较强竞争能力为其快速发展的经营单位提供资金支持。

处于区域9的经营单位市场前景暗淡且竞争能力较弱，应尽快放弃这些经营单位，把资金转移到更有利的经营单位。

3．有关活动方案的决策方法

管理者选好组织的活动方向之后，接下来需要考虑的问题是如何到达这一活动目标。由于到达这一活动方向的活动方案通常不止一种，所以管理者要在这些方案中做出选择。在决定选择哪一个方案时，要比较不同的方案，而比较的一个重要标准是各种方案实施后的经济效果。因为方案是在未来实施的，所以管理者在计算方案的经济效果时，要考虑到未来的情况。根据未来情况的可控程度，可把有关活动方案的决策方法分为三大类：确定型决策方法、风险型决策方法和不确定型决策方法。

1）确定型决策方法

在比较和选择活动方案时，如果未来情况只有一种并为管理者所知，则采用确定型决策方法。常用的确定型决策方法有线性规划和量本利分析法。

（1）线性规划。线性规划是在一些线性等式和不等式的约束条件下，求解线性目标函数的最大值或最小值的方法。运用线性规划建立数学模型的步骤包括：

① 确定影响目标大小的变量，列出目标函数方程；

② 找出实现目标的约束条件；

③ 找出使目标函数达到最优的可行解，即为该线性规划的最优解。

例如，某食品企业生产两种产品：A和B。它们都要经过预处理和加工两道工序，有关资料如表3-1所示。假设市场状况良好，企业生产出来的产品能卖出去，试问何种组合的产品使企业利润最大？

表3-1　某食品企业的有关资料

项目	A	B	工序可利用时间/小时
在制造工序上的时间/小时	2	4	48
在装配工序上的时间/小时	4	2	60
单位产品利润/元	8	6	—

　　这是一个典型的线性规划问题。第一步，确定影响目标大小的变量。在本例中，目标是利润π，影响利润的变量是A的数量T和B的数量C。第二步，列出目标函数方程：$\pi=8T+6C$。第三步，找出约束条件。在本例中，两种产品在一道工序的总时间不能超过该道工序的可利用时间，即制造工序：$2T+4C\leq48$，装配工序：$4T+2C\leq60$。除此之外，还有两个约束条件，即非约束：$T\geq0$，$C\geq0$。那么，线性规划问题成为如何选取T和C，使π在上述四个约束条件下达到最大。第四步，求出最优解——最优产品组合。求出上述线性规划问题的解为$T=12$和$C=6$，即生产12种A和6种B时企业的利润最大。

　　（2）量本利分析法。量本利分析法，又称盈亏平衡分析法，是通过考察产量或销售量、成本和利润的关系，以及盈亏变化的规律来为决策提供依据的方法。这种方法是简便有效、使用范围较广的计量决策方法，它广泛应用于生产方案的选择、目标成本预测、利润预测、价格制定等决策问题上。

　　量本利分析法的基本原理是边际分析理论。该方法把企业生产的总成本分为固定成本和单位变动成本，只要产品单价大于单位变动成本，就有边际贡献和产品单位毛利。当总的边际贡献和固定成本相等时，产品即为盈亏平衡，这时每增加一个产品，就会增加一份边际贡献利润。

　　例如，某食品加工厂生产A食品的固定成本为150万元，每吨变动成本为0.9万元，市场价格每吨为1.4万元，试分析：

　　① 企业经营的盈亏平衡产量；

　　② 如果该厂要获得20万元盈利，应该年销售食品多少吨？

　　第一步：绘制量、本、利关系图，见图3-3。

　　第二步：计算。设保本点产量为X_0，在盈亏平衡点E处$C=S$，其中$C=F+VX_0$（V为单位变动成本），$S=PX_0$（P为单位价格），将有关数据代入，企业经营的盈亏平衡产量得

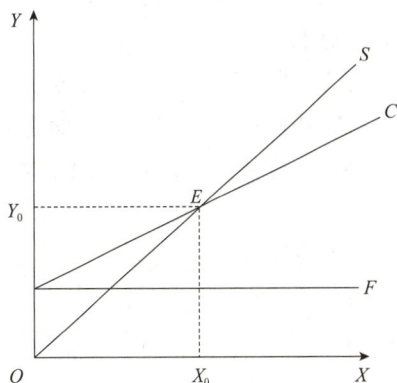

图3-3　盈亏平衡分析图

F为固定成本，C为总成本，S为销售收入，X为产量，Y为总金额，E为盈亏平衡点，Y_0为盈亏平衡金额，X_0为盈亏平衡点产量

$$150+0.9X_0=1.4X_0$$
$$X_0=300（吨）$$

即企业经营的保本点产量是300吨。

　　第三步：分析结果，即设企业要获得20万元盈利，应该年销售食品X吨，则

$$\pi=S-C（\pi为利润，C=F+VX、S=PX）$$
$$20=1.4X-(150+0.9X)$$
$$X=340（吨）$$

2）风险型决策方法

风险型决策是一种随机决策，它是根据方案在各种可能的自然状况下发生的概率，

计算各方案损益值的期望值，并以此判断方案的优劣。风险型决策的常用方法是决策树法。决策树法是由树形结构分别计算各方案在不同自然状态下的损益值，通过综合期望值比较，做出方案选择。这种方法直观明确，还可以对一些较为复杂的问题进行分级决策。

决策树由决策节点、方案枝、状态节点、概率枝和损益值组成。决策节点表示决策的结果，用方框表示；方案枝由决策节点引出，并连接状态节点；状态节点表示各种自然状态所能获得收益的机会，用圆圈表示；概率枝由状态节点引出，每一枝表示一种自然状态；损益值在概率枝末端列出。

决策树的分析步骤分为以下三步。

（1）绘制决策树。绘制程序是自左向右分层展开。先要对决策条件做细致分析，确定所有可供决策选择的方案，以及这些方案在实施中面临的各种自然状态，然后才能画出决策树。

（2）计算期望值。期望值计算是由右向左依次进行。先将每种自然状态的收益值分别乘以各自概率枝上的概率，再乘以决策有效期限，最后将各概率枝的值相加，标于状态节点上。

（3）剪枝决策。比较各方案期望值，如方案实施有费用发生，则应将状态节点值减去方案费用再进行比较。凡期望值小的方案枝一律剪掉，最终剩下一条贯穿始终的方案枝，其期望值最大，并标在决策节点上，这就是最佳方案。

3）不确定型决策方法

不确定型决策所面临的问题是决策目标和各种备选方案都已知，但自然状态出现的概率无法预测，也就无法预测其期望值，因此在决策中，决策者的主观意志和经验起重要作用。同一数据，由于决策者选用不同的分析方法和原则，就会选择完全不同的方案。

例如，某企业为了生产一种新产品，制订了三种生产方案：A——改建原有生产线，B——新建生产线，C——部分零件与外厂协作生产。该产品将市场需求估计为较高、一般、较低三种情况，每种情况出现的概率无法预测。每种方案在各种自然状态下的损益值如表3-2所示。

表3-2　损益值表

生产方案	需求较高	需求一般	需求较低
A	600	450	−150
B	900	350	−250
C	400	250	100

决策者可根据不同的标准和方法对方案进行选择。下面介绍几种方法。

（1）等概率决策法。这一方法认为没有理由说明哪种状况发生机会更多，只能认为它们发生的机会是均等的。假设有 n 种情况，则每种情况出现的概率是 $1/n$，再求出各种方案在不同情况出现的期望值，从中选择最有利的方案，即将各期望值比较后，选最大值所对应的方案为决策方案。

根据上例，求出每个方案的期望值：

$$A 的期望值 = 1/3 \times (600+450-150) = 300$$
$$B 的期望值 = 1/3 \times (900+350-250) = 333.33$$
$$C 的期望值 = 1/3 \times (400+250+100) = 250$$

因为B的期望值大，则选方案B，即新建一条生产线。

（2）悲观准则决策法（小中取大法）。先从每个方案中选择小的收益值，再从这些最小收益值选取一个最大值，该值对应的方案就是最优方案。三个方案的最小收益值分别为

$$f(A) = \min(600, 450, -150) = -150$$
$$f(B) = \min(900, 350, -250) = -250$$
$$f(C) = \min(400, 250, 100) = 100$$

则这些最小收益中的最大值是

$$f(E) = \max(-150, -250, 100) = 100 = f(C)$$

根据这一准则决策应选方案C，即部分零件与外厂协作生产。

（3）乐观准则决策法（大中取大法）。先在各方案中选最大值，然后将各方案最大值做比较，再选取最大值为最优方案。

$$f(A) = \max(600, 450, -150) = 600$$
$$f(B) = \max(900, 350, -250) = 900$$
$$f(C) = \max(400, 250, 100) = 400$$

则这些最大值中的最大值为

$$f(E) = \max(600, 900, 400) = 900 = f(B)$$

根据这一准则决策应选方案B，即新建生产线。

（4）赫威兹决策法（折中准则决策法）。这是介于乐观与悲观之间的一种准则，决策者通常根据市场情况和个人经验，预先确定一个乐观系数 α，其取值范围为 $0 \leqslant \alpha \leqslant 1$，然后把每一方案的最大值乘以 α，再加上该方案的最小收益值乘以 $(1-\alpha)$，得到乐观的期望值，比较各方案的期望值，大的为最佳方案。若 $\alpha = 0.6$，则

$$f(A) = 0.6 \times 600 + (1-0.6) \times (-150) = 300$$
$$f(B) = 0.6 \times 900 + (1-0.6) \times (-250) = 440$$
$$f(C) = 0.6 \times 400 + (1-0.6) \times 100 = 280$$

这些期望值中最大值为

$$f(E) = \max(300, 440, 280) = 440 = f(B)$$

根据这一方法决策应选方案B，即新建生产线。

（5）后悔值准则决策法（大中取小法）。这种方法是以各方案的机会损失的大小来判别方案的优劣。机会损失是指由于决策失误而引起的机会成本。每种自然状态的最大值与同种自然状态下的其他损益值之差就是后悔值。决策时，先把各方案的最大后悔值选出来，再选择其中最小的后悔值作为最优方案。

对上例作分析，先找出各自然状态的最大值，需求较高为900，需求一般为450，需求较低为100，对应各自然状态，用最大值减去同种状态的损益值，得出后悔值，见表3-3。

表3-3　后悔值表

生产方案	需求较高	需求一般	需求较低
A	300	0	250
B	0	100	350
C	500	200	0

从表3-3中可见，各方案最大后悔值为300，350，500，最小值为300，所以应选方案A，即改建原有生产线。

三、食品企业的经营计划

（一）食品企业经营计划的概念

食品企业经营计划是按照食品企业经营决策所确定的方案对企业生产经营活动和所需要的各项资源，从时间和空间上进行具体的统筹安排。食品企业经营计划是一项综合性计划，是根据食品企业外部环境与内部条件的具体情况，结合食品企业未来发展的需要，为食品企业经营活动预先拟定的具体内容和步骤。食品企业经营计划的内容都包括"5W1H"，即以下内容：

What——做什么？目标与内容。

Why——为什么做？原因。

Who——谁去做？人员。

Where——何地做？地点。

When——何时做？时间。

How——怎样做？方式、手段。

（二）食品企业经营计划的类型

食品企业的经营计划是事先对未来应采取的行动所做的规划和安排。计划的种类很多，从不同角度可划分为不同的类型。

1．按计划的期限划分

按计划的期限可以划分为长期计划、中期计划和短期计划。

1）长期计划

长期通常是指5年以上的计划，长期计划描述了组织在较长时期的发展方向和方针，规定了组织的各个部门在较长时期内从事某种活动应达到的目标和要求，绘制了组织长期发展的蓝图。

2）中期计划

中期计划的期限一般为3～5年。由于期限较短，可以比较准确地衡量计划期内各种因素的变动及其影响，所以在一个较大系统中，中期计划是实现计划管理的基本形式。它一方面把长期的战略目标分阶段、具体化，另一方面又可为年度计划的编制提供基本框架，因而成为联系长期计划和年代计划的桥梁和纽带。

3）短期计划

短期计划的期限通常在1年以内，包括年度计划、季度计划和月度计划，以年度计划为主要形式。短期计划是企业中、长期计划的具体实施计划、行动计划。它根据中期计划详细制订本年度的任务和有关措施，其内容比较具体、细致、准确，有执行单位还有相应的人力、物力、财力的分配。它为中、长期计划的贯彻执行提供了可能，也为检查计划的执行情况提供了依据，从而使中、长期计划的实现有了切实的保证。

2．按涉及时间长短及其范围的广狭的综合性程度划分

按涉及时间长短及其范围的广狭的综合性程度可以划分为战略计划、战术计划和作业计划。

1）战略计划

战略计划是指应用于整体组织的，为组织未来较长时期（通常为5年以上）设立总体目标和寻求组织在环境中的地位的计划。它由高层管理者负责制订，具有长远性、全局性等特点。战略计划对战术计划和作业计划具有指导作用。

2）战术计划

战术计划是指规定总体目标如何实现的细节的计划，其需要解决的是组织的具体部门或职能在未来各个较短时期内的行动方案。它是根据战略计划制订的落实性计划，是实现战略计划的手段和方法。战术计划是由中层管理者制订的，它对作业计划具有指导作用。

3）作业计划

作业计划由基层管理者负责制订，是将战术计划确定的内容具体化，是基层各单位在较短时期内的工作计划，如月工作计划、周工作计划、日工作计划及轮班工作计划等。

3．按计划的内容划分

按计划的内容可以划分为综合性计划和专业性计划。

1）综合性计划

综合性计划是指对组织活动所做出的整体安排。在较长时期内执行的战略计划一般是综合性计划，短期计划中也有综合性的，如企业编制的年度综合经营计划。

2）专业性计划

专业性计划是对某一专业领域的职能工作所做的计划，它通常是综合性计划某一方面内容的细化，如销售计划、生产计划、产品研究开发计划和人力资源计划等。它们与综合性计划是局部与整体的关系。

（三）食品企业经营计划的编制方法

1．滚动计划法

滚动计划法是一种动态编制计划的方法。静态的计划方法往往是把一项计划全部执行完了之后再重新编制下一期的计划。不同于静态的计划方法，滚动计划法是根据一定时期计划的执行情况，考虑组织内外环境条件的变化，适时调整计划，并相应地将计划期顺延一个时期，把近期计划与长期计划结合起来的一种编制计划的方法。

滚动计划法具有以下特点：一是计划分为若干个执行期，其中近期计划编制得详细具体，而远期计划则相对粗略；二是计划执行一定时期，要根据执行情况和环境变化对以后各项计划内容进行修改、调整；三是上述两个特点决定了组织的计划工作始终是一个动态过程，因此滚动计划法避免了计划的凝固化，提高了计划的适应性和对实际工作的指导性。滚动计划法的制订示例见图3-4。

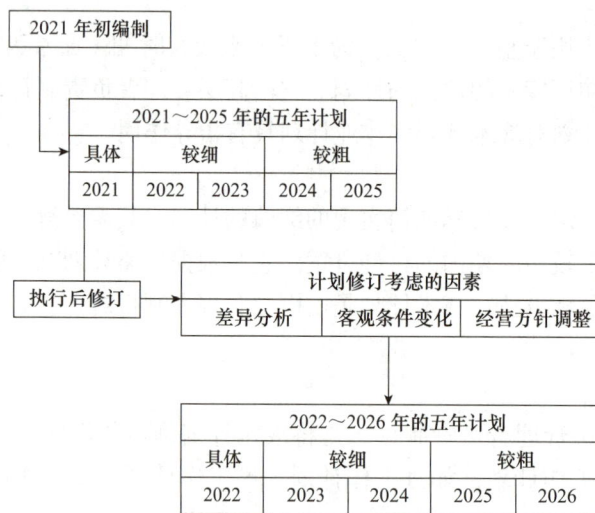

图3-4　滚动计划法示例

滚动计划方法虽然使得计划编制和实施工作的任务量加大，但在计算机普遍应用的今天，其优点十分明显，最突出的优点是计划更加切合实际，使战略性计划的实施更加切合未来环境变化。战略性计划是应用于整体组织的，为组织未来较长时期（通常为5年以上）设立总体目标和寻求组织在环境中的地位的计划。因为人们无法对未来的环境变化做出准确的估计和判断，所以计划的时期越长，不准确性就越大，其实施难度也越大。一是滚动计划相对缩短了计划时期，加大了计划的准确性和可操作性，因而它是战略性计划实施的有效方法。二是滚动计划方法使长期计划、中期计划与短期计划相互衔接，短期计划内部各阶段相互衔接。这就保证了即使由于环境变化出现某些不平衡时，也能及时地进行调节，使各期计划基本保持一致。三是滚动计划法大大加强了计划的弹性，这对环境剧烈变化的时代尤为重要，它可以提高组织的应变能力。

2. 比例法

比例法又称间接法，它是利用过去两个相关经济指标之间长期形成的稳定比率来推算确定计划期的有关指标。例如，在一定的生产技术组织条件下，某些辅助材料的消耗量与企业产量之间有一个相对稳定的比率，这样就可以根据这个比率和企业的计划产量，推算确定某种辅助材料的计划需用量。

运用比例法来确定计划指标，关键是要通过长期的分析研究，正确掌握相关量之间的比例关系。因为这种比例关系的正确性，对计划指标的正确性起着决定性的影响。同时，还要充分考虑到计划期内生产技术组织条件可能发生的变化，并根据条件变化的影响，对计算结果做必要的修正，使其更加符合实际。

3. 定量方法

定量方法就是根据有关的技术经济定额来计算确定计划指标的方法。这种方法广泛应用于企业的生产、劳动、物资、成本及财务等计划的编制中。

定额可以有不同的表现形式。例如，劳动定额就有两种基本的表现形式：一种是用生产单位产品消耗的时间来表示，叫作时间定额或工时定额；另一种是用单位时间内应完成的合格产品的数量来表示，叫作产量定额。此外，还有看管定额和服务定额的形式，它们是指一个或一组工人同时看管（或服务）的某种对象的数量。

4. 综合平衡法

综合平衡法就是根据客观规律的要求，为实现计划目标，做到计划期的有关方面或有关指标之间的比例适当、相互衔接、彼此协调，利用平衡表的形式，经过反复平衡分析计算来确定计划指标。从系统论的角度来说，也就是保持系统内部结构的有序和合理。不平衡的计划就是有关指标之间比例关系失调和矛盾的计划，它会使系统的无序性和内耗增加，这样的计划不是好的计划。因此，编制计划时，必须对计划的各个组成部分、计划对象与相关系统的关系进行统筹安排。其中，最重要的就是保持任务、资源与需求之间，局部与整体之间，目前与长远之间的平衡。例如，企业在确定生产计划指标时，就要把所确定的指标与生产条件进行全面的、反复的综合平衡。平衡的内容主要有以下几点。

（1）生产任务与生产能力之间的平衡。

（2）生产任务与劳动力之间的平衡。

（3）生产任务与物资供应之间的平衡。

（4）生产任务与成本、财务之间的平衡。

此外，还有生产与生产技术准备、生产与销售等方面的平衡。通过平衡，可以充分挖掘企业在人力、物力和财力等方面的潜力，保证计划的实现，以取得最大的经济效益。

拓展资源

伊利集团——因绿而兴，共赴零碳未来

一直以来，伊利集团高度重视实现碳达峰、碳中和目标，不断完善碳管理体系，用实际行动引领全产业链的减碳工作。

早在2007年，伊利集团董事长潘刚就率先提出"绿色领导力"，并在2009年进一步升级为伊利的"绿色产业链战略"，倡导"绿色生产、绿色消费、绿色发展"三位一体的发展理念。自2010年起，伊利连续12年开展企业内的全面碳盘查，成为行业内开展碳盘查的企业。2022年4月8日，伊利发布了《伊利集团零碳未来计划》《伊利集团零碳未来计划路线图》，表示伊利已在2012年实现碳达峰，将在2050年前实现全产业链碳中和。截至目前，伊利取得了全国首张电碳市场双认证的"绿电交易凭证"，拥有了5款"零碳产品"、5个"零碳工厂"，建立了行业首个"零碳联盟"，通过实施全生命周期减碳行动，向着"2050年前实现全产业链碳中和"的目标不断迈进。

伊利在碳管理领域的领先实践，也得到了联合国机构的权威认可。2021年7月，联合国全球契约组织发布《企业碳中和路径图》，这是全球首份由联合国机构发布的全面指导企业实现碳中和的重磅报告，伊利作为全球唯一农业食品业的代表企业案例被报告收录并得到了深入分析。2021年12月，联合国开发计划署发布《走向零碳：在华企业可持续发展行动》报告，伊利作为中国乳业唯一企业入选，并在报告中作为可持续发展"实践案例"被深入分析。

助力"双碳"目标，企业肩负重要使命。伊利作为乳业龙头，将持续践行可持续发展理念，不断引领整个中国乳业发展因绿而兴，共赴零碳未来。

（资料来源：https://www.yili.com/news/responsibility/1911，有改动）

复习巩固

（1）食品企业的经营理念有哪些？

（2）食品企业经营决策的方法有哪些？

（3）食品企业经营计划的编制方法有哪些？

单元四

食品企业的生产管理

学习目标

知识与技能目标

（1）熟悉食品企业生产管理的含义和内容；

（2）掌握食品企业生产过程管理、生产计划与控制；

（3）熟悉食品企业设备管理；

（4）能为食品企业制订设备管理制度。

思政与素养目标

强化责任意识和工匠精神。

食品企业的生产管理

思维导图

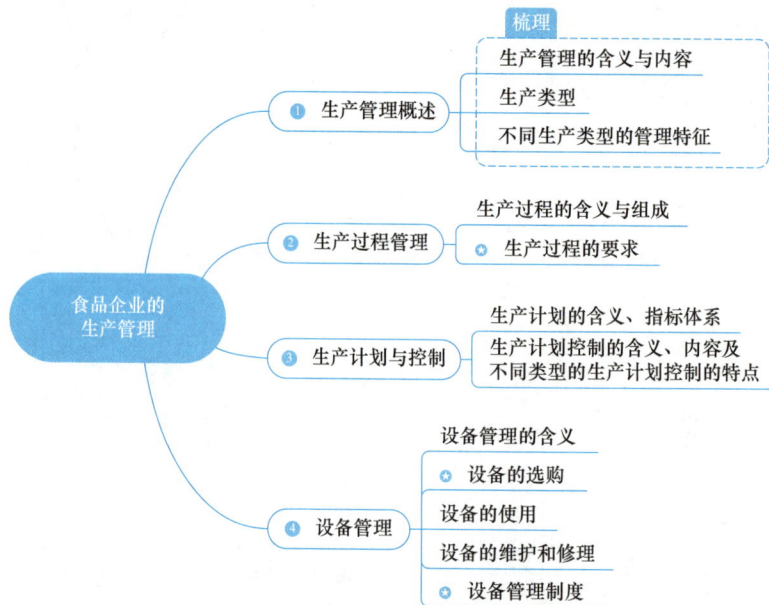

▶ 案例导入

白象食品股份有限公司高度注重生产流程的控制和管理

在面食生产自动化程度越来越高的今天，白象食品股份有限公司（简称白象食品）依然高度注重生产流程的控制和管理。从面粉搅拌、熟化、压片、切条波纹、蒸煮、冷却、切饼、着味、油炸脱水、冷却、成品检验、分袋（桶）包装，直到成品装箱，白象食品的质量控制已经分解到了每一个流程，每一道工序。白象食品的生产流程严格依据法律法规及公司制订的相关制度，如《生产管理制度》《生产车间卫生管理制度》《车间岗位管理标准》《设备维修管理制度》等，从人、机、料、法、环等方面进行管控，"制度到班、责任到组、流程到人"早已成为白象食品生产流程的一大特色。

（资料来源：http://www.baixiangfood.com/yanjingongyi/，有改动）

▣ 必备知识

一、食品企业生产管理概述

（一）食品企业生产管理的含义与内容

1. 生产管理的含义

为确保实现预期的产出，需要在生产过程的各个阶段实施有效的管理。生产管理，是指对投入生产的各种资源及其组合运作过程进行有效的计划、组织、指挥、协调和控制，以保证顺利完成生产任务的管理活动。生产管理的目标是实现"三低、三高"，即低污染、低消耗、低成本，高质量、高效率、高效益。

2. 生产管理的内容

1）生产运作系统的设计

生产运作系统设计涉及新产品的开发、生产能力的确定、生产工艺的设计、生产部门及设备的配置和岗位设计、生产人员工作定额的确定、物资及能源消耗定额的确定、污染物排放及处理系统的设计等。

2）生产运作系统的控制

生产运作系统的控制包括生产计划的制订和执行、生产人员的调度和管理、生产时间和进度的控制、项目管理和质量控制等。生产运作系统控制的目的，是按照用户订单或市场需要合理安排和组织生产活动，要求生产品种、规格、型号、数量、质量、时间等都能满足用户和市场的需要，同时做到节能减排，最大限度地减少物资消耗和人工浪费，努力降低生产成本，提高生产效率和经济效益。

（二）食品企业的生产类型

1．生产类型及特点

1）单件生产

单件生产的特点是产品不稳定，品种多，每一品种的产量很小，经常生产一件或几件，不重复生产或偶尔重复生产。由于品种变换频繁，要求生产运作系统有最大的适应性。因此，单件生产多数采用通用或富有柔性的设备，设备是按照工艺专业化标准布置的，要求工人有较高的技术水平。

2）成批生产

成批生产的特点是产品品种相对稳定，品种从几种到若干种，每一品种的产量不是很大，经常按一定数量整批生产和重复生产。它的专业化程度随批量大小而变化。根据数量多少可以分为大批量生产、中批量生产、小批量生产。

3）大量生产

大量生产的特点是产品稳定，品种少，产量大，每个工作地固定执行一道工序或少数几道工序，工作地专业化程度高，普遍采用高效率的专用设备和专用工具，有利于实行流水线生产。

2．确定生产类型的标志

要确定企业的生产类型，首先要看生产系统的最基本环节——工作地的加工工序的重复程度，因为它能综合反映出企业生产的产品品种和产量的多少。产品结构的主要标志是在一定时间内固定于工作地上的工序数目的多少，也可通过计算工序占用工作地系数（即工序单件时间定额与节拍的比值，或固定于工作地上的工序数目的倒数）来确定。一旦工作地生产类型确定后，就可以按由下而上的优势原则分别确定工段、车间、分厂直至企业的生产类型。当产品品种、规格和加工工艺方法相同时，产品产量的大小可作为判别生产类型的主要依据。

（三）不同生产类型的管理特征

不同的生产类型在生产管理上有着不同的特征。

1．单件生产的管理特征

单件生产一般按订单组织产品的设计和制造来进行管理，其生产管理的重点有四个。

（1）及时了解企业的设计能力和制造能力，掌握生产成本的基本数据，对随机到达的订单能估算交货进度与报价。

（2）随着订单的增加，分析计划中资源的不平衡及生产瓶颈所在，采取相应措施。

（3）重点抓订单中的关键零部件，落实生产进度与物流平衡。

（4）抓产品配套，保证按合同如期交货。

2．成批生产的管理特征

成批生产一般可划分为小批、中批与大批生产。小批生产以订单作为制订生产计划的依据，而大批生产则以市场预测为主，中批生产则需兼顾两方面的情况。提高企业竞争力的关键是适应市场需求不断地开发新品种，在主导产品系列上能做到生产一代、试制一代、预研一代、构思一代，并不断地提高质量，降低成本。成批生产管理的重点有四个。

（1）优化产品组合，使各项产品之间在其生命周期上衔接，在满足市场与用户需求的前提下，充分利用生产资源，寻求最佳经济效益。

（2）确定合理的测量标准，科学地组织各项产品的投入与产出。

（3）设计合理的空间与时间组织方式，简化和改善生产管理工作。

（4）抓关键零部件的生产，组织好配套工作。

3．大量生产的管理特征

大量生产一般要根据市场预测制订生产计划，合理地设置各阶段的库存以应付外部市场需求的波动性，其生产管理有五个重点。

（1）既要缩短生产周期、加快流动资金的周转，又要保证原材料、动力不间断地供应。

（2）强化设备维修，保证生产过程不出故障，尤其是对连续性的生产过程更需要严格要求。

（3）实行对生产的实时监控，保证按计划节拍进行均衡生产。

（4）集中统一地进行计划与控制，推行经过优化的适合大量生产的标准计划。

（5）不断降低消耗和产品成本，发挥大量生产中的节约效应。

二、食品企业生产过程管理

（一）食品企业生产过程概述

1．生产与生产过程的含义

1）生产

生产是通过劳动把资源转化为能满足人们某些需求的产品和服务的过程。从事生产活动，必须有劳动力、劳动工具和劳动对象，生产活动即劳动者利用生产资料，生产出适合社会需要的产品的活动。

2）生产过程

广义的生产过程，包括技术准备过程、基本生产过程、辅助生产过程和生产服务过程。狭义的生产过程，是指从原材料投入开始，一直到成品生产出来为止的全部过程。生产过程是一个"投入—转换—产出"的过程，即投入一定的资源（人力资源、物力资源、财力资源、信息资源），经过一系列的转换（加工、制造、装配、劳动服务），最后以某种形式的产出（实体产品、服务产品）提供给社会，满足市场需要的过程。这个过程也是企业通过生产活动实现价值增值的过程。

２．生产过程的组成

生产过程一般由技术准备过程、基本生产过程、辅助生产过程和生产服务过程组成。

（１）技术准备过程，是指产品在投入生产前所进行的一系列技术准备工作的过程，包括产品研发、产品设计、产品试制、工艺设计、设备调试、图纸及其他技术资料的准备等。

（２）基本生产过程，即从原材料投入生产的第一道工序开始，一直到成品下线最后一道工序完成的过程。它是企业生产过程中最重要的组成部分，如机器制造企业中的铸造、锻造、机械加工和装配；纺织企业的纺纱、织布。

（３）辅助生产过程，是指保证基本生产过程正常进行所需的各种辅助产品的生产过程或劳务活动，如动力生产供应、夹具模具制造、设备维修等。

（４）生产服务过程，是指为基本生产和辅助生产所进行的各种生产服务活动过程，如原材料、辅助材料、零部件、工具、燃料、半成品等物资的供应、运输、保管、试验与检验等。

上述各组成部分既互相区别，又互相联系。其中，基本生产过程居主导地位，是企业生产过程中不可缺少的部分，它可按照工艺加工性质，划分为若干相互联系的工艺阶段，这些工艺阶段又可划分为许多相互联系的工序。工序是组成生产过程的基本环节，是指由一个或几个工人，在一个工作地上对同一个（或几个）劳动对象连续进行工作的活动。

（二）食品企业生产过程的要求

１．生产过程的连续性

连续性是指产品在生产过程的各阶段、各工序之间的流动，在时间上是紧密衔接、连续不断地进行的。也就是说，产品在生产过程中始终处于运动状态，从第一道工序开始一直到最后一道工序结束都要连续进行，除了技术要求的必要停顿外，不发生或很少发生不必要的停顿和等待。

２．生产过程的比例性

比例性是指生产过程的各阶段、各工序之间在生产能力上要保持适当的比例关系，即各个生产环节的工人人数、机器设备、生产面积和生产能力，都必须互相协调，互相适应。

3．生产过程的平行性

平行性包括两层含义：一是指一个产品的各个零部件尽可能地平行生产，即尽可能同时生产或同时完工；二是指一批相同零件，同时在各个工艺阶段上加工，即零件在工序间采用平行移动方式。平行性的好处在于可以缩短生产周期，并为生产过程的连续性创造了条件。

4．生产过程的均衡性

均衡性是指企业及各个生产环节在相等的一段时间内，生产相等或递增数量的产品，各工序的负荷充分并相对稳定，不出现时松时紧、前松后紧的现象。

5．生产过程的适应性

适应性是指生产过程为了适应市场变化而不断改变产品品种时，能以最少的投资和最短的时间适应这种改变的能力。

三、食品企业生产计划与控制

（一）食品企业生产计划

1．生产计划的含义

生产计划是在一定时期内企业从事生产活动的打算和安排。生产计划是组织和控制企业生产活动的依据，企业的所有生产活动都应纳入生产计划。企业的生产计划分为长期生产计划、中期生产计划和短期生产作业计划。长期生产计划的任务是进行产品决策、生产能力决策，以及确立何种竞争优势的决策。中期生产计划的任务是在正确预测市场需求的基础上，充分利用现有资源和生产能力，尽可能均衡地组织生产活动和合理地控制库存水平，以及尽可能满足市场需求和获取利润。短期生产作业计划的任务是直接依据顾客的订单，合理地安排生产活动的每一个细节，使之紧密衔接，以确保按顾客要求的质量、数量和交货期交货。

按照我国企业的习惯，将中期生产计划简称为生产计划，将短期生产作业计划简称为生产作业计划。

2．生产计划指标体系

企业的生产计划指标一般包括以下四个方面。

（1）产品品种指标。产品品种指标是企业在计划期内生产的产品品种、型号、规格、花色、款式等方面的指标。

（2）产品质量指标。产品质量指标规定了企业在计划期内产品质量达到的水平。生产计划中的产品质量指标通常采用综合性的质量指标，如合格品率、一等品率、优等品率、废品率、返修品率等。

（3）产品产量指标。产品产量指标规定了企业在计划期内生产的合格产品的数量。产量指标一般用实物单位计量，如台、件、袋、箱、吨、米、千瓦等。

（4）产品产值指标。产品产值指标是用价值量表示的产量指标，能综合反映企业生产的总成果，包括商品产值、总产值、净产值等。

（二）食品企业生产计划的控制

1．生产计划控制的含义

生产计划控制主要是指在生产计划执行过程中，对作业活动和产品生产的数量和进度等所进行的控制，也称为生产作业控制。生产计划控制的主要任务是通过各种有效的协调措施和调控方法，预防或制止生产过程中可能发生的或已经发生的脱离计划及目标的偏差，保证作业活动和产品生产按计划所预定的目标顺利完成。

2．生产计划控制的内容

生产计划控制包括生产进度控制、在制品控制、生产过程中的成本控制、生产过程中的质量控制、生产过程中的人员控制等。生产计划控制处在生产计划与实施之间，贯穿从下达指令安排生产、调整偏差到向计划系统反馈信息的整个过程。

从生产计划控制的内容来看，主要包括三方面的要素。

（1）控制标准，即制订生产作业计划及其依据的各种标准。

（2）反馈信息，即取得实际执行结果同原有标准之间将要产生或已经产生偏差的信息。

（3）纠偏措施，即对将要产生或已经产生的偏差，做出解决偏差的措施。

这三个要素是缺一不可的：没有生产作业计划及其依据的各种标准，就不可能有衡量执行生产作业实际结果的依据；没有事先规定和事后检查与作业标准发生偏差的信息，就无法了解和评价生产作业计划的执行情况，以及可能发展的趋势；不规定纠正偏差的措施，生产作业控制就成了无意义的活动。

3．不同类型的生产计划控制的特点

食品品种千差万别，配料种类繁多。每一品种都有其特定的工艺流程，各种配料都在不同的机器前面排队等待加工。各个工作地之间的联系不是固定的，有时为了加工某个特定的产品，两个工作地才发生联系。该产品加工完成之后，也许再也不会发生什么联系了。这种复杂的情况使得没有任何一个人能够把握如此众多的产品及其加工情况。为此，需要专门的部门来进行控制。

（1）移动时间。它是指从上道工序加工完成后转送到本工序途中所需的时间。这个时间取决于运输工具和运输距离，是相对稳定的。

（2）排队时间。新到的原料都需排队等待一段时间才能加工。排队时间的变化

较大，单个工件的排队时间是优先权的函数，所有工件的平均时间与计划调度的水平有关。

（3）调整准备时间。调整准备时间是加工某一产品需做的调整准备所花的时间，它与技术和现场组织管理水平都有关。

（4）加工时间。加工时间是指按技术和加工工艺改变物料形态所花的时间，它取决于所采用的加工技术和工人的熟练程度，它与计划调度方法无关。

（5）等待运输时间。等待运输时间是指加工完毕等待转入下一道工序所花的时间，它与计划调度工作有关。对于单件小批生产，排队时间是主要的，它占工件加工提前期的80%～95%。排队时间越长，在制品库存就越高。如果能够控制排队时间，也就控制了工件在车间的停留时间。要控制排队时间，实际是要控制排队队长的问题。因此，如何控制排队的队长，是单件小批生产控制要解决的主要问题。

大量大批生产的产品是标准化的，通常采用流水线或自动线的组织方式生产。在流水线或自动线上，每个工作的加工顺序都是确定的，工件在加工过程中没有排队、派工、优先权问题。因此，控制问题比较简单，主要通过改变工作班次、调整工作时间和人数来控制产量。但是，在组织混流生产时，由于产品型号、规格、花色的变化，也要加强计划性，使生产均衡。

四、食品企业的设备管理

（一）食品企业设备管理的含义

1．设备管理的含义

设备管理，是指企业通过一系列的技术、经济、组织措施，对设备的规划、购置（设计及制造）、安装、使用、维护、修理、改造、更新、调拨，直至报废的各个过程的管理活动。

设备是企业生产的物质技术基础，是生产力的重要组成部分。设备状况如何，不仅直接影响生产效率、产量、质量和安全，而且还影响生产成本、资金占用、企业利润等，也就直接影响到企业的经济效益。因此，加强和改善设备管理，是企业管理的一项重要内容。

2．设备的前期管理和后期管理

设备的前期管理是指从规划到投产这一阶段的全部工作，包括设备方案的构思、调研、论证和决策，自制设备的设计和制造，外购设备的采购、订货，设备的安装、调整、试运转，效果分析、评价和信息反馈等。

设备的后期管理是指从初期管理开始，包括使用、维修、改造、更新到报废为止的全部工作。这一阶段时间较长，管理得当可提高设备利用率、完好率，降低维护费用，延长设备的寿命周期，提高企业经济效益。

（二）食品企业设备的选购

新建企业购置设备，老企业增添或更新设备，以及从国外引进设备，都必须认真慎重选择。选购设备的基本原则包括先进性、可靠性、安全性、低耗性、耐用性、维修性、配套性、灵活性、环保性、经济性。

（1）先进性，是指该设备采用的设计原理和结构在技术上居于国际或国内领先地位，技术参数、技术指标在同类设备中突出、先进。设备的使用效率高，安全性能好，加工精度细，产品质量上乘。

（2）可靠性，是指设备在一定的工作环境和工作条件下的加工精度、准确度及对产品质量的保证程度。它要求设备在使用中要达到产品说明书所规定的技术参数，高质量、高效率地完成生产加工任务。

（3）安全性，是指设备在使用过程中不会发生泄漏、燃烧、爆炸、漏电、辐射等危害人身、设备、产品的安全事故，是生产安全的保障性能。

（4）低耗性，是指设备对能源、原材料的消耗低，在加工同样数量的产品，或运行同样时间的情况下，耗电量、耗油量、耗气量、原材料的损耗量等指标比较低。在节能降耗的考评中，设备的低耗性尤其重要。

（5）耐用性，是指设备的使用寿命周期要长，即在正常使用过程中，有形磨损低，设备牢固耐用。耐用性好的设备，可以节约维修费用，提高利用率，降低生产成本。

（6）维修性，是指设备易于维护和修理。一般而言，设备的结构简单，零部件组合合理，标准化程度高，互换性能好，易于拆卸、组装、检验、更换，其维修性就好。

（7）配套性，是指设备在使用过程中，需要多种其他设备、工具、管线的共同使用才能发挥效率，完成生产加工任务。单机配套，是指一台机器中各种配套的随机工具、附件、部件等要齐全。机组配套，是指一套机器的主机、辅机、控制设备要齐全。项目配套，是指一个新建项目所需要的各种设备要齐全，如工艺设备、动力设备、辅助设备、检验设备、控制设备等要配套。

（8）灵活性，是指设备能适应不同的工作条件，在同一平台上能加工不同的产品，以适应市场的变化和生产计划的调整。

（9）环保性，是指设备在使用过程中不污染环境，废水、废物、废气都能得到有效处理，达到环保排放标准。在设备的设计、制造、安装、验收、使用过程中，全程都要考虑环境保护的要求，凡是达不到环保排放指标要求的，一律不准开工使用。

（10）经济性，是指设备购置费用低，投资少，性价比高，维修保养花费少，带来的经济效益高。经济性的判断要计算设备投资回收期，回收期短、回报率高，设备的经济性就好。

（三）食品企业设备的使用

1. 合理配备设备

企业在配备设备时应当尽量避免设备配备中出现"大而全、小而全"的问题，要根据生产实际需要及设备的功能来配备设备，既要保证满足生产加工任务的需要，同时也要避免设备的闲置和浪费。在企业之间要搞好专业化协作，体现资源共享。这样既可以减少一个企业的设备种类和数量，减少固定资产投资，也有利于相互协作，提高设备利用率。

2．合理安排加工任务

合理安排加工任务，就是使每台设备都能达到合理负荷、安全运转的目的，既要防止设备闲置，又不能造成设备超负荷运转。超负荷运转会造成设备的损坏，影响正常生产，严重时还会发生安全事故。

3．建立健全设备使用制度

设备使用制度是设备使用过程中的行为规范，必须严格遵守此规范，才能保证安全生产，提高生产效率，包括技术操作规程、设备维修保养制度、定人定机制度、交接班检查制度、操作记录制度等。这些规程和制度都是根据设备的技术特点和实践经验制订的，只有严格遵守这些规程和制度，坚决杜绝蛮干、滥用，才能保证安全生产。

4．加强对职工的培训与考核

操作工人必须经过设备操作基本功的培训，并经过考试合格，获得操作证，凭证上岗操作。设备操作者要做到"四懂三会"，即懂性能、懂结构、懂原理、懂用途，会使用、会保养、会排除故障。

5．为设备创造良好的使用环境和条件

所有的设备都要有一个整洁、有序、安全的工作环境和条件。要根据不同设备的使用要求，采取防护、防潮、防腐、保温、降温、通风等措施，配备必要的测量、控制、检查和保险用的仪器仪表装置。对于精密设备，温度、湿度、防尘、防雷等保护措施要落实到位。

6．合理规定设备使用中的各种消耗定额

消耗定额是考核设备使用情况的标准，通常包括电力消耗、油料消耗、器材消耗、水消耗、维修费用和保养费用消耗定额。企业应按照定额标准发放和使用设备，同时按照定额完成情况进行考核和实施奖罚。

7．在员工中广泛开展设备完好竞赛活动

企业可以把设备完好率、利用率作为车间和班组竞赛的一项重要活动内容，定期进行检查评比，挂流动红旗，并作为评选先进集体、先进个人的一项重要内容，以激发员工爱护设备的积极性和主人翁意识。

（四）食品企业设备的维护保养和修理

1．设备的维护保养

设备维护保养的目的，是及时处理设备在使用过程中由于运行状态的变化而引起的一些不利于设备安全或正常运行的问题，以改善设备运行状况，提高设备使用的综合效能，保证设备正常运行，延长设备的使用寿命。

设备的使用寿命包括经济寿命和技术寿命。设备的经济寿命，是根据设备的使用费（包括维护费、修理费和折旧费）来确定设备的寿命，通常是指年平均使用成本最低的年数。经济寿命用于确定设备的最佳折旧年限和最佳更新时机。设备的技术寿命，是指设备在技术上有存在价值的期间，即从设备开始使用至被技术上更为先进的新型设备所替代的全部经历期。技术寿命的长短取决于设备无形磨损的速度。

一般而言，设备的维护保养通常包括以下几个方面。

（1）清洁，即保持设备内外清洁，经常擦洗油垢、灰尘，清扫残渣废屑，保证无跑、冒、滴、漏。

（2）润滑，即按时加油换油。油质要符合要求，各润滑器具、油毡、油线、油标保持清洁，油路畅通，设备运转灵活。

（3）紧固，即及时紧固因高速运转而容易松动的连接件（螺丝、销子），防止发生脱落而引发事故。

（4）调整，即调整设备在运转中由于机件松动或位置移动所带来的不协调，达到松紧适度、位置正确。

（5）防腐，即将防腐剂（涂料、油漆）刷在设备或管线的表面，以保护设备，防止因生锈或各种化学腐蚀物的腐蚀而造成设备、管线的腐烂、损坏。

（6）安全，即严格执行设备的操作规程和使用规程，合理使用，精心维护，保证安全无事故。

根据设备维护保养的不同要求及保养工作量的大小，分为日常保养、一级保养、二级保养、三级保养。

日常保养，也称例行保养，重点是对设备外部进行清洁、润滑、紧固。

一级保养，指除了外部清洁、润滑、紧固之外，还要对设备进行部分调整。

二级保养，主要清洁、润滑设备内部，并进行局部解体检查和调整。

三级保养，对设备主体部分进行解体检查和调整，同时对一些达到规定磨损限度的零部件进行更换。

日常保养由操作工人负责，在交接班时作为检查内容。一级保养由操作工人负责，在专职检查人员的指导下来完成。二、三级保养在操作工人参加的情况下，一般由专职保养或维修工人负责。

2．设备的修理

设备的修理，是指修复由于一些原因造成的设备损坏，它的实质是对物质磨损的补偿。修理的基本手段是修复和更换，通过修复和更换使设备的效能得到恢复，从而使设备能够正常运转和使用。设备修理一般分为小修、中修和大修。

（1）小修，是指对设备进行局部的修理，只更换和修复少量的磨损零部件；局部调整设备结构的工作量较小，可在生产间断时间内进行修理。

（2）中修，要更换和修复较多的磨损零部件，校正设备基础，恢复设备精度、功率和生产效率，达到规定的技术标准。

（3）大修，是对设备进行全面修理，需将设备全部拆开，更换所有的磨损零部件，检查和校正整个设备，以全面恢复原有的精度、性能和生产效率。大修通常需要停产修理。

修理是因为设备出现故障，设备故障分为突发性故障和渐发性故障。

（1）突发性故障，是指通过事先的测试或监控不能预测到的，并且事先并无明显征兆，也无发展过程的随机故障，发生故障的概率与使用时间无关。

（2）渐发性故障，是指通过事先的测试或监控可以预测的故障，发生故障的概率与时间有关，使用时间越长，发生故障的概率越高，如零部件磨损、腐蚀、老化等。

（五）食品企业设备管理制度

1．设备安全管理制度

设备安全管理制度包括以下四点。

（1）设备选购必须坚持"安全高于一切"的原则，使设备在生产运行中，确保操作工人和环境的安全。设备采购人员在签订采购合同之前必须认真考虑设备的安全可靠程度，在安全方面达不到标准的不能订货。

（2）设备使用前要制订安全操作规程和实行设备维护保养责任制。企业要安装安全防护装置；要对员工进行培训，使员工掌握设备原理、结构、操作方法、安全注意事项、维护保养知识等，员工经考核合格后，方可持证上岗。

（3）设备使用中要严格执行安全操作规程。设备操作工人须每天对自己所使用的机器做好日常保养工作，生产过程中应及时排除设备发生的故障。

（4）发生事故时，当班操作工人要立即向主管领导报告，不得瞒报和漏报，同时应积极采取措施防止事故扩大并妥善处理事故。

2．设备维护保养制度

设备维护保养制度主要包括以下几点。

（1）自觉爱护设备，严格遵守操作规程，不得违章操作。

（2）管线、阀门做到不渗不漏。

（3）做好设备经常性的润滑、紧固、防腐等工作。

（4）设备要定期更换、强制保养，保持技术状况良好。

（5）建立设备保养卡片，做好设备的运行、维护、养护记录。

（6）保持设备清洁，场所窗明地净，环境卫生好。

3．设备管理的考核指标

设备管理的考核指标包括以下几点。

（1）主要生产设备完好率，即主要生产设备完好台数与主要生产设备全部台数的比率。

（2）主要生产设备利用率，即设备实际开动时间与制度工作时间的比率。

（3）主要生产设备故障停机率，即统计期内设备故障停机时数与设备制度运行时数的比率。

（4）单位产品产值（产量）维修费用，其统计方法包括万元产值维修费和吨产品维修费两种。

（5）设备事故。没有量化的指标，只提出原则性要求，即降低重大设备事故次数和力争杜绝特大设备事故的发生。

（6）生产设备闲置率，即闲置生产设备资产原值与全部生产设备资产原值的比率。

拓展资源

烟台欣和味达美食品有限公司之酱油生产管理

1．用心选料

精选东北优质非转基因脱脂大豆：东北地区土壤肥沃、日照充足、雨水充沛，是非转基因大豆的最优产区，富含优质蛋白质；加之大豆本身的油分在酱油酿造中不起作用，脱脂大豆生产酱油具有更高的营养，所以欣和从做酱油之初就采用脱脂大豆。

精选山东优质冬小麦：山东是冬小麦主产区，属暖温带季风气候区，小麦秋冬播种，至夏季收成，一年一季，生长周期长达200天，淀粉含量高，营养丰富。

2．烘焙小麦

欣和拥有自主知识产权、世界上最先进的沸腾式小麦烘焙机，像烘焙咖啡一样精心烘焙每一粒小麦，使小麦中淀粉适度糊化，杀灭小麦所附微生物，增色生香、提升酱油鲜味。

3．蒸煮大豆

小麦烘焙的同时，脱脂大豆通过国际领先的高效连续蒸煮机使大豆蛋白质在适当的时间内适度变性，利于蛋白酶高效分解为人体易吸收的氨基酸成分。

4．爱心制曲

经过适度变性的脱脂大豆和烘焙粉碎后的小麦粉碰撞，加入欣和独有菌种，输送到全自动圆盘制曲机进行低温制曲，电脑系统实时监控严格的制曲过程。

5．精心酿造

健康成长的曲料经过 40 多小时成熟后，与盐水混合输送到恒温密闭的发酵罐，每个发酵罐都采用电脑自动监控，确保每个发酵罐保持同样的发酵环境，经过 6 个月恒温密闭式足期发酵，在各种酶作用下转化为色、香、味俱全的美味酱油。

6．物理压榨

6 个月以后，发酵成熟的酱醪就会被输送到压榨车间，采用世界最先进的全自动压榨设备进行物理压榨取得原汁。

7．杀菌过滤

压榨所得原汁通过巴氏杀菌，杀灭酱油中残存的微生物，杀菌后的酱油经高精度的过滤，澄清透亮，确保酱油的营养品质和储藏中的稳定性。

8．灌装检验

欣和不仅对车间、员工的清洗消毒有严格的要求，车间员工每天在进入车间前都要进行严格的洗手消毒，包装车间更是配备了具有国际技术水平的全自动灌装线，进行灌装、封口、贴标、喷码等一系列的全自动流水线作业，确保产品在无菌条件下进行灌装，避免受到环境微生物的污染。最后成品酱油经专业检验后，符合标准要求才能到达千家万户。

（资料来源：https://shinhoglobal.com/about/process/soysauce，有改动）

复习巩固

（1）不同生产类型的管理特征有哪些？

（2）食品企业如何进行生产计划的控制？

（3）食品企业如何进行设备维护？

食品企业的市场营销管理

学习目标

食品企业的市场营销管理

知识和技能目标

（1）熟悉市场营销管理的含义和基本过程；

（2）掌握食品企业市场营销战略；

（3）掌握食品企业市场营销组合策略；

（4）能为食品企业选择合理的市场营销组合策略。

思政和素养目标

内化不怕困难、开拓进取的精神品质。

思维导图

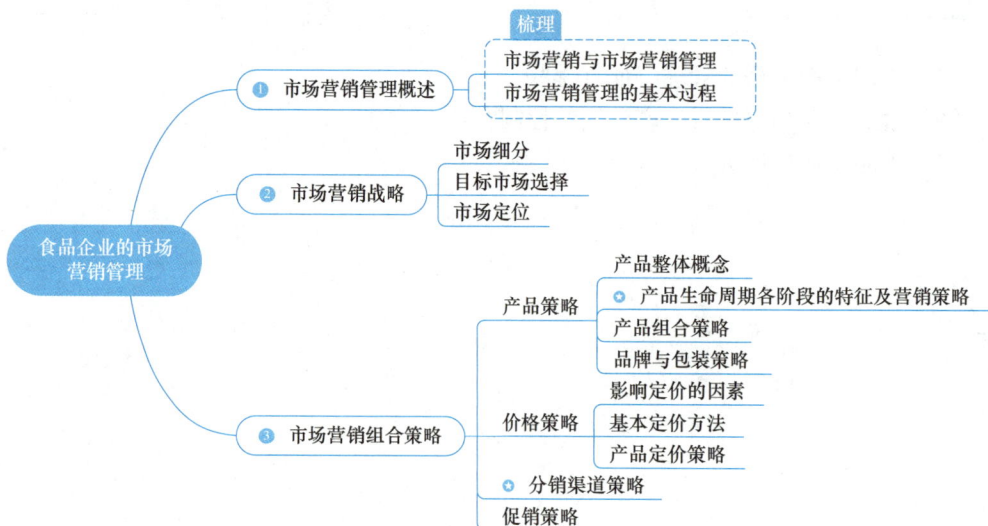

案例导入

洽洽食品2022年上半年营利逆势上扬

洽洽食品公司上半年实现总营收26.78亿元，同比增长12.49%；归属母公司股东净利润为3.51亿元，同比增长7.25%。这份"期中考成绩单"可谓颇为亮眼。

产品和渠道双轮驱动，洽洽食品在触达消费者方面独树一帜。一方面，公司打破了瓜子、坚果等品类与传统节假日的强捆绑局面，在高考、父亲节、"520"和七夕等更多特殊时间节点尝试开展情感营销；另一方面，洽洽食品还通过跨界营销，积极拥抱年轻消费群体。例如，与华熙生物米蓓尔联名推出"瓜子脸面膜"；与某人气游戏跨界合作推出"周末洽洽，再来一把"的活动主题等。

在整体消费意愿减弱、原材料成本承压、疫情反复影响供应链的情况下，洽洽食品却逆势实现营利双增，犹如一剂强心针，为颓靡的消费赛道注入黄金般宝贵的信心。

（资料来源：http://finance.sina.com.cn/stock/observe/2022-08-22/doc-imizmscv7245873.shtml?finpagefr=p_115，有改动）

必备知识

一、食品企业市场营销管理概述

（一）市场营销与市场营销管理

1．市场营销

市场营销是食品企业发现（创造）食品消费需求、满足食品消费需求和管理食品消费需求的活动过程。市场营销是食品企业从无到有、由小到大、由弱到强的经营之道和生财之道。

2．市场营销管理

市场营销管理是指食品企业为实现其目标，创造、建立并保持与目标市场之间的互利交换关系而进行的分析、计划、执行与控制的过程。市场营销管理的基本任务，就是为达到食品企业目标，通过营销调研、计划、执行与控制，来管理目标市场的需求水平、时机和构成。

（二）市场营销管理的基本过程

市场营销管理过程就是企业为实现其任务和目标而发现、分析、选择和利用市场机会的管理过程。这一过程一般包括以下几个步骤。

1．发现和评估市场机会

市场机会是指市场上存在的未被满足的消费需求。在当今社会，没有一家企业可以依赖目前的市场和产品而永远获利、长盛不衰。所以，任何企业都必须不断地寻找、发现和分析新的市场机会，为企业的生存和发展寻找出路。

1）发现市场机会

企业可以通过系统化或非正式的方法来随时注意获取市场情报，寻找新的市场机会，以产生许多市场开发的新构想。企业发现市场机会的方式有四种：一是可以在现有市场上挖掘潜力，促使现有产品进一步渗透到现有的目标市场中去，扩大销售量；二是可以在现有产品无潜力可挖的情况下，以现有的产品开发新的市场；三是在市场开发无潜力可挖时，考虑进行新产品开发；四是当产品开发也已潜力不大时，根据自身资源条件考虑多元化经营，在多种经营中寻求新的市场机会。

2）评估市场机会

在发现市场机会后，进行市场机会的评估是营销成功的重要前提。企业要使市场机会变成企业的机会，且必须与企业的目标相一致；同时，企业还必须具有利用该市场机会的能力。如果市场机会与企业目标不一致，或者企业暂时无能力开发，则是不适宜的市场机会。因此，评估与企业目标相匹配的市场机会，是正确制订企业经营战略的关键环节。

2．细分市场和选择目标市场

在发现和评估市场机会中，企业往往会产生许多新的市场开发构想。企业要做的就是如何从若干好的构想中遴选最符合企业目标与开发能力的一项或若干项作为开发任务。这需要采取以下四个步骤。

1）市场需要衡量与预测

市场需要衡量与预测就是对市场开发的现状与未来的前景做严密的估计。每个企业都希望进入前景良好的市场。由于影响未来市场的因素很多，因此这种预测相当困难，这对企业是很大的挑战，必须认真实施。

2）市场细分

假若企业对市场开发的预测很一致，企业还必须进行市场细分的工作。经营者要通过地理变数、人口变数、心理变数、行为变数来细分市场。

3）选择目标市场

细分后的市场各有不同的需求，企业要选择其中的一个或几个市场进行经营。

4）市场定位

企业一旦选定目标市场，就要研究如何在目标市场上进行产品的市场定位，即勾画产品形象，为产品确定合适的市场位置。

3．拟定市场营销组合

企业制订出产品开发定位的计划后，便可开始策划市场营销组合的细节。市场营销组合是企业针对确定的目标市场，综合运用各种可能的营销手段，组合成一个系统化的整体策略，以便达到企业的经营目标。市场营销的手段有几十种之多，这些手段可归为四个因素，即产品、价格、分销和促销。

1）产品

产品指代表企业提供给目标市场的货物或服务的组合，包括产品的品牌、包装、品质、服务及产品组合等内容。

2）价格

价格指代表消费者为获得该产品所付出的金额，包括制订零售价、批发价、折扣和信用条件等。

3）分销

分销指代表企业为使产品送达目标顾客手中所采取的各种活动，包括发挥批发商和零售商的作用等。

4）促销

促销指代表企业为宣传其产品优点及说服目标顾客购买所采取的各种活动，包括广告、人员推销、营业推广及公共关系等。

4．组织、执行和控制市场营销

为了贯彻落实营销工作，企业必须设立一个营销组织，由营销经理负责组织实施。营销经理的任务包括三点：一是协调所有营销人员的工作；二是与财务、生产、研究与开发、采购和人事主管密切配合，同舟共济；三是督导、激励、考核、培训下属，检查任务执行情况。

在市场营销计划的落实过程中，常常会发生许多意想不到的情况，企业需要以控制行动来保证市场营销目标的实现。市场营销控制的方法有三种。

1）年度计划控制

年度计划控制的任务是确保企业能完成年度计划所规定的销售额、利润和其他目标。因此，企业需做到四点：第一，必须在营销年度计划中设定每月、每季的明确目标；第二，必须采用能衡量市场实际成效和进度的方法；第三，必须找出执行计划中存在严重偏差的原因；第四，必须及时解决问题，消除目标与成效间的差距，如有需要，改进计划执行方式，甚至改变原定的目标。

2）利润控制

企业必须定期分析不同产品、顾客群、批零渠道上的实际获利情况。尽管企业的会计系统很少能真正及时反映营销活动的盈利情况，但营销主管还是要想尽办法完成或超额完成利润计划任务。

3）策略控制

由于市场营销的内外环境是不断变化的，企业的目标、计划和策略有极易过时的可能性，很多企业都因没有注意瞬息万变的市场而导致困境，因此企业需定期检查市场的营销环境、企业策略、系统运行、组织功能等情况，以加强实施控制。为此需要通过企业营销的四大系统——营销情报、营销策划、营销组织和营销控制间的彼此关联、密切合作，来进行计划执行过程中的及时控制。

二、食品企业市场营销战略

市场细分、目标市场选择和市场定位是食品企业市场营销战略的要素，是整个市场营销策划的核心基础。企业在进行营销策划分析时必须对各自的市场进行细分，并选择自己的目标市场，传达出各自不同的市场定位，以迎合目标顾客的需求。

（一）市场细分

在市场上，消费者数量众多且分布广泛，不同的消费者通常有不同的需求和购买习惯。顾客需求的差异性使得企业不可能为市场中所有的消费者服务。企业必须确定最有吸引力的、可以提供最有效的服务并获取最大利润的目标市场来确立自己的经营优势。

1．市场细分的含义和作用

所谓市场细分，就是企业根据消费者的不同购买需求、特征和购买行为，将一个市场分为几个有明显区别的消费者群体，其中每一个消费群就是一个子市场或称为细分市场。

通过市场细分，企业将庞大且复杂的市场划分为更小的细分市场，以便更为有效地提供满足消费者需求的产品和服务。

通过市场细分，企业可以对每一个细分市场的购买潜力、满足程度、竞争情况等进行分析对比，探索出有利于本企业的市场机会，进行必要的产品技术储备，掌握产品更新换代的主动权，开拓新市场，以更好地适应市场的需要。

通过市场细分，企业可以有的放矢地采取适当的市场营销措施，按照目标市场的需求变化，及时、正确地调整产品结构，使其产品适销对路；可以相应地调整和安排分销渠道、广告宣传等，使产品能顺利地、迅速地送达目标市场：还可以集中使用人力、物力、财力，使有限的资源用在"刀刃"上，从而以最少的经营费用取得最大的经营效益。

2．有效市场细分的要求

细分市场有许多方法。然而，并不是所有的细分都是有效的。要使市场细分有效，必须满足下列要求。

1）可衡量性

细分市场的规模、购买力和基本情况是可以衡量的。如果某些细分变量或购买者的需求和特点很难衡量，细分市场后无法界定，难以描述，那么市场细分就失去了意义。一般来说，一些带有客观性的变数，如年龄、性别、收入、地理位置、民族等，都易于确定，并且有关的信息和统计数据，也比较容易获得；而一些带有主观性的变数，如心理和性格方面的变数，就比较难以确定。

2）可进入性

可进入性是指企业能够进入所选定的市场部分，能进行有效的促销和分销，实际上就是考虑营销活动的可行性。一是企业能够通过一定的广告媒体把产品的信息传递到该市场众多的消费者中去；二是产品能通过一定的销售渠道抵达该市场。

3）可盈利性

细分市场的规模要大到能够使企业获利的程度，使企业值得为它设计一套营销规划方案，以便顺利地实现其营销目标，并且有可拓展的潜力，以保证按计划能获得理想的经济效益和社会效益。

4）差异性

差异性是指细分市场能被区别，并且对不同的营销组合因素和方案有不同的反应。

5）可操作性

企业必须能够设计有效的方案吸引并服务于细分市场。

3. 市场细分的变量

市场由消费者组成，消费者可能在一个或者多个方面各不相同，如欲望、居住地、购买态度和购买行为。市场营销人员必须单独或者综合考虑各种市场细分变量或变量组合，以便找到最佳的分析市场结构的方法。常用的市场细分变量有地理因素、人口因素、心理因素和购买行为因素。

1）地理因素

地理因素细分是指以消费者活动的地域环境作为细分市场的依据。这种细分需要考虑的因素主要有地理位置、城市规模、气候条件及人口密度等。地理因素是在市场细分中应用很广的变量，特别适用于那些并不指望吸引广泛分散的顾客的中小规模的市场营销活动。它的主要理论依据是：处在不同地理位置的消费者各有不同的需要和偏好，他们对企业所采取的市场营销战略及措施的反应也有所不同。

2）人口因素

人口因素是最常用的细分消费者群体的基础变量，原因是消费者的需求、愿望随人口因素的不同而变化，同时，人口因素比其他因素更易于测量。市场细分需要考虑的人口因素有性别、年龄、家庭人口、收入、职业、教育、民族、文化程度等。

3）心理因素

在市场细分时人们发现，同年龄、同性别，甚至受教育程度相同或同一地区的消费者，他们对商品的爱好和评价也有所不同，这主要受到心理因素的影响。例如，人们的生活方式不同，消费倾向和需要的商品也不一样。生活方式与消费者的经济收入、文化素养、价值观念有很大关系，营销者只有准确把握不同生活方式的特征及相关消费群体的特点才能达到预期的营销目的。

4）购买行为因素

购买行为因素一般包括购买频率、购买状态、购买动机及对厂家的信赖程度等。企业要根据消费者购买时机、消费者追求的利益、消费者使用状况、消费者忠诚程度等行为因素来细分市场。

（二）目标市场选择

企业进行市场细分的目的就是选择目标市场。目标市场是指企业经过市场分析、比较和选择决定进入的细分市场。目标市场是一个消费者群体，他们有共同的需求或特点，企业也正是为这些需求来服务的。正确选择目标市场，是目标市场营销战略成败的关键步骤。

1．决定目标市场的因素

决定目标市场的因素往往是多种多样的，但以下六点因素起着主要的作用。

1）市场因素

市场因素包括市场规模、市场容量、市场增长率、年销售增长率、市场生命周期、季节性，以及顾客对价格、服务类型及外部因素的敏感程度等。

2）竞争因素

竞争因素包括竞争对手的类型及对市场的重视程度，竞争类型的变化，竞争对手市场份额的变化及新技术的替代性等。

3）经济因素

经济因素主要包括分销渠道宽度、规模经济、进入和退出的壁垒等。

4）技术因素

技术因素主要包括技术的成熟性及可变性、技术的复杂程度、技术被复制的难易度，是否属于专利技术等。

5）社会政治因素

社会政治因素主要包括公众的态度及价值取向、法律法规、消费者运动及消费者素质等。

6）企业目标和资源因素

企业必须考虑对细分市场的投资与企业的目标和资源禀赋是否相一致。某些细分市场虽然有较大吸引力，但不符合企业长远目标，也要放弃。即使这个细分市场符合企业的目标，也必须考虑企业是否具备在该细分市场获胜所必需的技术和资源。

2．目标市场的营销策略

目标市场的营销策略是指企业对客观存在的不同消费者群体，根据不同商品和劳务的特点，采取不同的市场营销组合的总称。一般而言，目标市场的营销策略有三种：无差异化营销策略、差异化营销策略、集中化营销策略。

1）无差异化营销策略

无差异化营销策略是企业以一种产品、一种市场营销组合，试图在整个市场上吸引尽可能多的消费者的策略。这种策略以整个市场作为销售对象，着眼于消费者需求的同质性，对消费者需求的异质性忽略不计。这种策略的优点是：产品的品种、规格、款式单一，企业有利于标准化和大规模生产，有利于降低产品开发、生产、仓储、运输、促销等方面的成本，有利于以廉价争取更多的消费者，从而达到规模效益。该策略的不足是：不能满足不同消费者之间的差异需求与偏好，难以适应市场需求的发展变化，而且极易造成激烈竞争和市场饱和。

2）差异化营销策略

差异化营销策略是企业推出多种产品、采用不同的市场营销组合，以满足各个细分市场不同需求的策略。这种策略针对消费者的不同需求来组织生产，希望通过每个细分市场获得良好的销售成绩和市场定位，以树立企业的整体形象，带动所有产品的销售。这种策略的优点是：它是一种多元化经营，能较好地满足不同消费者群的需求与爱好，易适应市场需求的发展变化，有利于树立企业的整体形象，增强企业的市场竞争能力，从而扩大销售。该策略的不足是：多品种、小批量生产可能导致企业的产品改进、生产、仓储、销售等成本和管理费用的提高，同时，营销组合的多样化也可能带来企业资源上的短缺及受到企业能力的限制。显然，差异化营销在提高销售量的同时，也提高了生产成本。因此，采用该策略时应权衡其带来的收益与增加的成本之间的关系。采用这种策略的往往是那些实力雄厚的大企业。

3）集中化营销策略

集中化营销策略是企业集中力量推出的一种或少数几种产品和市场营销组合手段，满足一个或少数几个子市场，以期在竞争中获取优势的策略。这种策略往往被小企业采用，着眼于消费者需求的差异性，重点放在某一个或某几个消费群，这些企业不想在较大市场上占有较小份额，而宁愿在一个或少数几个细分市场上获得较大的市场占有率。这样，企业就可以充分利用有限的资源，发挥其在某些方面的优势，提高产品的市场占有率。这种策略的优点是：第一，经营对象集中，有利于深入了解目标市场的需求和爱好，有针对性地创造产品特色，使消费者的需求得到更好的满足；第二，因为产品较少，可以在生产和营销方面实行专业化，以降低成本，增加盈利；第三，企业集中了全部的资源，有利于在这一特定子市场范围内取得有利地位，与竞争强手抗衡。该策略的不足是：风险比较大，因为企业的目标市场范围较小，企业回旋的余地不大。如果目标市场情况发生变化，如出现强大的竞争对手，价格下跌，消费者偏好转移等，企业就可能陷入困境。因此，采用这种策略的企业，必须密切注意目标市场的动态变化，早做决策，以减少经营中的风险。

（三）市场定位

市场定位是企业进行差异化市场竞争的重要手段。企业通过市场定位可以进一步明确服务对象，更好地满足目标顾客的需求，可以赋予产品特色，为企业树立与众不同的市场形象，以鲜明的特色、形象吸引目标顾客群体。准确的市场定位有利于企业深入地了解目标消费者的需求，制订营销组合策略，并在此基础上有针对性地制订相应的产品、价格、分销和促销等组合营销策略，有的放矢地开展营销，在市场竞争中取得鲜明的优势。

1. 市场定位的含义与作用

市场定位就是确定产品在目标顾客群心目中的形象，通过传递特定信息，使该品牌与竞争对手区分开来（竞争区间），以占据细分的市场空间。

市场定位的作用包括以下几个方面。

1）定位制造差异

差异化是市场定位的首要原则。市场定位中的差异化可能来自企业的产品与竞争者产品之间的差别，如七喜与可口可乐、百事可乐之间的差别是不含咖啡因；差异化也可能来自企业众多品牌之间的区别，如宝洁公司推出的海飞丝、飘柔、潘婷三款洗发水，其差别在于去头屑、柔顺、滋养三方面。市场定位中的差异化主要来自于以下几方面。

（1）质量：产品质量是否更为优越，更经久耐用？企业能否做出质量保证？

（2）外观：产品外观是否能满足消费者特别的审美要求？

（3）方便：产品使用是否更方便，更易于操作？

（4）舒适：产品服务是否能让消费者获得更为舒适、愉悦的享受？

（5）价格：产品价格是否更为优惠？是否像产品本身一样具有吸引力？

（6）服务：企业是否提供了更多的超越竞争者的完善的服务？

（7）利益：使用该企业的产品究竟能给消费者带来多少利益和好处？

当然，市场定位中的差异化因素远远不止这些，还包括很多有形或无形的因素。企业与竞争者的差别越多，其市场定位优势越明显，产品形象也就越突出。没有多项差别也不要紧，只要有一项特别出色，也可能打动消费者的心。

2）辅助目标实现

在具体的营销策略中，营销策划人员往往需要回答涉及营销策略组合的多种问题。各项营销策略直接影响营销目标的实现，而这些策略的依据是否正确，是其是否有效的关键。只有将市场定位作为各项策略的依据，将各项手段相互配合、整合，向消费者传达产品的市场定位信息，才能在目标市场中占据更多的份额。

3）创造竞争优势

对企业而言，关键不是对产品本身做些什么，而是做些什么才能打动消费者。单凭质量的上乘或价格的低廉已难以获得竞争优势。成功品牌的竞争优势主要来源于其市场定位。具有某种优势是进行市场定位的有利条件，但市场定位本身不是竞争优势，不过它能创造竞争优势，营销策划人员在进行市场定位时会发现，市场定位带来的竞争优势并不见得是产品自身的优势，甚至可能正是自身的弱势，之所以定位于此，是因为其中存在市场空隙。

2．市场定位的原则

市场定位的原则主要包括简明原则、个性化原则、动态调整原则和目标消费者原则。

1）简明原则

消费者具有喜欢简单、讨厌复杂的心理。越是简单、明确的信息，越容易被消费者识别和接受。产品各有特色，关键在于企业要预先筹划以什么特色打动消费者。一言以蔽之，突破这道屏障的诀窍就是定位要简明，集中力量于一个重点并将其深深地印在消费者心上。

2）个性化原则

有差别意味着有距离，而距离是可以拉近的，无法拉近的是产品的个性。个性往往是一种无形因素，人们知道它的存在，却无法追随。市场定位应遵循个性化原则，即赋予产品或品牌独有的个性，以迎合相应的消费者的个性。

在挑选产品时，消费者会在理性上考虑产品的实用功能，同时也评估不同产品所表现出的个性。当产品的个性与他们的自我价值观相吻合时，他们就会选择该产品，并利用该产品来彰显自己的个性。

3）动态调整原则

动态调整原则就是要求企业在变化的环境中，抛弃传统的以静制动、以不变应万变的静态定位思想，对市场环境时刻保持高度的敏感，及时调整产品的市场定位，开发产品的新性能来满足消费者的新需求，或者偏移和扩大原有的定位点，以做到驾驭未来，而非经营过去。企业只有不断调整自己的经营目标、产品种类、技术水平、管理方式、营销策略，才能适应环境，焕发生命力。

成功的经验表明，在动态的市场环境中，企业应当密切关注市场环境，审时度势，根据环境的变化、竞争者的变化、消费者观念和态度的变化及政府宏观政策的变化，重新定位自己的产品和企业形象，改变企业的营销策略，以适应不断变化的市场需要。

4）目标消费者原则

目标消费者原则实质上就是为目标消费者提供令其满意的服务的原则，即不断强化消费者满意程度的原则。许多企业曾陷入无休止的广告大战、品牌大战，而忽视了竞争的根本立足点，如今它们又重新调整战略，回归至为消费者提供满意的服务上来。例如，美国的通用电气公司和惠而浦公司，都提出了"使顾客100%满意"的目标。以消费者为导向，是市场定位的重要原则。

三、食品企业市场营销组合策略

（一）产品策略

产品是企业生产经营的物质成果，它是企业与市场的联系纽带。产品也是市场营销组合的重要因素，它直接决定和影响着市场营销组合其他因素的决策。因而，产品是企业制订其他市场营销策略的基础。

1．产品整体概念

市场营销观念中的产品整体概念又称为整体产品，是指通过交换能够满足消费者某种需求和利益的有形物体和非物质性的无形服务的总和。

产品整体概念的含义主要包括以下几个方面。

1）核心层

核心层，即顾客购买产品所追求的基本效用和利益，是指产品的使用价值。人们购买产品不是为了获得产品本身，而是因为这种产品能满足某种需要，如洗衣机带来省力效果、汽车带来便捷、电视机带来娱乐等。核心层是企业营销的根本出发点。

2）形式层

形式层，即产品的实体与外形。形式产品主要表现在五个方面：品质、特色、样式、品牌及包装，如电视机的画面、音质的好坏、款式的新颖、品牌的知名度等。

3）延伸层

延伸层，即顾客取得产品或使用产品过程中所能获得的形式产品以外的利益，如售后服务。

2．产品生命周期各阶段的特征及营销策略

产品生命周期指的是产品的市场寿命，而不是产品的使用寿命。产品从试制成功、投入市场开始，到产品退出市场为止所经历的全部时间，就是产品生命周期。

产品生命周期一般可分为四个阶段，即投入期、成长期、成熟期和衰退期。

1）投入期的市场特点与营销策略

进入投入期的产品有这样一些市场特点，消费者对产品了解不多，销售渠道不畅；销售量小、营销费用比较高；销售量增长缓慢；产量小而成本高，无赢利或亏损。这阶段采取的营销策略有四种。

（1）快速掠取策略。若对新产品充满信心，企业可以快速开拓市场。这种策略采取高价格、高促销费用营销手段，迅速占领市场。采取这一策略，必须有一定的市场环境，消费者有比较高的需求欲望，可以使消费者首先建立对自己产品的偏好。

（2）缓慢掠取策略。缓慢掠取策略可以先选择一两个城市开辟市场，让消费者逐渐了解产品，然后稳步占领其他市场。在潜在竞争威胁不大的市场环境条件下，消费者有

一定的需求欲望，并对该产品有较高的信任度，企业可以采用高价格、低促销费用营销手段进行营销。

（3）快速渗透策略。如果产品的市场容量大，消费者对产品不太了解，且对价格十分敏感，潜在竞争激烈，产品可以规模化生产，以降低生产成本；可以采用低价格、高促销费用营销手段进行营销，快速占领市场。

（4）缓慢渗透策略。产品的市场容量大，消费者熟悉该产品，对价格反应敏感，并且潜在竞争的威胁不大，可以采用低价格、低营销费用手段进行营销。

2）成长期的市场特点与营销策略

产品进入成长期后，消费者已经接受或认可该产品，销售量迅速增长；产品已经定型，可以大批量标准化生产，生产成本下降，利润大幅度增长；竞争者开始生产同类产品，出现竞争局面；产品销售渠道通畅，平均营销费用有所下降，形成有利的销售局面。这阶段可采用以下营销策略。

（1）改善产品品质。增加产品的新功能，提高产品质量和改变款式，以吸引更多的消费者，提高其竞争能力。

（2）寻找新的细分市场。通过市场细分，发现尚未满足的细分市场，并迅速进入这一新市场。

（3）改变广告宣传的重点。广告宣传的重点由介绍产品向塑造产品形象转变，树立产品品牌，吸引消费者。

（4）选择时机采用降价策略。在适当时机，采用降价策略，激发对价格敏感的消费者的购买动机。

3）成熟期的市场特点与营销策略

产品进入成熟期，这一时期持续的时间比较长，销售量由上升至饱和到出现下降；产品消费普及面大，销售量与利润最高；潜在消费者开始减少；市场竞争激烈，各种品牌同类产品大量增加。这一阶段可以采用以下营销策略。

（1）市场改良。市场改良指发现产品新用途或改变推销方式。具体来说，就是寻找新的细分市场，寻求刺激消费者购买欲望的营销手段，扩大销售量；对产品进行重新定位，寻找潜在消费者。

（2）产品改良。产品改良指提高产品质量，挖掘产品的新用途、功能，改变产品款式，增加美感。

（3）市场营销组合改良。采用合适的市场营销组合，延长产品成熟期，如采用营业推广等促销手段，吸引消费者，提高竞争能力。

（4）研制替代产品。开发研制二代、三代产品，迅速投入市场。

4）衰退期的市场特点与营销策略

进入衰退期，产品销售量急剧下降，产品的利润也下降，同类新产品大量上市，有的竞争者退出市场。这一阶段可以采用以下营销策略。

（1）继续策略，即继续沿用过去的策略，在目标市场、价格、销售渠道、促销方式等方面保持原状。

（2）集中策略，即把企业能力和资源集中在最有利的细分市场和销售渠道上，尽量延长退出市场的时间。

（3）收缩策略，即大幅度降低促销水平，减少营销费用，以增加目前的利润。

（4）放弃策略，即对衰退比较迅速的产品，当机立断，放弃经营，转产或者停产。

3．产品组合策略

产品就像人一样，都有其由成长到衰退的过程。因此，企业不能仅仅经营单一的产品，世界上很多企业经营的产品往往种类繁多，如美国光学公司生产的产品超过3万种，美国通用电气公司经营的产品多达25万种。

所谓产品组合是指一个企业生产或经营的全部产品线、产品项目的组合方式，它包括四个因素：宽度、长度、深度和一致性。例如，美国宝洁公司的众多产品线中，有一条牙膏产品线，生产格利、克雷丝、登奎尔三种品牌的牙膏，所以该产品线有三个产品项目。其中，克雷丝牙膏有三种规格和两种配方，那么克雷丝牙膏的深度就是6。如果我们能计算每一产品项目的品种数目，就可以计算出该产品组合的平均深度。

企业在进行产品组合时，涉及三个层次的问题需要做出抉择。

（1）是否增加、修改或剔除产品项目。

（2）是否扩展、填充和删除产品线。

（3）哪些产品线需要增设、加强、简化或淘汰，以此来确定最佳的产品组合。

三个层次问题的抉择应该遵循"既有利于促进销售，又有利于增加企业的总利润"这一基本原则。产品组合的四个因素和促进销售、增加利润都有密切的关系。一般来说，拓宽、增加产品线有利于发挥企业的潜力、开拓新的市场；延长或加深产品线可以适合更多的特殊需要；加强产品线之间的一致性，可以增强企业的市场地位，发挥和提高企业在有关专业上的能力。

4．品牌与包装策略

1）品牌及其含义

品牌是名称、术语、标记、符号、图案，或者是上述元素的组合。品牌用于辨别卖方或卖方集团的货物与劳务，以便同其他竞争者的产品加以区别。品牌是一个综合体，包括品牌名称、品牌标志和商标三个部分。品牌名称是指品牌中可用语言表达的部分；品牌标志是指品牌中可被识别但不能用语言表达的部分，包括符号、图案或专门设计的颜色、字体等；品牌或品牌的一部分在政府有关部门注册后称为商标，它受法律保护，注册者有专用权。品牌的设计应美观大方，构思奇巧，区别性强，便于记忆，容易拼读，简单明了。此外，品牌设计还应符合不同市场的风俗习惯、宗教信仰上的要求，在国际市场上应审慎地使用语言。

2）包装策略

目前，包装的重要性已远远超过保护商品、便于贮存和运输的作用，它已成为促销和提高竞争力的重要手段。调查显示，一般去超级市场购物的顾客，由于精美包装的吸引，所购商品通常超过出门时打算购买数量的45%。由此可见包装的重要性，故企业越来越重视包装策略的运用，常见的包装策略有下面几种。

（1）类似包装策略。类似包装策略即一个企业所生产的各种不同产品，在包装上使用相同的图案、色彩或某些共同的特征，使顾客一见就联想到它们是同一企业的产品，有利于树立企业形象和介绍新产品。

（2）等级包装策略。等级包装策略即企业对自己生产经营的不同质量等级的产品分别设计和使用不同的包装。

（3）组合包装策略。组合包装策略将消费关联性强的多种商品纳入一个包装容器内配套出售，如把化妆品配套包装，这样做既便于消费者使用，又能够扩大多种产品的销售总量。

（4）复用包装策略。复用包装策略是指包装内的商品用完之后，包装本身还有其他用途，此种包装上通常有企业标志。该策略的运用一方面可以引起消费者的购买兴趣，另一方面还具有促销功能。

（5）附赠品包装策略。附赠品包装策略是当前市场上颇为流行的一种包装策略。包装内一般附有赠送的小商品，消费者可根据包装上的号码或附赠纸条上的号码进行兑奖，使顾客拥有获得额外奖品的机会，吸引他们重复购买。

（二）价格策略

价格是市场营销组合中的一个十分重要的因素，它直接关系着需求量的大小和利润的高低，并影响着营销组合的其他因素。定价策略是为了达到一定经营目标而制订的各种定价方案的总称。

1. 影响定价的因素

影响定价的因素主要有以下六点。

（1）定价目标，以最大利润为目标、以合理利润为目标、以市场占有率为目标等，不同的定价目标就会产生不同的产品价格。

（2）市场需求，是决定企业产品价格的基本因素。企业常用需求价格弹性系数变化来确定市场需求的影响，制定产品价格。

（3）同类产品竞争，它体现在产品的开发、设计、生产、销售的全过程，包括在产品功能、质量、品种、成本、价格、营销渠道、促销等各方面的竞争。从定价角度看，竞争的影响主要体现在价格上。

（4）产品成本，是定价的基本依据。

（5）公共政策，包括对市场价格的控制和管制、对产品价格的补贴政策等。

（6）顾客心理，包括期望价格、价值观念的变化、逆反购买心理（如买涨不买跌）等。

2．最基本的定价方法

1）成本导向定价法

产品定价时，首先要考虑收回企业在生产经营中的全部成本，然后再考虑取得一定的利润，其中常用的有成本加成定价法和售价加成定价法。

（1）成本加成定价法。成本加成定价法是指单位产品成本加上规定的利润比例所制定的价格，其中价格与成本之间的差额，就是加成比例。成本加成定价法的公式为

$$单位产品价格＝单位产品总成本×（1＋加成率）$$

一般来说，高级消费品或者生产批量较小的产品，其加成比例可以高一点；生活必需品或者大批量生产的产品加成比例应该低一些。

成本加成法的主要的优点是计算方便，而且在市场环境诸多因素基本稳定的情况下，采用这种方法可以保证各行各业获得正常的利润率，其缺点是没有考虑市场上消费者的利益。

（2）售价加成定价法。此方法以售价为基础，加成率为预测利润占售价的百分比，其具体公式为

$$单位产品价格＝单位产品总成本/（1－加成率）$$

一般来说，商业部门更多采用此方法，此方法的优点在于企业更容易计算商品销售的毛利率，而对消费者来说，在售价相同的情况下，用这种方法计算出来的加成率较低，也就容易被接受。

2）目标收益定价法

目标收益定价法与成本导向定价法的主要区别有两点。第一，前者是根据预计的销售量倒推出成本；后者却不管销售量如何，先确定成本。第二，前者的收益率是企业按照需要和可能自行制订的；后者是按照行业的习惯标准制订的。目标收益定价法常用的有收支平衡定价法和投资收益定价法。

（1）收支平衡定价法。收支平衡定价法是根据企业的生产数量，并能保证取得一定利润的前提下制定价格的方法。该方法是根据盈亏平衡点公式计算出平衡点的价格，这是企业产品不亏损的最低价格，即保本价格。不同预期的销售量，对应着不同的收支平衡价格，企业可以根据这一标准，结合预期的产品盈利，选择适当的定价。

（2）投资收益率定价法。投资收益率定价法是先按照企业的投资总额确定一个资金利润率，然后按照资金利润率计算目标利润额，最后根据总成本和计划销售量及目标利润算出产品的价格。这种方法有利于保证实现既定的资金利润率，但是这种方法只有市场占有率很高的企业才会采用。

3）需求导向定价法

需求导向定价法是以市场导向为指导，以消费者对商品价值的理解和认识程度为依据，虽然是同一种商品，但对不同类型的消费者和市场，可以制定不同的价格。需求导向定价法常用的方法有理解价值定价法和区别需求定价法。

（1）理解价值定价法。理解价值定价法是一种先估计和测定商品在顾客心中的价值

水平，再以此为依据制定出商品价格的方法。消费者对商品往往有自身的价值观念，这种价值观念实际上是消费者对商品质量、用途、款式及服务质量的评估。当一个消费者看到某种商品时，他便根据对这个商品的印象，对它的价格进行评估，只有符合这个价格，消费者才愿意购买，市场营销学上把它称为消费者对商品的理解价值。

这种方法的具体做法是：企业首先通过广告宣传或者其他传播途径，把商品介绍给消费者，使消费者对商品的质量、用途、款式及原材料等有一个初步的印象，然后通过市场调查，了解掌握消费者对商品价值的理解，以此作为定价标准。如果在这个定价水平下，企业所获的利润同其经营目标相符合，就可以开发商品；如果在这个价格水平下利润很低，甚至会亏损，企业就应该考虑放弃经营。这种方法的关键是如何分析和测定决定产品的理解价值水平。测定的方法有直接评议法、相对评议法、相对评分法、诊断评议法等。

（2）区别需求定价法。区别需求定价法又叫差别定价法，是指某一种产品在特定的条件下，可以按照不同的价格出售。区别需求定价法的主要形式有以顾客群的差异为基础的差别定价，以数量差异为基础的差别定价，以产品的外观、式样、花色等差异为基础的差别定价，以地域差异为基础的差别定价，以时间差异为基础的差别定价等。

4）竞争导向定价法

竞争导向定价法是一种以竞争者的价格为基础，企业根据竞争双方的力量等情况，制定比竞争者的价格更高或更低的价格，或相同的价格，以达到增加利润、扩大销售量或者提高市场占有率目标的定价方法。竞争导向定价法常用的方法有以下几种。

（1）随行就市定价法。它是指企业使自己的商品价格跟上同行业的平均水平。在竞争激烈而产品需求弹性较小或者供需基本平衡的市场上，这是一种比较稳妥的定价方法。它的优点是既减少了风险，又大体反映了该商品的社会必要劳动时间，从而获得平均利润；或者经过降低成本的努力，获得超额利润。

（2）追随领导企业定价法。有些拥有较丰富的后备资源的企业，为了应付或者避免竞争，或者为了稳定市场以利于长期经营，采用以同行业中影响最大的企业的价格为标准，来制定本企业的商品价格。

（3）边际贡献定价法。它实际上是一种可变成本加成法，它暂时不考虑固定成本的分摊，只考虑可变成本，算出贡献利润（即商品价格与可变成本之差）后，再把分摊的固定成本扣除，得出企业的净利润。特别是在企业的生产能力尚有多余的情况下，只要有边际贡献率，就意味着有利可图，其公式为

$$单位产品边际贡献＝单价－单位产品的变动成本$$

当企业的营销市场发生变化，企业的商品按照原价出售有困难，或者企业为了竞争的需要，压低价格以利于竞争优势时，企业可以采用这种方法。

3．产品定价策略

1）新产品定价策略

新产品定价合理与否，不仅关系到新产品能否顺利进入市场、占领市场、取得较好

的经济效益，而且关系到产品本身的命运和企业的前途。新产品定价策略具体包括以下几种。

（1）撇脂定价策略。撇脂定价策略是指在新产品进入目标市场时，制定较高的价格，以期在竞争者进入之前，迅速获取利润，收回产品开发的成本和投资。该策略的优点是获利大并能掌握定价的主动权，但高价极易吸引竞争者打入，不利于开拓市场。

（2）渗透定价策略。渗透定价策略是指企业把新产品价格定得很低，以便迅速占领市场，排斥竞争者，扩充市场份额。该策略的依据是产品的价格弹性大，低价会使市场需求迅速增加；企业的固定成本比例高，所以单位成本会随着销量增长而快速下降；低价不致引起实际或潜在的竞争。

（3）满意定价策略。满意定价策略是介于撇脂定价和渗透定价之间的一种定价策略，以行业平均利润为价格基础。这一价格既使企业能获得满意利润，又对消费者有一定的吸引力，双方都能接受。

2）心理定价策略

心理定价策略是根据消费者心理来制定价格的策略，即运用心理学原理，根据不同类型的消费者在购买商品时的不同心理要求制定价格，以诱导消费者购买。该策略具体包括以下几种方法。

（1）尾数定价法。尾数定价法又称奇数定价或零头定价，是指商品的价格以奇数或零头结尾。例如，将5元的价格定为4.95元，将10元的价格定为9.97元。该策略一是可以使人感到定价认真、准确，可增加消费者的信任感，二是因为商品价格以零头结尾，可以使顾客产生一种"便宜"的感觉。

（2）整数定价法。整数定价法是指商品价格以整数结尾，不带零头。例如，一台电冰箱的价格可定为2400元，而不必定为2399.95元。这种方法主要适用于高档消费品或顾客不太了解其性能的商品，对这些商品，消费者往往会有"一分钱、一分货"的心理感觉。另外，在种类繁多的商品销售中采用整数定价，可以方便顾客选购和结算。

（3）声望定价法。声望定价法是根据消费者对某些商品、某些企业的信任心理而采用的价格政策。一家企业信誉很好，其出售商品就可略高于同行业中其他企业的同类商品的价格，这就是声望定价。一个名牌商品，顾客对它有信任感，售价也可以定得较高，这也是声望定价。声望定价的目的一是提高产品形象，二是满足某些购买者的地位欲望。

3）折扣定价策略

折扣定价策略分为数量折扣、现金折扣、季节折扣、功能折扣定价策略等。

4）差别定价策略

差别定价策略即同一产品因顾客不同、地理位置不同、时间不同或式样不同而价格不同。

（三）分销渠道策略

1．分销渠道的概念

分销渠道是指某种产品和服务从生产者向消费者转移过程中，取得这种产品和服务的所有权或帮助所有权转移的所有企业和个人。

2．分销渠道的类型

一般来说，企业有三种分销渠道策略可供选择。

1）密集分销渠道策略

密集分销渠道策略是指生产企业同时采用尽可能多的中间商来推销自己的产品，其优点是可以使企业在更广泛的市场上扩大产品销售，提高企业产品在市场上的知名度，便于消费者随时随地购买商品。然而，该策略也存在着缺点，如企业对销售渠道难以控制，并有可能降低企业的利润率。

2）选择分销渠道策略

选择分销渠道策略是指企业在分销渠道中有选择性地使用一部分中间商来推销其产品。企业在销售某种产品时，往往先采用许多中间商来推销，经过一段时间后，便对分销渠道进行分析评价，及时淘汰效率低的中间商，保留效率高的中间商。

3）独家分销渠道策略

独家分销渠道策略又称独家分销策略，指企业在某一地区市场上仅选择一家中间商来推销其产品。通常双方签订独家经销合同，明确规定中间商不得经营竞争对手的产品。采取这种策略的优点是可以增强企业与中间商的依赖关系，双方从关心自身利益出发，都会努力提高效益，同时也便于企业对分销渠道的控制，节省营销费用。该策略的不足之处是企业缺乏灵活性，一旦中间商发生意外，会直接影响企业的产品和销售。

3．影响分销渠道选择的因素

生产企业在选择分销渠道时，必须对下列几方面的因素进行系统的分析和判断，才能做出合理的选择。

1）产品因素

产品因素通常包括以下几点。

（1）产品价格。一般来说，产品单价越高，越应注意减少流通环节，否则会造成销售价格的提高，从而影响销路，这对生产企业和消费者都不利；而单价较低、市场较广的产品，则通常采用多环节的间接分销渠道。

（2）产品的体积和重量。产品的体积大小和轻重，直接影响运输和储存等销售费用，过重的或体积大的产品，应尽可能选择最短的分销渠道；对于那些按运输部门规定的起限（超高、超宽、超长、超重）的产品，尤其应该组织直达供应；小而轻且数量大的产品，则可考虑采取间接分销渠道。

（3）产品的易毁性或易腐性。产品有效期短、储存条件要求高或不宜多次搬运的，应采取较短的分销渠道，尽快送到消费者手中，如鲜活品、危险品等易毁性或易腐性产品。

（4）产品的技术性。有些产品具有很高的技术性，或需要经常的技术服务与维修，应以生产企业直接销售给用户为好，这样，可以保证向用户及时提供良好的销售技术服务。

（5）定制品和标准品。定制品一般由产需双方直接商讨规格、质量、式样等技术条件，不宜经由中间商销售。标准品具有明确的质量标准、规格和式样，分销渠道可长可短，有的用户分散，宜由中间商间接销售；有的则可按样本或产品目录直接销售。

（6）新产品。为尽快地把新产品投入市场，扩大销路，生产企业一般重视组织自己的推销队伍，直接与消费者见面，推介新产品和收集用户意见。若能取得中间商的良好合作，也可考虑采用间接销售形式。

2）市场因素

市场因素主要包括购买批量大小、消费者的分布、潜在顾客的数量和消费者的购买习惯。

（1）购买批量大小。购买批量大，多采用直接销售；购买批量小，除通过自设门市部出售外，多采用间接销售。

（2）消费者的分布。某些商品消费地区分布比较集中，适合直接销售；反之，适合间接销售。工业品销售中，企业与本地用户联系方便，因而适合直接销售；外地用户较为分散，通过间接销售较为合适。

（3）潜在顾客的数量。若消费者的潜在需求多、市场范围大，需要中间商提供服务来满足消费者的需求，宜选择间接分销渠道；若潜在需求少、市场范围小，生产企业可直接销售。

（4）消费者的购买习惯。有的消费者喜欢到企业购买商品，有的消费者喜欢到商店购买商品。所以，生产企业既要直接销售，也要间接销售，以满足不同消费者的需求，来增加产品的销售量。

3）生产企业本身的因素

生产企业本身的因素主要包括资金能力、销售能力、可能提供的服务水平和发货限额。

（1）资金能力。企业本身资金雄厚，则可自由选择分销渠道，可建立自己的销售网点，采用产销合一的经营方式，也可以选择间接分销渠道；企业的资金薄弱则必须依赖中间商进行销售和提供服务，宜选择间接分销渠道。

（2）销售能力。生产企业在销售力量、储存能力和销售经验等方面具备较好的条件，则应选择直接分销渠道；反之，则必须借助中间商，选择间接分销渠道。另外，企业若能和中间商进行良好地合作，或对中间商能进行有效地控制，则可选择间接分销渠道；若中间商不能很好地合作或不可靠，将影响产品的市场开拓和经济效益，则不如进行直接销售。

（3）可能提供的服务水平。中间商通常希望生产企业能尽可能多地提供广告、展览、修理、培训等服务项目，为销售产品创造条件。若生产企业无意或无力满足这方面的要求，就难以达成协议，迫使生产企业自行销售；反之，提供的服务水平高，中间商则乐于销售该产品，生产企业则选择间接分销渠道。

（4）发货限额。生产企业为了合理安排生产，会对某些产品规定发货限额。发货限额高，有利于直接销售；发货限额低，则有利于间接销售。

4）政策规定

企业选择分销渠道必须符合国家有关政策和法令的规定。某些按国家政策应严格管理的商品或计划分配的商品，企业无权自销和自行委托销售；某些商品在完成国家指令性计划任务后，企业可按规定比例自销，如专卖制度、专控商品（控制社会集团购买力的少数商品）。另外，税收政策、价格政策、出口法、商品检验规定等，也会影响分销途径的选择。

5）经济收益

不同分销途径经济收益的大小也是影响选择分销渠道的一个重要因素。对于经济收益的分析，可从以下两个方面进行。

（1）销售费用。销售费用是指产品在销售过程中发生的费用。它包括包装费、运输费、广告宣传费、陈列展览费、销售机构经费、代销网点和代销人员手续费、产品销售后的服务支出等。一般情况，减少流通环节可降低销售费用，但减少流通环节的程度要综合考虑，做到既节约销售费用，又要有利于生产发展和体现经济合理的要求。

（2）价格分析。价格分析主要从两方面着手。

在价格相同条件下，进行经济效益的比较。目前，许多生产企业都以同一价格将产品销售给中间商或最终消费者，若直接销售量等于或小于间接销售量时，由于生产企业直接销售时要多占用资金，增加销售费用，则宜选择间接销售；若直接销售量大于间接销售量，而且所增加的销售利润大于所增加的销售费用，则选择直接销售有利。

当价格不同时，进行经济收益的比较。当销售量大于盈亏临界点的数量时，选择直接分销渠道；反之，则选择间接分销渠道。在销售量不同时，则要分别计算直接分销渠道和间接分销渠道的利润，并进行比较，一般选择获利的分销渠道。

4．选择分销渠道模式的原则

分销渠道管理人员在选择具体的分销渠道模式时，无论出于何种考虑，从何处着手，一般都要遵循以下原则。

（1）畅通高效原则。畅通高效原则是渠道选择的首要原则。任何正确的渠道决策都应符合物畅其流、经济高效的要求。商品的流通时间、流通速度、流通费用是衡量分销效率的重要标志。畅通的分销渠道应以消费者需求为导向，将产品尽快、尽好、尽早地通过最短的路线，以尽可能优惠的价格送达消费者方便购买的地点。畅通高效的分销渠道模式，不仅要让消费者在适当的地点、时间以合理的价格买到满意的商品，而且可以努力提高企业的分销效率，争取降低分销费用，以尽可能低的分销成本，获得最大的经济效益，赢得竞争的时间和价格优势。

（2）覆盖适度原则。企业在选择分销渠道模式时，仅仅考虑加快速度、降低费用是不够的，还应考虑及时准确地送达的商品能不能销售出去，是否有较高的市场占有率足以覆盖目标市场。因此，不能一味强调降低分销成本，这样可能导致销售量下降、市场覆盖率不足等后果。成本的降低应是规模效应和速度效应的结果。在分销渠道模式的选择中，也应避免扩张过度、分布范围过宽过广，以免造成沟通和服务的困难，导致无法控制和管理目标市场。

（3）稳定可控原则。企业的分销渠道模式一经确定，便需花费相当大的人力、物力、财力去建立和巩固，整个过程往往是复杂而缓慢的。所以，企业只有保持渠道的相对稳定，才能进一步提高渠道的效益。畅通有序、覆盖适度是分销渠道稳固的基础。

（4）协调平衡原则。企业在选择、管理分销渠道时，不能只追求自身效益的最大化而忽略其他渠道成员的局部利益，应合理分配各个成员间的利益。渠道成员之间的合作、冲突、竞争的关系，要求渠道的领导者对此有一定的控制能力——统一、协调、有效地引导渠道成员充分合作，鼓励渠道成员之间有益的竞争，减少冲突发生的可能性，解决矛盾，确保总体目标的实现。

（5）发挥优势原则。企业在选择分销渠道模式时为了争取在竞争中处于优势地位，要注意发挥自己各个方面的优势，将分销渠道模式的设计与企业的产品策略、价格策略、促销策略结合起来，增强营销组合的整体优势。

（四）促销策略

促销是指企业以人员和非人员推销方式，向广大消费者介绍商品和劳务，引发和刺激消费者产生购买兴趣，做出购买决策，采取购买行动。促销活动主要有人员推销、广告、营业推广和公共关系促销四种主要形式。

1．人员推销

人员推销，又称为直接推销或派员推销，是一种传统的促销方式，其优点是针对性强，有较强的说服力，便于双向沟通信息，有利于建立长期稳定的供销关系。

1）人员推销的目标选择策略

在市场上开展人员推销活动，关键是把握好营销目标。它决定了推销人员的工作重点、时间和精力的分配。一般地说，人员推销面临三种目标选择。

（1）以保持和加强与现有顾客的联系为主。

（2）以吸引新顾客为主，包括发掘潜在顾客及从竞争对手那里争取顾客。

（3）寻找和确定买方组织中的关键人物。

2）人员推销的控制策略

人员推销的控制包括三点。

（1）合理分配推销区域，加强对推销员的控制。

（2）充分发挥推销经理的作用。

（3）建立报告制度，如推销员填表制、周报告制和随时报告制。

3）人员推销的结构策略

在市场营销中，人员推销的结构选择有四种：地区结构型、产品结构型、顾客结构型和综合结构型。推销人员结构应随着营销环境的变化加以调整。

2．广告

广告是促销组合的重要组成部分之一，是非人员推销的主要形式。广告的设计与制作必须符合真实性、针对性和创造性的原则，同时还要考虑语言文字、风俗习惯、传播媒体和法律方面的制约与限制。

1）广告的形式策略

从事市场营销的企业都面临着广告标准化或当地化的选择。所谓标准化，是指企业在不同的目标市场上，使用主题相同的广告宣传。这种做法可以显示各个市场的共性，如麦当劳基本上采用标准化策略。所谓当地化，则是指企业针对不同市场的特性，向其传送不同的广告主题和广告信息，如雀巢公司在全球各地雇用了130家广告代理商，为其在40多个国家的市场上做各种主题的咖啡广告宣传，运用的就是当地化策略。

2）广告的内容策略

广告内容的设计是一项较为复杂的工作，既要有科学性，又要有艺术性。同时，广告设计者还必须将广告目标融化在广告内容之中。广告内容设计一般包括以下几种选择。

（1）感情与理性兼顾。目前大多数企业采取感情和理性兼顾，并以其中一种为主的策略。例如，新加坡航空公司在全球各地的广告宣传中，有一个不变的主题，那就是以新航小姐的微笑来吸引顾客，这是以感情取胜的成功广告之一。

（2）对比为主，陈述为辅。目前，比较广告较为流行。某公司是一家生产洗发水的小型企业，采用对比法做广告时，直接将其产品与两家企业的洗发水进行对比，强调"他们的产品功能，我们也具备，然而，我们产品的价格仅为他们产品的一半"这一广告主题，结果使该公司的洗发水在当地市场上占据了一席之地。应该注意的是，运用对比法时，必须认真研究各个地区的法律规定，否则，若被提起诉讼，就会处于被动地位。

（3）有针对性地选择正面叙述或全面叙述。正面叙述是指在广告中只强调产品的优点；而全面叙述则是既讲产品的优点也讲产品的缺点。若广告受众的文化素养较高，可以采用全面叙述的方法；相反，应以正面叙述为主。

3．营业推广

营业推广是指在一个较大的目标市场中，为了在短期内刺激需求、扩大销售而采取的鼓励购买的各种措施。营业推广一般不能起长期的促销作用，不宜单独使用，应配合其他促销手段。从促销对象角度讲，营业推广有三种策略可供选择。

1）针对推销人员的营业推广

针对推销人员的营业推广的目的是促使推销人员争取新客户，尽快打开新产品的销路和提高现有产品的销量，具体做法包括有奖销售竞赛、销售成果评比、销货提成、高额补助等。

2）针对中间商的营业推广

中间商对于企业来说至关重要，鼓励中间商增加进货，努力促进销售是企业产品占领市场的有效手段。因为各种类型的中间商不是企业所属的机构，故不能用行政手段直接管理它们，只能采取一些间接方式引导。针对中间商的营业推广主要有购货折扣、合作广告、推销竞赛和津贴、售点促销支持、贸易展览与招待会等。

3）针对最终用户和消费者的营业推广

针对消费者的营业推广主要有两种类型：一是零售店内的营业推广，包括包装礼袋、赠品印花、有奖销售和抽彩比赛；二是服务上门，包括赠送样品、发放礼券和折扣券、商品咨询和特别服务等形式。

4．公共关系促销

公共关系促销即公关促销，是企业的一种营销方式。它是指企业利用公共关系把经营目标、经营理念等传递给社会公众，扩大企业知名度、信誉度、美誉度，展示品牌形象，主要包括以下几种策略。

1）宣传型公共关系策略

宣传型公共关系策略是广泛利用各种媒体直接向公众传递有关企业及其产品的各种信息，促进沟通与理解，以形成有利于企业发展的社会舆论及内外部环境。

2）社交型公共关系策略

社交型公共关系策略是通过人际交往进行情感上的联络，为企业广交朋友，建立广泛的社会关系网络，以形成有利于企业发展的人际环境和外部环境。

3）服务型公共关系策略

服务型公共关系策略是以提供实惠服务和优质服务来博取公众好感的一种公共关系手段。哈佛大学一位管理学教授曾经精辟地指出："使企业向前发展有两个地位完全等同的条件：一是硬件产品具有优秀功能；二是围绕硬件产品的服务使顾客满意。"

4）社会型公共关系策略

社会型公共关系策略是通过举办各种社会性活动，如庆祝会、赞助等来扩大企业的社会影响，提高企业的社会声誉。

5）征询型公共关系策略

征询型公共关系策略是指听取、搜集、整理和反映公众对企业的产品、政策等方面意见和态度的公共关系活动，常采用的方法是信息采集、舆论调查和民意测验等。

6）矫正型公共关系策略

矫正型公共关系策略是指企业在发展时遇到一定风险，企业形象受到损害，企业内外部环境发生严重不协调时所采取的一种消除影响、挽回声誉的公共关系活动。

拓展资源

三只松鼠股份有限公司的分销渠道

　　三只松鼠股份有限公司（以下简称三只松鼠）于2012年创立于芜湖，主营产品覆盖了坚果、肉脯、果干、膨化食品等全品类的休闲零食。自2014年起连续五年位列天猫商城"零食/坚果/特产"类目成交额第一名。2018年"双11"当天，三只松鼠全渠道实现销售额6.82亿元。2019年"双11"，公司以10.49亿元销售额刷新中国食品行业交易记录。

　　三只松鼠的主要销售渠道为线上渠道，包括：天猫三只松鼠旗舰店；天猫超市三只松鼠自营店；京东三只松鼠旗舰店；京东超市三只松鼠自营店；当当三只松鼠旗舰店和苏宁易购三只松鼠旗舰店。

　　三只松鼠坚持线上线下相融合发展，建立线上线下联动的立体销售网络，形成了"一主两翼三侧"的立体全渠道覆盖格局，成为新商业模式的典型代表。2016年，三只松鼠在芜湖开出首家线下投食店，目前已在全国落地超过70家；2018年5月，三只松鼠正式入驻阿里零售通，以线上赋能线下的新零售模式，将产品铺向线下沿街商铺；2018年9月，三只松鼠推出了新零售新物种——松鼠联盟小店，通过小店主个人IP（intellectual property，知识产权）与松鼠品牌IP的联盟，打造特色各异的零食便利店。

　　当前，三只松鼠正加快从电商品牌向数字化供应链平台企业转型，一方面通过数字化系统连接中国众多的食品生产企业，另一方面通过更广泛的渠道连接消费者，把两者之间的链路做得更短。

（资料来源：http://www.3songshu.com/about-us.html，有改动）

复习巩固

（1）食品企业市场营销管理的基本过程包括哪些内容？
（2）食品企业怎样进行市场细分、目标市场选择和市场定位？
（3）何谓产品生命周期？产品生命周期各阶段有什么特征？
（4）定价策略有哪些？
（5）影响分销渠道的因素有哪些？

食品企业的人力
资源管理

学习目标

知识和技能目标

（1）了解食品企业人力资源的概念及功能；

（2）熟悉食品企业招聘的程序和培训的类别；

（3）掌握食品企业绩效考核的内容及其指标；

（4）熟悉食品企业合理薪酬制度的要求；

（5）能为食品企业制订合理的绩效考核内容及指标。

思政和素养目标

树立公平、公正的竞争意识。

思维导图

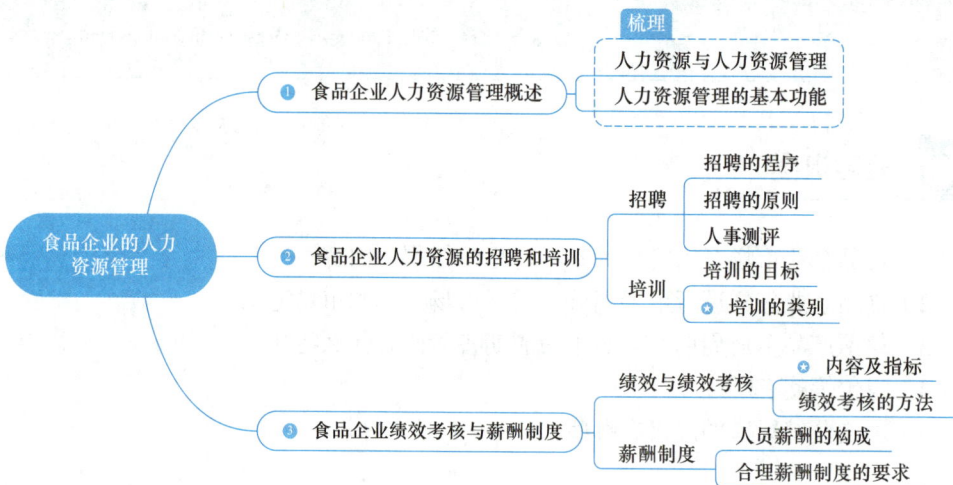

案例导入

临沂新程金锣肉制品集团有限公司的人才理念

1. 选才

品德第一，注重实践，不拘一格。

2．育才

创造有利于学习成长的环境，提供多样的工作机会，铺设因人而异的成才之路。

3．用才

扬长避短，使人尽其才，才得其用，用显其效。

4．容才

既容人之短、容人之过，又容人之长；让平凡者成功，让成功者卓越；员工心有多大，金锣集团提供的舞台就有多大。

（资料来源：http://www.jinluo.cn/2014/SitePage/HR_RCLN.aspx，有改动）

必备知识

一、食品企业人力资源管理概述

（一）人力资源与人力资源管理

1．人力资源的概念

人力资源是指在一定时间、一定空间地域内，具有智力劳动和体力劳动的人们的总和。企业人力资源则是指企业所有人力的总和。

2．人力资源管理的概念

人力资源管理是指为实现组织的战略目标，组织利用现代科学技术和管理理论，通过不断地获得人力资源，对所获得的人力资源进行整合、激励和开发，从而充分使用并挖掘其潜力的整个过程。人力资源管理的具体内容包括：人与事的匹配；人与人的协调合作；人与组织的互动；工作与工作的协调合作。

（二）人力资源管理的基本功能

人力资源管理的基本功能包括获取、整合、激励、调控和开发。

获取：规划、招聘与录用；

整合：合理设计员工的职业生涯以确保其职业发展，实现人与组织的协同；

激励：是人力资源管理的核心，如绩效考评、薪酬设计；

调控：晋升、调动、奖惩、离退、解雇；

开发：一般包括数量和质量，人力资源的质量开发是指对员工素质与技能的培养与提高，以使他们的潜能得以充分发挥，最大限度地实现其个人价值。人力资源的开发是指企业员工的培训与继续教育、员工的有效使用。

人力资源管理各功能间的关系可用图6-1来阐述。

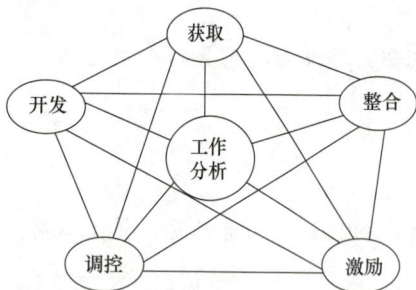

图6-1 人力资源管理各功能间的关系图

二、食品企业人力资源的招聘和培训

（一）食品企业人力资源的招聘

食品企业人力资源招聘是指通过各种信息，把具有一定技巧、能力和其他特性的，同时又有兴趣到该企业任职的申请者吸引到企业空缺岗位的过程。

1．人力资源招聘的程序

1）确定人员的需求

根据企业人力资源规划、职位说明书和企业文化确定企业人力资源需求，包括数量、素质要求及需求时间。

2）确定招聘渠道

确定招聘渠道是指确定企业是从内部选拔，还是从外部招聘所需人员。

3）实施征召活动

实施征召活动是指根据不同的招聘渠道实施征召活动的具体方案，将以各种方式与企业招聘人员进行接触的人确定为工作候选人。

4）初步筛选候选人

根据所获得的候选人的资料对候选人进行初步筛选，剔除明显不能满足企业需要的应聘者，留下来的候选人进入下一轮的测评甄选。

5）测评甄选

采用笔试、面试、心理测试等方式对候选人进行严格测试，以确定最终录用人选。

6）录用

企业与被录用者就工作条件、工作报酬等劳动关系进行谈判，签订劳动合同。

7）招聘评价

对本次招聘活动进行总结，并从成本收益的角度进行评价。

2．人力资源招聘的原则

人力资源招聘主要遵循以下原则。

1）择优、全面原则

择优是招聘的根本目的和要求。择优就是广揽人才，选贤任能，从应聘者中选出优秀者。食品企业在做出试用决策前要对应聘者进行全面测评和考核，招聘者要精心比较应聘者的综合考核成绩，谨慎筛选，作出录用决定。为确保择优原则，食品企业应制订明确而具体的录用标准。

2）公开、竞争原则

公开是指把招考单位、种类、数量，报考的资格、条件，考试的方法、科目和时间均面向社会通告周知，公开进行。竞争是指通过考试竞争和考核鉴别，以确定人员的优劣和人选的取舍。只有通过公开竞争才能使人才脱颖而出，吸引真正的人才，起到激励作用。

3）宁缺毋滥原则

招聘决策时一定要树立"宁缺毋滥"的观念。这就是说，一个岗位宁可暂时空缺，也不要让不适合的人占据。这就要求我们做决策时，要有一个提前量，而且广开贤路。

4）能级原则

人的能量有大小、本领有高低，工作有难易、要求有区别，所以招聘工作不一定要招聘最优秀的人才，而应量才录用，做到人尽其才，用其所长，这样才能持久高效地发挥人力资源的作用。

5）全面考核原则

全面考核原则是指对应聘者从品德、知识、能力、智力、心理、过去工作的经验和业绩方面进行全面考试、考核和考查。决策者必须对应聘者各方面的素质条件进行综合分析和考虑，从总体上对应聘者的适合性作出判断。

3．人事测评

人事测评是人力资源招聘的重要工具。利用人事测评可以从应聘者中选出企业最需要的人。人事测评就是采用科学的方法，收集被测评者在主要活动领域中的信息，针对某一素质测评目标作出量值或价值判断的过程。

这里我们将主要讨论选拔性测评所用到的人事测评技术。

1）面试

面试是企业最常用的，也是必不可少的一种测评手段。它是一种评价者与被评价者双方面对面地观察、交流互动的一种测评形式。一项调查表明，99%的企业使用面试作为筛选工具。面试的主要任务是为录用决策解决疑问。通过面试，一般可以了解应聘者的以下情况：应聘动机，对本公司及其提供职位的了解程度，离开原来职位的具体原因，可以报到上班的时间，原来的收入水平及期望的收入水平，工作经历、表现和感受，专业知识、技能及接受过的培训，业余生活和爱好，应聘者本人的优缺点，外在仪表和内在的心理倾向，反应与应变能力，表达能力和情绪控制能力等。

2）笔试

笔试主要用来测试应聘者的知识和能力。现在有些企业也通过笔试来测试应聘者的性格和兴趣。

对知识和能力的测验包括两个层次，即一般知识和能力与专业知识和能力。一般知识和能力包括一个人的社会文化知识、智商、语言理解能力、数字能力、推理能力、理解能力和记忆能力等。专业知识和能力即与应聘岗位相关的知识和能力，如财务会计知识能力、管理知识能力、人际关系能力、观察能力等。

3）能力测试

常用的能力测试方法包括：智力测试，语言能力测试，理解和想象能力测试，判断、逻辑推理和归纳能力测试，反应速度测试，操作与身体技能测试等。

4）评价中心

评价中心综合使用了各种人事测评技术，其中也包括我们前面介绍的能力测验和面试的方法，但评价中心的主要组成部分及最突出特点就是它使用了情境性的测评方法对被测试者的特定行为进行观察和评价。这种方法通常就是将被测试者置于一个模拟的工作情境中，采用多种评价技术，有多个评价者观察和评价被测试者在这种模拟工作情境中的行为表现。

评价中心常用的情境性测评方法有：无领导小组讨论、公文处理练习、模拟面谈、演讲、书面的案例分析、角色游戏等。这些方法都可以用于揭示胜任特定职位所需的特质，从而对被试者进行测评。现在，情境性的测评已经转化成标准化的方式来呈现，使测验的结果能够得到客观的评价。例如，将模拟情境制成录像，根据情境的内容设计一些标准化的选择题，被测试者边看录像边回答问题，测试者对被测试者作答的结果进行客观的计分，并且建立常规模型。这种方法可以使情境性测验变得更加容易实施。

从组织的角度而言，人事测评可以帮助一个组织有效地选拔和合理地利用人才，做到人尽其才，才尽其用。另外，食品企业通过帮助每位员工了解他们自己的素质并帮助他们制订和实施职业生涯规划，为员工提供发展机会，这本身就是对员工的激励，从而有利于提高团队的凝聚力。

（二）食品企业人力资源的培训

食品企业人力资源培训是企业为了提高员工在执行某项特定工作或任务时所必要的知识、技能及态度或培养其解决问题的能力所采取的一系列活动。

1. 培训的目标

食品企业培训主要是为了达成以下目标。

1）充实食品企业人员的知识

随着科学技术的发展，传统的食品企业所使用的设备、工具、方法也在不断更新，人们原先拥有的知识技能在不断老化。为了防止食品企业中人员的工作技能衰退导致工作效果下降，食品企业必须对员工进行不断地培训，使他们掌握最新的知识与技能。

2）发展员工的个人能力

培训的一个主要目标是根据工作的要求，提高员工在计划、决策、激励、沟通、创新等方面的综合能力。

3）食品企业文化建设

食品企业都有自己的企业文化和价值观，要增加员工的归属感和文化认同感，就要通过培训来实现。食品企业通过对各层次人员特别是新进员工的培训，可以使他们能够根据环境和企业的要求转变观念，逐步了解并融入企业文化之中，形成统一的价值观，将个人目标与企业目标达成一致。

4）加强内部信息交流

食品企业通过培训可以加强员工之间的信息交流，特别是使新员工能够及时了解企业在一定时期内的政策变化、技术发展、经营环境、绩效水平、市场状况等方面的情况。

5）增加员工的满意度

培训能够增加员工对企业的认同感和满意度。员工个人的资质在培训过程中得到提升，进而增强了他们的自信心和工作热情。高效的培训是对员工的一种福利，是食品企业吸引优秀人才的一个砝码。

2．培训的类别

根据不同的培训对象和培训目的，食品企业有不同的培训类别。

1）入职培训

应聘者一旦被录用后，食品企业要对其进行入职培训，对其要从事的工作和企业的情况给予必要的介绍和指导。入职培训能够减少新人在新环境产生的焦虑和担忧，使他们能够尽快熟悉环境，也能够令新员工正视将要面临的工作。入职培训的内容通常包括企业的基本概况、企业文化、组织机构、企业制度、人事政策、工作程序等方面的内容。针对不同岗位，入职培训还应加入相应的技能培训，帮助新人尽快开展工作。

2）在职培训

在职培训是为了使食品企业的员工通过不断学习，掌握新技术和新方法，从而达到新的工作目标所进行的不脱产培训。例如，工作轮换制，即让员工到新的、不同的岗位学习多样化技能，这就是一种在职培训；新进员工跟随老员工实习也是常见的在职培训。

3）脱产培训

脱产培训是指为了使员工能够适应新的工作岗位要求而让员工离开工作岗位一段时间，专心致志培训。脱产培训可以派员工参加外部的培训班或邀请专家到食品企业内部为员工实施培训。脱产培训通常安排在生产或销售淡季，尽量不要对正常的生产造成影响。食品企业也可以与高校联合，为员工提供学历教育，培养具有正规学历的员工，这也是脱产培训的一种。

4）技能培训

技能培训是对员工的工作技能进行培训。例如，对新进员工的技能培训、对销售人的日常销售技能培训、对采购人员的谈判能力培训等。

5）管理培训

管理培训主要是对管理方法及相关内容进行培训，包括激励、协调、决策和控制能力，团队合作精神、抗压能力，时间管理、沟通能力等。管理培训不仅针对管理人员，普通员工也应当接受适当的管理培训。

6）认证培训

食品企业要增强竞争力，就要通过国际或行业认证提高管理水平，增加企业的市场说服力。食品企业通常要进行的认证包括ISO 9000系列认证、SA 8000认证等，在认证之前都要经过长期的培训，使员工掌握认证的相关知识和正确的工作方法。

三、食品企业绩效考核与薪酬制度

（一）绩效与绩效考核

1. 绩效与绩效考核的概念

1）绩效的概念

绩效是人们所做的同组织目标相关的、可观测的、具有可评价要素的行为，这些行为对个人或组织效率具有积极或消极的作用。绩效可以在组织的不同层次上表现出来。例如，从组织整体的层次上，股东和潜在的投资人关注企业的经营业绩特别是股东回报；政府关注的是组织提供的就业岗位及组织是否遵守了环境保护法规等；员工关注的是工作的稳定与薪酬的高低等。这些都是组织层次绩效的体现。一个生产动作过程、一个职能部门、一个工作团队的层次，都有各自的绩效。

2）绩效考核的概念

绩效考核是企业的内部管理活动，它是企业在执行经营战略、进行人力资源管理中要进行的日常活动。它根据事实和职务要求，对员工的实际贡献进行评价，强调每个人、每个岗位的特殊性。从执行结果来看，它包含对人的管理、监督、指导、教育、激励和帮助等功能。人才测评是咨询诊断活动，是例外性工作，为企业选拔、评价和开发人才服务。它要求用标准量表和统计分析方法对人本身的属性进行评价，强调人的共性。测评过程要求"中立"，不对测评对象的行为发生实质性的影响。

2. 绩效考核的内容及指标

1）绩效考核的内容

我国很多企业和事业单位中经常用"德""能""勤""绩"四个方面来考核工作业绩。这是一种比较全面的、概括性的考核，在实际操作上要注意两方面的问题。

（1）考核内容不必过分求全，关键是找出与每一个员工工作业绩关系最为紧密的内容，并将其进行深化和细化。同时，同样的要求在不同的考核者之间及被考核者之间可能都会产生不一致的理解，这样就不能有效地指导员工提高和改进绩效。当然，从"德""能""勤""绩"四个方面考虑，作为设计绩效考核内容的初始步骤，不失为一种好办法。

（2）对这四个方面应该有准确的理解。根据绩效的定义，如果从结果方面强调绩效时，只有"绩"才是我们所说的绩效，即员工的工作成果、员工对组织目标的贡献。在考虑结果的同时，不局限于工作结果，特别是在管理水平比较高、员工个人不能全部决定工作结果的情况下，充分地考虑人们所做的同组织目标相关的、可观测的行为或事情。一般情况下，可以以实际工作产出为主，辅以对工作态度和能力的考核。

2）绩效考核的指标

绩效考核的指标主要从客观性指标和主观性指标进行考量。

（1）客观性指标。客观性指标是指可以客观衡量的一些数量化的工作指标，如面包生产企业员工每月所能完成的产品产量属于客观性指标。客观性指标又可以分成两类：一类是人事考核指标，如产品的合格率、事故的发生率、员工的缺勤天数等；另一类是生产任务性指标，如员工在一段时间内所完成的生产量。

客观性指标虽然在许多方面能够通过定量的方法来直接反映员工的工作绩效，但这些客观性指标也存在着一些问题。具体反映在以下三个方面。

① 对从事某些工作性质的员工的绩效考核并不适合于完全采用客观性指标来考核。因为对于一个管理人员的工作来说，虽然涉及许多具体的、定量的客观指标，但是仅仅考核这些定量指标并不能全面反映其工作绩效。

② 有些客观性的考核指标（如产品质量）在一定的环境条件（如自动生产线上）下不是被考核员工自身所能控制的。因此，这种客观性考核指标就无法区分在此环境下不同员工的工作绩效。

③ 一些考核员工的客观性指标在不同工作时期会发生变化。因此把它定为绩效考核指标，确定一个考核标准就不是完全客观的。例如，员工的产品合格率，老员工与新员工由于工作的熟练程度不同会使产品的合格率有一定的差异，而定为考核指标的产品合格率是同一的，这样势必造成考核缺乏客观性。

由此可见，尽管利用客观性指标来考核员工是一种非常理想的方式，但在具体使用过程中却无法完全利用这些连贯性指标去考核员工。这就还需要借助另外一种类型的考核指标——主观性指标来协助共同完成对员工的全面绩效考核工作。

（2）主观性指标。由于客观性考核指标有一定的局限性，组织在对员工进行绩效考核时，对一些无法用具体客观量化指标考核的内容，就需要一些主观指标来加以考核。例如，我们很难给出一个客观量化的指标来衡量员工的工作积极性、工作态度，但它却是绩效考核工作中必须考核的内容，这时，我们通常就采用主观考核指标，可以按照"非常好、较好、一般、较差、非常差"五级考核，或者给出其他不同等级的考核。在许多实际情景下，主观考核指标是较客观性指标更为理想的考核指标。

但是，考核指标中的主观性指标会受到考核者个人因素的影响，不同的考核者在进行绩效考核时可能会产生不同性质的偏差。例如，顾客的考核往往不够全面、准确；自我考核容易夸大优点；同事的考核可能又会受到人际关系的影响。因此，在实际绩效考核工作中要注意两个问题。首先，要根据绩效考核的目的来选择适宜的方法，假如考核的目的是提高组织服务对象的满意度，那么顾客考核显然是必要的；假如考核的目的是选拔人员，那么上级考核显然是不可缺的。其次，尽可能选用不同的考核者，多角度地对绩效进行考核，以减少由某一类考核者考核所带来的偏差。

3. 绩效考核的方法

在考核员工的一些数量化指标时，一般会采用一些定量的客观性指标来加以考核。例如，采用制订工作定额的方法对一线员工进行工作绩效的考核。由于客观性指标存在许多局限，人们就更倾向于用主观考核的方法来考核无法用客观性指标考核的那部分工作绩效。这些方法主要有以下几种。

1）等级评估法

等级评估法是绩效考评中常用的一种方法。根据工作分析，将被考评岗位的工作内容划分为相互独立的几个模块，在每个模块中用明确的语言描述完成该模块工作需要达到的工作标准。同时，将标准分为几个等级选项，如"优、良、合格、不合格"等，考评人根据被考评人的实际工作表现，对每个模块的完成情况进行评估。总成绩便为该员工的考评成绩。

2）目标考评法

目标考评法是根据被考评人完成工作目标的情况来进行考核的一种绩效考评方式。在开始工作之前，考评人和被考评人应该对需要完成的工作内容、时间期限、考评的标准达成一致。在时间期限结束时，考评人根据被考评人的工作状况及原先制订的考评标准来进行考评。目标考评法适合于企业中实行目标管理的项目。

3）序列比较法

序列比较法是对相同职务员工进行考核的一种方法。在考评之前，首先，要确定考评的模块，但是不确定要达到的工作标准；其次，将相同职务的所有员工在同一考评模块中进行比较，根据他们的工作状况排列顺序，工作较好的排名在前，工作较差的排名在后；最后，将每位员工几个模块的排序数字相加，就是该员工的考评结果。总数越小，绩效考评成绩越好。

4）相对比较法

与序列比较法相仿，相对比较法也是对相同职务员工进行考核的一种方法。所不同的是，它是对员工进行两两比较，任何两位员工都要进行一次比较。两名员工比较之后，工作较好的员工记"1"，工作较差的员工记"0"。所有的员工相互比较完毕后，将每个人的成绩进行相加，总数越大，绩效考评的成绩越好。与序列比较法相比，相对比较法每次比较的员工不宜过多，范围在5～10名即可。

5）小组评价法

小组评价法是指由两名以上熟悉该员工工作的经理，组成评价小组进行绩效考评的方法。小组评价法的优点是操作简单，省时省力，缺点是容易使评价标准模糊，主观性强。为了提高小组评价的可靠性，在进行小组评价之前，评价小组应该向员工公布考评的内容、依据和标准；在评价结束后，要向员工讲明评价的结果。在使用小组评价法时，最好和员工个人评价结合进行。当小组评价和个人评价结果差距较大时，为了防止考评偏差，评价小组成员应该首先了解员工的具体工作表现和工作业绩，然后再做出评价决定。

6）重要事件法

考评人在平时注意收集被考评人的"重要事件"，这里的"重要事件"是指被考评人的优秀表现和不良表现，对这些表现要形成书面记录。对普通的工作行为则不必进行记录。根据这些书面记录进行整理和分析，最终形成考评结果。该考评方法一般不单独使用。

7）评语法

评语法是指由考评人撰写一段评语来对被考评人进行评价的一种方法。评语的内容包括被考评人的工作业绩、工作表现、优缺点和需努力的方向。评语法在我国应用得非常广泛。由于该考评方法主观性强，最好不要单独使用。

8）强制比例法

强制比例法可以有效地避免由于考评人的个人因素而产生的考评误差。根据正态分布原理，优秀的员工和不合格的员工的比例应该基本相同，大部分员工应该属于工作表现一般的员工。所以，在考评数据分布中，可以强制规定优秀人员的人数和不合格人员的人数。例如，优秀员工和不合格员工的比例均占20%，其他60%属于普通员工。强制比例法适合相同职务员工较多的情况。

9）情景模拟法

情景模拟法是一种模拟工作考评的方法。它要求员工在评价小组人员面前完成类似于实际工作中可能遇到的活动，评价小组根据完成的情况对被考评人的工作能力进行考评。它是针对工作潜力的一种考评方法。

10）综合法

顾名思义，综合法就是将各类绩效考评的方法进行综合运用，以提高绩效考评结果的客观性和可信度。

（二）食品企业的薪酬制度

合理的薪酬是食品企业员工从事工作的物质利益前提，是影响甚至决定员工的劳动态度和工作行为的重要因素。薪酬实质是企业对员工为企业所做的贡献付给的相应的回报或答谢，是一种公平的交换或交易。

1．人员薪酬的构成

1）基本工资

工资是劳动报酬的基本形式。我国现在各行业较普及的是结构工资制，它是由基本工资、岗位技能工资、工龄工资和若干种国家政策性津贴构成的。食品行业的企业和公司的工资形式一般有计时工资、计件工资和协商工资。

2）奖励

食品企业常采用的奖励形式有奖金和佣金等。奖金是工资的一种必要的辅助形式，是超额劳动的报酬。奖励是依据贡献进行的，具有明确的针对性和短期刺激性，是对员工近期绩效的回报，是浮动多变的。食品加工厂的生产工人会由于生产效率高或长期没有残次品而获得额外奖励。

3）福利

福利是指食品企业向其员工所提供的各种非工资、奖金形式的利益和优惠待遇。它是一种补充性的报酬，但往往不以货币的形式支付，而多以实物或服务的形式支付，如廉价住房、带薪休假等。为了丰富员工的业余生活，有些食品企业为员工建立图书室、篮球场、歌舞厅等娱乐休闲设施，这也是为员工提供福利。

2．食品企业合理薪酬制度的要求

1）公平性

为了保证薪酬制度的公平性，食品企业的领导要注意以下几点。

（1）薪酬制度要以明确一致的原则为指导，并有统一的可以说明的规范作为依据。

（2）薪酬制度要有民主性和透明性。

（3）要为员工创造均等的、公平竞争的机会。如果机会不均等，收入只与贡献相等，这并不是公平。

2）竞争性

食品企业的竞争十分激烈，所以薪酬制度要有吸引力才能取得竞争优势。究竟将企业摆在哪个位置，要根据本企业的财力、所需人员的具体条件而定，但要具有竞争力，至少不能低于市场平均水平。

3）激励性

企业要真正体现奖勤罚懒的原则，就要适当拉开距离，对表现良好的员工给予更多的劳动报酬。

4）经济性

提高企业的薪酬水平，虽然可以提高竞争力和激励性，但是也会导致人力资本的上升，所以食品企业的薪酬制度要受到经济的限制。值得注意的是，食品企业的领导在考虑人力资本时，不能仅仅看薪酬水平的高与低，还要看员工绩效的指令水平，因为员工绩效的指令水平对食品企业竞争能力的影响远远大于成本因素。

5）合法性

食品企业的薪酬制度必须符合国家的各项相关法律法规。例如，工人加班要支付加班工资；员工收入不能低于国家规定的最低工资水平等。

拓展资源

杭州娃哈哈集团有限公司之人才观——正直、专业、奋斗、创新

正直：作为娃哈哈人，首先要诚实守信，追求实事求是，不弄虚作假，不违纪违规，做到忠于集体利益和公司利益；其次要坚持原则和立场，对自己的言行负责，勇于担当，敢于发声，仗义执言，处事公道正派。

专业：在业务领域中有渊博的知识、丰富的经验、高超的技能和深度的思考，能够在面对实际困难和挑战时，做出正确的判断并采取合理完善的解决方案，时刻保持追求卓越与极致的精神。

奋斗：幸福是奋斗出来的，奋斗是指为了达到一定的目标，有规划地持续努力的过程，这要求每一位娃哈哈人立足岗位，脚踏实地，肯吃苦、能吃苦、愿意吃苦，不驰于空想，不骛于虚声，一步一个脚印，踏踏实实地干好工作，即使在努力过程中遇到了再多的困难与挫折，也不轻易放弃，用自己的双手创造美好生活，为公司的发展、祖国的强盛再做新的贡献。

创新：创新的基础是持续学习，我们认可企业发展历程中取得的光荣成就，还要总结并萃取过往成功的经验，"海纳百川，融于己身"；我们愿意并且能主动接受新观念、新事物，工作面临挑战时敢于质疑、勇于突破，在从0到1、从1到N的过程中，善用所学、活用所学、突破所学，披荆斩棘，创造性地解决可能面临的一切新问题。

（资料来源：https://www.wahaha.com.cn/#/culture，有改动）

复习巩固

（1）人力资源管理的基本功能是什么？

（2）请列出食品企业人力资源招聘的程序和原则。

（3）绩效考核的内容与指标主要包括哪些？

（4）食品企业合理薪酬制度的要求是什么？

单元七

食品企业的技术和信息化管理

学习目标

食品企业的技术
和信息化管理

知识与技能目标

（1）熟悉食品企业知识管理的实施步骤与创新方法；

（2）掌握食品企业技术管理的内容和技术创新的过程；

（3）掌握食品企业新产品开发的程序；

（4）熟悉食品企业的技术转让的内容和知识产权的保护范围；

（5）掌握食品企业信息化管理的实施运作过程。

（6）能选择适宜的方法对食品企业的知识、技术及信息化进行管理。

思政与素养目标

强化创新意识和创新思维。

思维导图

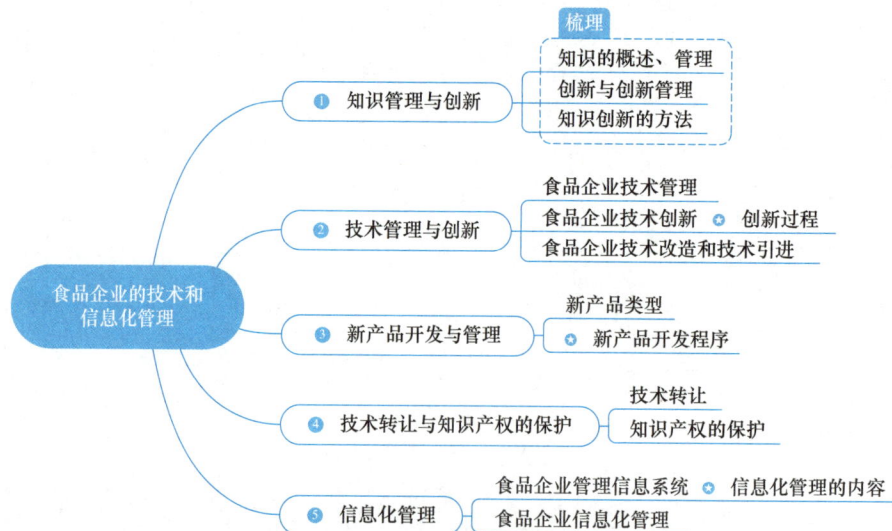

▶ 案例导入

山东鲁花集团有限公司的5S纯物理压榨工艺

经过6年的攻坚克难，山东鲁花集团有限公司（以下简称鲁花）在1992年成功独创了5S纯物理压榨工艺。这套工艺具有五大技术优势：一是纯物理压榨技术；二是"生香、留香"技术；三是"无水化脱磷"技术；四是恒温保鲜技术；五是去除黄曲霉毒素技术。全程无化学添加剂和溶剂残留，既保住了花生的原香和营养，又去除了磷脂和黄曲霉毒素。

5S压榨工艺推出后，在业内引起轰动，尤其是去除黄曲霉毒素的成果，更让世界专家赞叹。此后，国家参照鲁花的工艺重新修订了花生油的国家标准，鲁花凭借这一核心技术，荣获了国家科学技术进步奖。

（资料来源：http://www.luhua.cn/2018/Company-news_0127/649.html，有改动）

必备知识

一、食品企业知识管理与创新

（一）知识的概述

1．什么是知识

所谓知识，是指用于创造价值的信息（有价值的信息），一般包括以下四点。第一，一种新的概念，一种新的认知模式。第二，一种优化工作、思维的方法、模式或"工具"，如新的分类方法，包括技术、市场、文化等。第三，一种技巧，这种技巧能够比其他人节省时间；更加优化对"质"的要求；提高单位时间的产出"量"；提高认识客观世界（事物）的精确度。第四，对目标对象客观规律的提示与描述。

2．知识的类型

企业中主要存在以下几类知识。

（1）业务知识：由ERP（enterprise resource planning，企业资源规划）等业务系统所生成和管理的知识。

（2）员工知识：员工个人技能、知识潜力、工作经验、工作记录。

（3）流程知识：将知识嵌入业务流程之中，在关键环节能有专家知识支持。

（4）组织记忆：记录现有经验以备将来之用，包括知识库、案例库、最佳实践库和历史档案等。

（5）客户知识：通过客户关系发展深层知识，提高产品和服务质量，以此赢得更多客户。

（6）产品和服务知识：产品中要有知识含量，围绕产品提供知识密集服务。

（7）关系知识：提高跨领域的知识流动，如利用与供应商、客户及雇员的关系等。

（8）知识资产：智慧型资本、专利和无形知识产权，控制其发展和利用。

（9）外部情报：从互联网、外部专家等渠道从企业外部收集到的知识和情报。

（二）知识管理

1. 概述

知识管理作为一门系统学科是20世纪90年代在美国形成的，近几年在我国也引起了广泛关注。APCQ（American Productivity and Quality Center，美国生产力和质量中心）对知识管理的定义是：知识管理应该是组织有意识采取的一种战略，它保证能够在规定的时间内将最需要的知识传送给最需要的人。这样可以帮助人们共享信息，并进而将之通过不同的方式付诸实践，最终达到提高组织业绩的目的。从认识论的角度对知识管理进行定义：知识管理是利用组织的无形资产创造价值的艺术。因此，知识管理是指这样一种组织行为，即组织为了获得持久的竞争力，对各种相关的知识资源进行开发、传递和利用的过程。

2. 实施步骤

知识管理的实施步骤见图7-1。

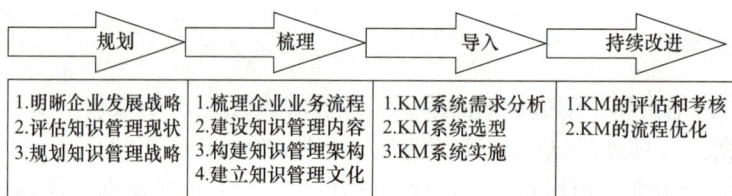

规划	梳理	导入	持续改进
1.明晰企业发展战略 2.评估知识管理现状 3.规划知识管理战略	1.梳理企业业务流程 2.建设知识管理内容 3.构建知识管理架构 4.建立知识管理文化	1.KM系统需求分析 2.KM系统选型 3.KM系统实施	1.KM的评估和考核 2.KM的流程优化

图7-1　知识管理的实施步骤

3. 知识管理的开发

进行知识管理的开发，要注意以下几个方面。

（1）建立同心同利的组织文化。组织文化是员工之间的黏合剂，是知识管理的基础。它使员工得到公平的对待和全面的尊重与关心，将员工之间产生矛盾的因素减少到最低点，充分保护和激励员工参与管理和进行创新的积极性，最终在组织内形成崇尚创新、学习先进、敬业助人的文化氛围。

（2）强化员工间的知识交流制度。例如，将"传帮带"，定期的见闻、体会交流会变成制度化的安排。

（3）支持自学和定期培训。自学是员工积累知识的重要途径，而且较少占用组织成本。定期培训是最完善的培训制度，它可使员工及时获得本行业的最新信息和技术。

（4）积极收集外部信息。外部环境的变化在很多情况下直接或间接地影响到组织的生存与发展，收集外部信息是知识管理的重要任务。对外部信息的收集能力是衡量知识管理水平的重要指标。

（5）适当进行岗位轮换。岗位轮换可分为三类：第一类是管理人员之间的岗位轮换；第二类是普通员工之间的岗位轮换；第三类是管理人员与普通员工之间的岗位轮换。岗位轮换有很多好处：一是能增进不同岗位间的理解；二是能促进岗位知识资源的共享；三是能锻炼员工的替补能力；四是有利于岗位的创新。

（三）创新与创新管理

1．什么是创新

创新，也叫创造，是个体根据一定目的和任务，运用一切已知的条件，产生出新颖、有价值的成果（精神的、社会的、物质的）的认知和行为活动。按照管理大师熊彼特的理论，创新是生产要素的重新组合，包括五个方面内容。

（1）引进一种新产品。
（2）采用新的生产方式。
（3）开辟新的市场。
（4）开辟和利用新的原材料。
（5）采用新的组织形式。

2．创新的主要特点

创新的主要特点有新颖性和具有价值两点。

1）新颖性
新颖性包括三个层次。
（1）世界新颖性或绝对新颖性。
（2）局部新颖性。
（3）主观新颖性，即针对创造者个人来说是前所未有的。
2）具有价值
这个特点与新颖性密切相关，世界新颖性的价值层次最高，局部新颖性次之，主观新颖性更次之。

3．创新的分类

提起创新，人们往往首先联想到技术创新和产品创新。其实创新的种类远不止这些，按照不同分类指标可以得出不同的分类。

（1）根据创新的表现形式进行分类，如思维创新，产品（服务）创新，技术创新，组织与制度创新，管理创新，营销创新，文化创新。
（2）根据创新的领域进行分类，如教育创新、金融创新、工业创新、农业创新、国防创新、社会创新、文化创新等。

（3）根据创新的行为主体进行分类，如政府创新、企业创新、团体创新、大学创新、科研机构创新、个人创新等。

（4）根据创新的方式进行分类，如独立创新、合作创新等。

（5）根据创新的意义大小进行分类，如渐进性创新、突破性创新、革命性创新等。

（6）根据创新的效果进行分类：有价值的创新，如电脑发明等；无价值的创新，如没有市场需求的新产品等；负效应创新，如污染环境的新产品等。

（7）根据创新的层次进行分类，如首创型创新、改进型创新、应用型创新。

4．创新管理

创新管理有三种相互关联的不同含义。

（1）管理的创新。

（2）对创新活动的管理。

（3）创新型管理。创新型管理不同于守旧型管理。它把创新体现在管理过程中，而且要求整个组织和成员是创新型的。当今的趋势是由单项创新到综合创新（全方位创新），个人创新转向群体创新。

（四）知识创新的方法

知识创新的方法主要包括以下几点。

（1）树立全方位创新理念，建立创新激励机制。前面介绍的七种创新，缺一不可，它们是企业发展壮大的强大动力，不可偏废。创新激励机制至关重要。任何工作岗位都需要创新，不管该岗位是多么平凡，也存在创新的可能。

（2）企业具备鼓励创新的开放系统，倡导学习和提升个人工作技能。营造集思广益的氛围，中高层以上管理人员鼓励并善于采纳下属意见，员工普遍习惯于采纳同事的意见。许多跨国公司都建立合理化建议奖励制度。

（3）公司在资源配置上要倾斜。创造本身需要投入，产品创新和技术创新更需要大投入。

（4）加强创新方面的训练，提升创新技能、创新能力并不是天生的，在很大程度上取决于后天的学习和训练。

二、食品企业技术管理与创新

（一）食品企业技术管理

1．食品企业技术管理的概念

食品企业技术管理是整个企业管理系统的一个子系统，是对食品企业的技术开发、产品开发、技术改造、技术合作及技术转让等进行计划、组织、指挥、协调和控制等一系列管理活动的总称。食品企业技术管理的目的，是按照科学技术工作的规律性，建立科学的工作程序，有计划地、合理地利用食品企业技术力量和资源，把最新的科技成果尽快地转化为现实的生产力，以推动食品企业技术进步和经济效益的实现。

2．食品企业技术管理的内容

食品企业技术管理主要包括以下内容。
（1）进行科学技术预测，制订规划并组织实施；
（2）改进产品设计，试制新产品；
（3）制订和执行技术标准，进行产品质量的监督检验；
（4）组织信息交流；
（5）建立健全技术操作规程；
（6）技术改造、技术引进和设备更新；
（7）做好生产技术准备和日常技术管理；
（8）做好技术经济的论证工作。

3．食品企业技术管理的任务

食品企业技术管理的任务主要是推动科学技术进步，不断提高食品企业的劳动生产率和经济效益，具体可以从以下几个方面进行阐述。

1）正确贯彻执行国家的技术政策
技术政策是国家根据食品企业生产的发展和客观需要，以及科学技术原理制定的，是指导食品企业各种技术工作的方针政策。食品企业许多技术问题和经济问题的解决都离不开国家的有关技术政策。我国食品企业的技术政策很多，主要包括产品质量标准、工艺规程、技术操作规程、检验制度等，其中产品的质量标准是最重要的。

2）建立良好的生产技术秩序
良好的生产技术秩序，是保证食品企业生产顺利进行的必要前提。食品企业要通过技术管理，使各种机器设备和工具经常保持良好的技术状况，为生产提供先进合理的工艺规程，并要严格执行生产技术责任制和质量检验制度，及时解决生产中的技术问题，从而保证食品企业的生产顺利进行。

3）提高食品企业的技术水平
食品企业要通过各种方式和手段，提高工人和技术人员的技术素质，对生产设备、工艺流程、操作方法等不断进行挖潜、革新和改造，推广行之有效的生产技术经验；努力学习和采用新工艺、新技术，充分发挥技术人员和工人的作用，全面提高所有生产人员的科学文化水平和技术水平，以加速食品企业的现代化进程。

4）保证安全生产
操作工人和机器设备的安全是食品企业生产顺利进行的基本保证，也是社会主义制度的一个基本要求。如果食品企业不能确保生产的安全，工人的人身安全和健康就不能得到保证，国家的财产就会遭受损失，食品企业的生产经营活动也会受到极大影响，所以，安全就是效益。食品企业生产的安全应靠企业上下各方面的共同努力，从技术上采取有力措施，制订和贯彻安全技术操作规程，从而保证生产安全。

5）广泛开展科研活动，努力开发新产品

在市场经济中，食品企业必须及时生产出符合社会需求的产品，才能取得相应的经济效益。这就要求食品企业必须发动广大技术人员和工人，广泛开展科学研究活动，努力钻研技术，积极开发新产品，不断满足需求，开拓新市场。

（二）食品企业技术创新

1．食品企业技术创新的概念

技术创新是指生产技术的创新，包括开发新技术，或者将已有的技术进行应用创新。科学是技术之源，技术是产业之源，技术创新建立在科学道理的发现基础之上，而产业创新主要建立在技术创新的基础之上。

进入21世纪，在信息技术的推动下，知识社会的形成及其对技术创新的影响进一步被认识，科学界进一步反思对技术创新的认识。《复杂性科学视野下的科技创新》认为，技术创新是各创新主体、创新要素交互复杂作用下的一种复杂涌现现象，是技术进步与应用创新的"双螺旋结构"共同演进的产物。信息通信技术的融合与发展推动了社会形态的变革，催生了知识社会，使得传统的实验室边界逐步"融化"，进一步推动了科技创新模式的嬗变。要完善科技创新体系急需构建以用户为中心、以需求为驱动、以社会实践为舞台的共同创新、开放创新的应用创新平台，通过创新双螺旋结构的互动形成良好的创新生态，打造用户参与的创新模式。

2．技术创新的过程

技术创新的过程主要包括以下几个阶段。

1）创意思想的形成阶段

创意的形成主要表现在创意思想的来源和创意思想的形成环境两个方面。创意思想可能来自科学家或从事某项技术活动的工程师的推测或发现，也可能来自市场营销人员或用户对环境或市场需要或机会的感受，但是这些创意要变成创新还需要很长时间。人造纤维从创意到创新大约用了200年，计算机创新用了100年，而航天飞机更长。创意思想的形成环境主要包括市场环境、宏观政策环境、经济环境、社会人文环境、政治法律环境等。

2）研究开发阶段

研究开发阶段的基本任务是创造新技术，一般由科学研究（基础研究、应用研究）和技术开发组成。食品企业从事研究开发活动的目的是：开发可以或可能实现实际应用的新技术，即根据本企业的技术、经济和市场需要，敏锐地捕捉各种技术机会和市场机会，探索应用的可能性，并把这种可能性变为现实性。研制出可供利用的新产品和新工艺是研究开发的基本内容。研究开发阶段是根据技术、商业、组织等方面的可能条件对创新构思阶段的计划进行检查和修正。有些企业也可能根据自身的情况购买技术或专利，从而跳过这个阶段。

3）中试阶段

中试阶段的主要任务是完成从技术开发到试生产的全部技术问题，以满足生产需要。小型试验在不同规模上考验技术设计和工艺设计的可行性，解决生产中可能出现的技术和工艺问题，是技术创新过程不可缺少的阶段。

4）批量生产阶段

在批量生产阶段要按商业化规模要求把中试阶段的成果变为现实的生产力，产生出新产品或新工艺，并解决大量的生产组织管理和技术工艺问题。

5）市场营销阶段

技术创新成果的实现程度取决于其市场的接受程度。本阶段的任务是实现新技术所形成的价值与使用价值，包括试销和正式营销两个阶段。试销具有探索性质，探索市场的可能接受程度，进一步考验其技术的完善程度，并反馈到以上各个阶段，予以不断改进与完善。市场营销阶段实现了技术创新所追求的经济效益，完成了技术创新过程中质的飞跃。

6）创新技术扩散阶段

创新技术扩散阶段即创新技术被赋予新的用途，进入新的市场。例如，雷达设备用于机动车测速，微波技术用于微波炉的制造。

在实际创新过程中，各阶段的划分不一定十分明确，各个阶段的创新活动也不仅仅是按线性序列递进的，有时存在着过程的多重循环与反馈及多种活动的交叉和并行。下一阶段的问题会反馈到上一阶段以求解决，上一阶段的活动也会从下一阶段所提出的问题及其解决中得到推动、深入和发展。各阶段既相互区别又相互连接和促进，形成技术创新的统一过程。

（三）食品企业技术改造和技术引进

1.食品企业技术改造

食品企业技术改造是指企业为了提高经济效益、提高产品质量、增加花色品种、促进产品升级换代、扩大出口、降低成本、节约能耗、加强资源综合利用和三废治理、劳保安全等目的，采用先进的、适用的新技术、新工艺、新设备、新材料等对现有设施、生产工艺条件进行的改造。

实践证明，用先进、实用技术改造传统产业，不仅具有投资少、工期短、见效快等特点，而且不需要再铺新摊子，能有效避免重复建设，同时有利于优化产业结构，改变增长方式，提高企业的效益和竞争力。

技术改造主要包括以下内容。

（1）产品改造。改进产品设计，促进产品更新换代，不断开发新产品和改进老产品，以适应市场的需要。

（2）生产设备、生产工具的更新改造。对那些性能和精度已不能满足工艺要求、质量差、能源消耗高的设备，应优先予以更新改造。

（3）生产工艺和操作方法的改造。对污染严重、经济效益差的生产工艺和操作方法进行改造。工艺是否先进，往往是影响产品质量、生产效率、能源和原材料消耗、成本高低的重要原因，因此应成为技术改造的重要内容。

（4）节约和综合利用原材料、能源，采用新型材料和代用品，主要包括改造高能耗的落后设备，采用综合利用原材料和能源的新技术，采用新材料、新能源和代用品等。

（5）劳动条件和生产环境的改造，主要包括厂房、公用设施的翻新改造，三废治理，改善劳动条件，减轻劳动强度，安全生产、三废达标排放等。

2．食品企业技术引进

食品企业技术引进是指一个国家或地区的食品企业、研究单位、机构通过一定方式从本国或其他国家、地区的企业、研究单位、机构获得先进适用的技术的行为，是一种跨国行为。技术引进的远期目标是根本上消除本国、本单位与国外其他企业在技术方面的差距，提高本国、本单位的技术水平；近期目标则是从生产需要出发，填补技术空白。技术引进通常包括以下类别。

（1）引进设备。

（2）引进人才。

（3）引进技术，包括产品设计、工艺流程、材料配方、制造图纸、工艺检测方法和维修保养等技术知识和资料，以及聘请专家指导、委托培训人员等技术服务。

（4）引进先进的经营管理方法。

（5）引进新学术思想和科学技术知识，主要通过技术交流、合作及学术交流活动、技术展览等手段。

三、食品企业新产品开发与管理

（一）新产品概述

从市场营销学角度来看，所谓新产品，是指与旧产品相比，在结构、功能、用途或形态上发生了改变，推向了市场，能满足新的顾客需求的产品。新产品大体上包括四类产品。

1．全新产品

全新产品指应用新的技术、新的材料研制出具有全新功能的产品。这种产品无论对企业或市场来讲都属全新产品，如汽车、飞机等第一次出现时都属于全新产品。全新产品开发通常需要大量的资金、先进的技术水平，并需要有一定的需求潜力，故企业承担的市场风险较大。全新产品在创新产品中只占很小的比例。

2．换代产品

换代产品指在原有产品的基础上，采用或部分采用新技术、新材料、新工艺研制出来的新产品。它适应了时代发展的步伐，也有利于满足消费者日益增长的物质需要。

3．改进产品

改进产品指对老产品加以改进，使其性能、结构、功能用途有所变化。与换代产品相比，改进产品受技术限制较小，且成本相对较低，便于市场推广和消费者接受，但容易被竞争者模仿。

4．仿制产品

仿制产品指对市场上已经出现的产品进行引进或模仿、研制生产出的产品。开发这种产品不需要太多的资金和尖端的技术，因此比研制全新产品要容易得多。但是，企业应注意对原产品的某些缺陷和不足加以改造，而不应全盘照抄。

除此之外，企业将现行产品投向新的市场，对产品进行市场再定位，或通过降低成本，生产出同样性能的产品，则对市场或企业而言，也可以称为新产品。企业开发新产品一般是推出上述产品的某种组合，而不是进行单一的产品变型。

（二）新产品开发程序

新产品开发具有一定的难度和风险，为了争取成功，进行新产品开发时必须按照程序进行。一般新产品开发程序可分为四个阶段：产品设计阶段，产品研制阶段，市场试销和商业推广阶段。

1．产品设计阶段

产品设计主要把握公司（企业）的营销目标，在市场调研的基础上，提出有关新产品开发的设计方案，主要提供一个报告，对新开发产品的市场可行性进行分析，共四个步骤。

1）创意、构思

创意、构思指应该去发展什么样的产品，向顾客提供什么样的消费利益，主要解决怎么样的消费问题。创意来源有以下五方面。

（1）顾客（顾客是产品的满足对象）：经常使用某种产品，产生某种灵感，这种创意对产品的消费满足能力相当有利。

（2）本企业职工：了解消费、生产。

（3）科技人员：新开发产品本身是在其开发过程中产生的，许多产品由科技人员提出，通过奖励制度、一定的科研项目等来实现。

（4）竞争者和竞争产品：这种研究方法在营销学上称为逆向研究法，从产品出发来研究分析产品的原理，根据成品来克服其缺点，发扬其优势，生产出更优秀的产品。

（5）公司销售人员：包括推销员，中间商，他们一方面了解企业，另一方面又了解顾客，所以提出的设想成功率较高，在20世纪50年代后越来越受到重视，现在许多高层次决策部门人员都出身于推销员。

2）筛选

筛选即通过评价，进行取舍，筛选方法有：新产品开发会议（专家聚集在一起进行评价）和列表打分（把整个创意分解成几个重要的部分，进行打分评价）。

3）形成产品概念

产品概念是一个专用术语，指对创意的具体化或产品的文字模型，描绘产品的主要特征。产品概念必须在产品定位的基础上形成，是产品构思的具体化。产品构思：一种可能性产品，是对未来产品能够满足消费者某种需要的设想。

4）商业分析

产品概念一旦形成后，就可对产品进行商业分析，主要是具体分析产品的预期销售量、预期成本、预期利润、预期投资收益率及其相互关系。商业分析是一个拐点，若不成功，再回到创意，若成功则进入到第二阶段。

2．产品研制阶段

产品研制是把产品概念交给新产品开发小组，由他们决定该产品概念在具体的生产技术上是否可行，其中包括三方面工作。

（1）制作样品并进行消费试验。

（2）品牌设计：品牌设计是整体产品概念中很重要的一部分；原有品牌带动新产品的销售；设计新品牌，树立企业新形象。

（3）包装设计：包装设计也是整体产品概念中很重要的一部分。包装功能有：保护商品，防止污染，散掉；方便使用，与产品高度结合，构成产品的重要组成部分；促进销售（国外许多营销学家称包装为无声的售货员），能刺激消费者的购买。

（4）在产品包装决策中，应注意两点。①树立包装观念，首先对包装进行定位，即对包装重要性的认识，这种包装要反映产品的何种利益和特色，把包装和产品结合起来，看产品进入到哪一个市场，如雪碧强调作为清凉饮料；芬达则强调是开心伴侣。②进一步展开包装技巧，在包装定位后，应考虑采用什么样的材料、颜色、形状、图案、文字等来充分反映包装观念，通过系列的包装组合出来，以充分反映包装主题。

3．市场试销阶段

市场调研是为了测量其潜在需求量、是否需要等，而市场试销的主要目的是测量市场上真实的需求量。有的市场试销是为了评价营销方案的优劣。通过找几个条件、情况差不多的市场进行试销，看哪个销量大。现在许多市场试销与促销联系起来，采用新产品展示会等形式。

市场试销决策应明确以下几点。

（1）确定试销的地区和范围。

（2）确定具体的试销点。

（3）试销时间多长，与产品的技术性能有关，而且时间是很敏感的因素。技术高时间长，技术低时间短，试销时间过长，会使竞争者有充分的时间来仿造，为其所利用进而打入市场，但试销时间过短，则顾客对此产品了解不够。

（4）需要收集哪些资料和数据，主要数据有：试用率，即第一次购买人数占该地区消费者人数的比例，反映产品的外观对消费者的刺激情况；再购率，即第二次再来购买产品的人数比率，反映产品的内在价值及满足需求的能力。

4. 商业推广阶段——进行批量生产和推销阶段

进入到产品生命周期的介绍期，需要借助合适时间和合适地点来推广产品。

（1）强调新产品与老产品的关系，如果新产品由老产品改良而来，而老产品库存很多，则应推迟新产品推广时间，但如果两者没有关系，则可同时进行。

（2）有季节性产品，在旺季开始前，稍微提早一点就推出新产品。

四、食品企业技术转让与知识产权的保护

（一）技术转让

1. 技术转让的含义及标的

1）技术转让的含义

技术转让就是指自然人、法人及其他组织之间转移技术的行为和活动。具体地说，就是拥有技术的权利人，包括其他有权对外转让技术的人，通过法定形式（合同形式），将现有特定的专利、专利申请、技术秘密的相关权利让与他人，或许可他人使用。它不仅是技术知识及随同技术一起转让的机器设备在空间的移动，而且包括技术在新环境中被获得、吸收和被掌握的有机统一的完整过程，即技术转让不但包括技术的传递，还包括对技术的消化、吸收、扩散及创新。

2）技术转让的标的

技术转让的标的多种多样，但归纳起来基本上可以分为三类：一是具有知识产权的技术，即专利、版权和商标；二是不具有传统意义上的知识产权的技术秘密，及专有技术；三是不具有或不再具有知识产权的公开技术，如计算机软件。

2. 技术转让的内容

根据我国相关法律的规定，技术转让的内容主要包括以下几方面。

（1）专利权转让，是指专利权人（转让方）通过签订专利技术转让协议，将专利所

有权转让给技术受让方，由受让方支付转让费用的转让形式。

（2）专利申请权转让，是指具有专利申请权的一方（转让方），通过签订专利申请权转让协议，将专利申请权转让给受让方，由受让方支付转让费用并得以申请专利的转让方式。

（3）技术秘密转让，是指技术秘密的拥有方（转让方），通过签订技术秘密转让协议，将技术秘密转让给技术受让方，由受让方支付转让费用并获得技术秘密拥有权的转让方式。

（4）专利实施许可，是指专利权人（转让方），通过签订专利实施许可协议，将专利技术的使用权转让给受让方，由受让方支付使用费用并在专利有效期内使用该专利的转让方式。专利实施许可包括独占实施许可、排他实施许可和普通实施许可三种形式。

根据《联合国国际技术转让行动守则》（草案）规定，国际技术转让的内容主要有以下几个方面：

（1）各种工业产权的转让、出售或授予许可，即以转让或许可合同的方式提供发明专利权、实用新型专利权、外观设计专利权及商标权为内容的技术知识。

（2）以可行性研究、计划、图表、模型、说明、手册、公式、技术规则或详细工程设计和训练设备、技术咨询服务和管理人员服务及人员培训等方式，提供专有技术和技术知识。

（3）提供工厂和设备的安装、操作和运用及交钥匙项目所需要的技术知识。

（4）提供将要或已经购买、租赁或以其他方式获得机器、设备、中间产品或原材料的取得、安装和使用所需要的技术知识，提供工业和技术合作安排的技术知识。

（二）知识产权的保护

1. 知识产权的概念与特征

1）知识产权的概念

知识产权是指"对科学、技术、文化、艺术等领域从事智力活动创造的精神财富所享有的权利"，该概念最早由法国学者卡普佐夫于17世纪50年代提出，后来由比利时法学家皮卡第继承和发展。

2）知识产权的特征

（1）知识产权的无形性。知识产权的客体是智力成果或具有财产价值的标记，是一种没有形体的财富。知识产权客体的非物质性是知识产权的本质属性。

（2）知识产权的法定性。知识产权的范围由法律规定，必须通过法律加以确认。

（3）知识产权的专有性。专有性也称排他性，知识产权为权利人所独占并受到法律的严格保护，没有法律规定或未经权利人许可，任何人不得使用权利人的知识产权。同时，同一知识产权，不允许有两个或两个以上的主体同时对同一属性的知识产品享有权利。

（4）知识产权的地域性。知识产权作为专有权利，在空间效力上受地域限制。按照一国法律获得承认和保护的知识产权，只能在该国发生法律效力。

（5）知识产权的时间性。知识产权作为一种民事权利，只有在法律规定的期限内才受到保护，超过法律规定的有效期，这一权利就自行消灭，其客体就会成为整个社会的共同财富，为全人类所共同使用。

2．知识产权的范围及法律保护

根据《中华人民共和国民法典》（以下简称《民法典》）规定："民事主体依法享有知识产权。""知识产权是权利人依法就下列客体享有的专有的权利：（一）作品；（二）发明、实用新型、外观设计；（三）商标；（四）地理标志；（五）商业秘密；（六）集成电路布图设计；（七）植物新品种；（八）法律规定的其他客体。"

《民法典》中和食品企业密切相关的知识产权主要包括两点。一是企业对发明、实用新型、外观设计享有的权利，即专利权；二是企业对商标享有的权利，即商标权。

1）专利权及其法律保护

（1）专利权的概念。专利权是指专利权人在法定期限内对其发明创造成果享有的专有权利。它是国家专利行政部门授予发明人或申请人生产经营其发明创造并禁止他人生产经营其发明创造的某种特权，是对发明创造的独占排他权。

（2）专利权的保护。

① 专利权的保护期限。我国《专利法》第四十二条规定："发明专利权的期限为二十年，实用新型专利权的期限为十年，外观设计专利权的期限为十五年，均自申请日起计算。"

② 专利权的保护范围：发明或实用新型专利权的保护范围以其权利要求的内容为准，说明书及附图可以用于解释权利要求。外观设计专利权保护范围以表示在图片或者照片中的该外观设计专利产品为准。

2）商标权及其法律保护

（1）商标权的概念。商标是指由文字、图形、字母、数字、三维标志和颜色这些要素组合，使用于一定的商品或服务项目，用以区别商标使用者与同类商品经营者或同类服务业经营者的显著标记。商标分为注册商标和普通商标。由于我国商标权取得实行注册原则，因此，只有注册商标所有人才对其商标拥有独占、排他的权利，即商标权。

（2）商标权的保护。根据我国《商标法》的规定，注册商标专用权，以核准注册的商标和核定使用的商品为限。商标因注册而取得专用权，从而得到法律保护，未注册的商标一般情况下是不受法律保护的。在核定使用的商品或服务上使用注册商标是法律保护的基本条件，他人未经许可不得在相同或者类似商品或服务上使用相同或近似的商标。注册商标的有效期为10年，可以无限续展。注册商标超过有效期没有续展的，不再受法律保护。

五、食品企业信息化管理

(一)食品企业管理信息系统

1.食品企业管理信息系统的概念

管理信息系统是一个以人为主导,利用计算机硬件、软件、网络通信设备及其他办公设备,进行信息的收集、传输、加工、储存、更新和维护,以企业战略竞争、提高效益和效率为目的,支持企业高层决策、中层控制、基层运作的集成化的人机系统。

2.食品企业管理信息系统的结构

从不同的角度来观察信息系统,信息系统有不同的概念结构。

(1)从信息系统的作用观点来看,信息系统由四个主要部件构成,即信息源、信息处理器、信息用户和信息管理者。

① 信息源是信息系统的数据来源,它是信息的产生地。信息源包括内信息源和外信息源两种。内信息源是指企业内部生产经营活动中所产生的各种数据,如生产数据、财务数据、销售数据等。外信息源是指来自企业外部环境的各种信息,如国家宏观经济信息、市场信息等。

② 信息处理器负责信息的传输、加工、存储,为各类管理人员即信息用户提供信息服务。

③ 信息用户是信息的使用者,也就是企业不同部门和不同层次的管理人员。

④ 信息管理者是指负责管理信息系统开发和运行的人员,他们在系统实施过程中负责信息系统各部分的组织和协调。

(2)从信息系统对信息的处理过程来看,信息系统可以看成是由三个基本的行为部件构成的,它们是输入、处理和输出。信息系统收集企业内部和外部环境相关的原始数据,经过适当处理后变成有用的信息输出,输出的信息提供给信息使用者和反馈给信息输入端。信息提供给信息使用者,用于进行辅助决策或解决工作当中的有关问题,反馈给输入端可以参与对输入数据的评价,修正数据输入阶段出现的问题。

(3)从信息系统对信息的处理内容及决策层来看,信息系统可以看成一个金字塔式的结构。

一般的组织管理均是分层次的,分为战略计划、管理控制、运行控制三层。为它们提供服务信息处理与决策支持也相应分为三层,并且有基础的业务处理。一般的管理按职能划为市场、生产或服务、财产、人力资源等,处于下层的系统处理量最大,上层的处理量小,所以就构成了横向划分和纵向划分相结合的纵横交错的金字塔结构。

3.食品企业信息化的内容

食品企业信息化的内容主要包括以下几点。

1）食品企业信息化建设

食品企业信息化是企业实现信息管理的必要条件，包括：计算机网络基础设施建设（企业计算机设备的普及、企业内部网/企业外部网的建立与互联网的连接等）；生产制造管理系统的信息化（计算机辅助设计、计算机辅助制造等的运用）；企业内部管理业务的信息化（管理信息系统、决策支持系统、企业资源计划管理、客户关系管理、供应链管理、知识管理等）；企业信息化资源的开发与利用（企业内外信息资源的利用、企业信息化人才队伍培训，企业信息化标准、规范及规章制度的建立）；企业信息资源建设（包括信息技术资源的开发、信息内容资源的开发等）。

2）食品企业信息开放与保护

信息开放有两层含义，即信息和信息共享。信息公开包括向上级主管公开信息、向监督部门公开信息、向社会公开信息，向上游企业公开信息、向消费者公开信息、向投资者公开信息等。食品企业信息按照一定的使用权限在企业内部部门之间、员工之间和与之合作伙伴之间进行资源共享。食品企业信息保护的手段很多，如专利保护、商标保护、知识产权保护、合同保护、公平竞争保护等。

3）食品企业信息的开发与利用

从信息资源类型出发，食品企业信息资源有记录型信息资源、实物型信息资源和智力型信息资源。智力型信息资源是一类存储在人脑中的信息、知识和经验，这类信息需要人们不断开发并加以利用。食品企业信息开发与利用的内容包括市场信息、科技信息、生产信息、销售信息、政策信息、金融信息和法律信息等。

（二）食品企业信息化管理

1．食品企业信息化管理的概念

食品企业信息化管理是指将企业的生产过程、物料移动、事务处理、现金流动、客户交互等业务过程数字化，通过各种信息系统网络加工生成新的信息资源，提供给各层次的人们去掌握各类动态业务中的一切信息，以做出有利于生产要素组合优化的决策，使企业资源合理配置，从而使企业能适应瞬息万变的市场经济竞争环境，求得最大的经济效益。食品企业信息化管理的实质是使企业全面实现业务流程数字化和网络化。

2．食品企业信息化管理的目标

食品企业信息化管理的目标主要包括以下三点。

1）以数据的信息化实现精确管理

以数据的信息化实现精确管理即将业务过程发生的事务处理，如把库存信息、销售凭证、费用凭证、采购凭证给出准确的记录，随时提供查询。这样，通过信息的查询，就可以得到同类业务在不同工作主体上的效果差异，进而能够提出业务改进的可靠依据。随着市场经济的快速发展和现代信息技术在企业管理中的广泛应用，从财务管理中资金的精确管理，到库存物料价值的准确分析，再到整个供应链的执行过程，都在进行着科学管理的信息化处理。这种投资在企业管理中既容易实现，也容易见效。因此，实现企业的精确管理，成为食品企业适应信息技术发展、提高企业管理水平的基础。

2）以流程的信息化实现规范业务

以流程的信息化实现规范业务是指把食品企业已经规范的流程以软件程序的方式固定下来，使得流程所涉及岗位员工的工作更加规范、高效，减少人为控制和"拍脑袋"的管理行为，同时能提升客户满意度。规范化的业务模式，提高了业务交互过程的效率，提高了事务处理的效益，消除了信息传递的不规则问题，使食品企业内部能够基于共同的业务规范而提高信息传递的效率，这就增加了单位时间内的企业效益。

3）以决策的信息化改善企业经营

以决策的信息化改善企业经营即通过对已信息化的原始数据进行科学的加工处理，运用一定的计算模型，对管理和决策过程提供信息支持。首先，对于经营各环节的状况进行及时反馈和跟踪，对于关键环节如库存、销售、资金运用等进行预警。其次，对于关键业务的经济指标进行计算分析，如财务运营指标、库存周转率、销售业绩评估、生产成本分析等。最后，提供企业整体运行的系统指标，从而为经营决策提供可靠的依据。

3．食品企业信息化管理的实施运作过程

食品企业信息化管理实施运作过程包括：信息化过程的计划、组织、控制、协调和指挥。

1）计划

计划即对食品企业信息化过程的管理，首先要通过对企业信息化的规划，在制订企业信息化蓝图的基础上找出信息化存在的差距，确定企业信息化过程中所要解决的问题，进而确定主要实施内容、资金投入计划、实施步骤、阶段目标和考核指标等内容。

2）组织

组织即为食品企业信息化实施确定组织架构和职能，包括：确定首席信息总管的职权，确定信息化组织岗位，建立信息化项目团队，制订信息化管理制度，对信息化人员技能与绩效进行考核。

3）控制

控制即对食品企业信息化的过程进行有效控制，包括：信息系统实施项目的选择，信息化项目实施过程的管理，制订企业信息化评价体系、评价方法，对信息技术的风险进行分析管理等。

4）协调

协调即调节食品企业信息化过程中产生的各种矛盾，包括：首席执行官与首席信息官之间关系的协调；业务部门与IT部门关系的协调，提高业务战略和信息化战略一致性的协调；在不同IT项目之间进行资源分配的协调；对不同信息化岗位职责间的矛盾进行的协调等。

5）指挥

指挥即通过下达命令、指示等形式，对组织内部个人施加影响，将信息化规划的目标或者领导者的决策变成全员的统一活动。

拓展资源

内蒙古蒙牛乳业（集团）股份有限公司创领乳业数字新时代

内蒙古蒙牛乳业（集团）股份有限公司（以下简称蒙牛）在行业内率先用数据赋能全产业链，在产业链的上下游实现数据驱动的"一杯好奶的智慧"。目前，蒙牛所有原奶均来自规模化、集约化牧场。蒙牛与战略股东、掌握全球领先牧业技术的丹麦 Arla Foods（阿尔乐食品）一起，构建了完备、详实的牧场管理标准体系，再运用数字技术在各个牧场落地。蒙牛的全部奶牛，都已经佩戴射频识别耳标，建立专属健康档案，部分还配备了电子项圈等更复杂的传感器。牧场对奶牛的所有动作，包括喂料、挤奶、按摩等，通过数据分析来设定并随时调整。

此外，蒙牛同 SAP（System Applications and Products，思爱普公司）、IBM（International Business Machines Corporation，国际商业机器公司）、西门子等企业开展了持续、深入的合作，在全行业内率先部署了 LIMS-SAP（Laboratory Information Management System-System Applications and Products，实验室管理与企业管理）协同体系。让近百种型号、数千台检测仪器与整个生产体系形成有机闭环。9道关键工序、36个监控点，每天生成数十万份检测报告。系统可以针对异常数据预警，全面控制安全风险，最大程度避免人为干涉。同时，也让产品的一键式追溯成为可能，充分保障产品品质与安全。

在下游，蒙牛积极探索销售渠道、终端管理和营销的智能化。2017年，蒙牛同阿里及阿里零售通达成战略合作，完善企业云，共同探索智能货架和无人便利店，对蒙牛的销售渠道进行数据赋能和效率提升。同年，蒙牛与京东联手，京东为蒙牛提供了更开放的数据和营销能力支持，同时，利用区块链防伪技术提升蒙牛产品的追溯能力。

蒙牛牵头成立了"智能制造联合体"，去摸索一套适合乳业的自主、专用方案。2016年，蒙牛入选了中华人民共和国工业和信息化部"智能制造示范企业"，这是国家对这一尝试的重大肯定。目前，蒙牛已实现了质量控制、能源管控、产品研发、制造、物流五大板块的全面智能化改造，帮助蒙牛消灭了全产业链上的信息孤岛，实现了数据互联互通。

（资料来源：https://www.mengniu.com.cn/news/xwzx/detail/1051.html，有改动）

复习巩固

（1）什么是企业知识？

（2）食品企业技术创新的过程有哪些？

（3）食品企业新产品开发的程序有哪些？

（4）食品企业信息化管理的实施运作过程有哪些？

模块二

食品企业
质量安全管理

学习目标

5S现场管理法

知识与技能目标

（1）理解5S的含义；

（2）掌握5S现场管理的要点和方法；

（3）能依据5S现场管理指出企业现场管理存在的问题并提出改进方案。

思政与素养目标

养成坚持不懈、持之以恒的工作作风。

思维导图

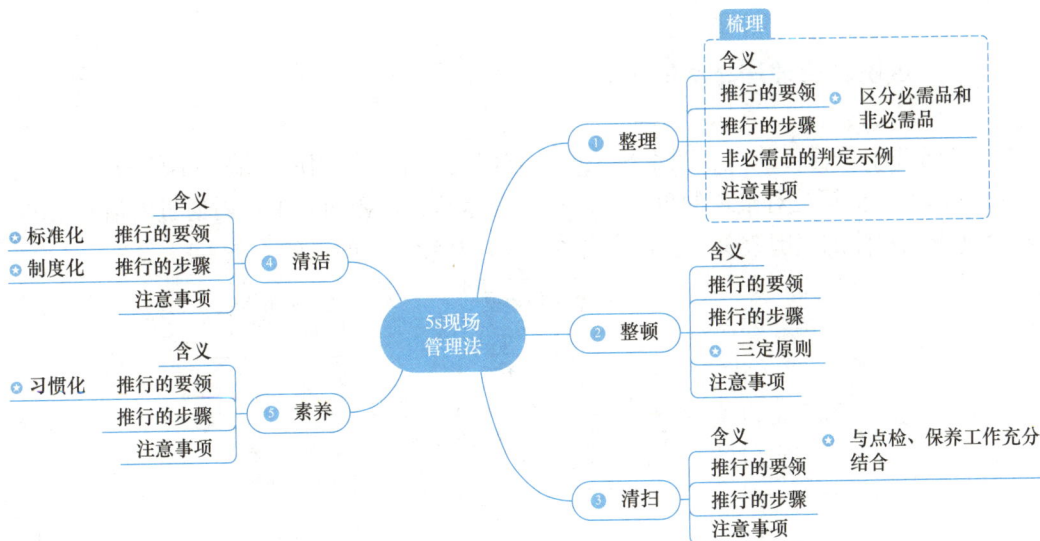

案例导入

郑州市推行5S食品安全监管新模式

2019年，郑州市市场监督管理局针对全市所有食品生产企业和食品小作坊，全面实施以"整理、整顿、清扫、清洁、素养"为主要内容的5S标准化现场管理。从企业生产现场的整洁化、规范化、标准化入手，通过对人员、设备、材料、方法等生产要素进行有效管理，从而提高企业从业人员素质，为企业质量管理体系良好运行提供基础保障。把不同物品进行分类，清理近期不需要的物品；现场物品定名、定量、定位存放；清除场内脏污，防止污染发生，从而培养员工形成制度化、规范化的工作习惯；改善生产现场环境、提升生产效率、保障产品品质，彻底解决了生产现场脏乱差、摆放混乱等问题。

（资料来源：https://www.cfsn.cn/front/web/mobile.shengnewshow?newsid=4246，有改动）

必备知识

一、5S现场管理法的含义

5S现场管理法是指在生产现场中对人员、机器、材料、方法等生产要素进行有效的管理，5S即整理（seiri）、整顿（seiton）、清扫（seiso）、清洁（seiketsu）、素养（shitsuke），又被称为"五常法则"。

5S现场管理法中整理在于区分必需品和非必需品，现场不放置非必需品；整顿在于将寻找必需品的时间降为最低；清扫在于将岗位保持在无垃圾、无灰尘、干净整洁的状态；清洁在于将整理、整顿、清扫进行到底，并且制度化；素养在于建立并形成良好的意识和习惯。

二、5S现场管理法之间的关系

5个S并不是各自独立、互不相关的；它们之间是相辅相成、缺一不可的，整理是整顿的基础，整顿是对整理的巩固，清扫显现整理、整顿的效果；而通过清洁和素养，在企业形成整体的氛围改善，以达到自主管理、持续改进的目的（图8-1）。

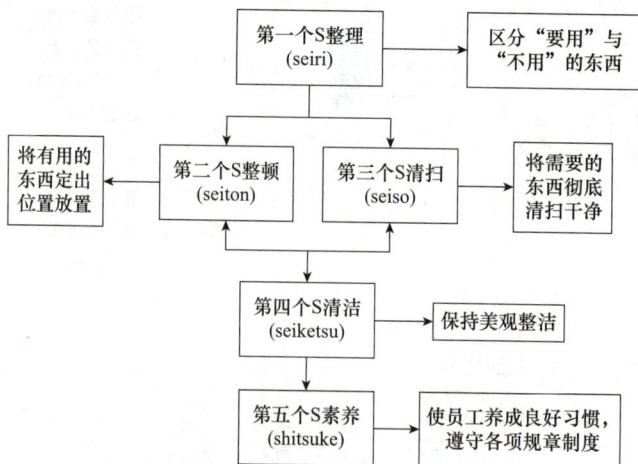

图8-1　5S现场管理法之间的关系

三、5S现场管理法的要求

（一）整理

1．整理的含义

整理是指将必需品与非必需品区分开，在岗位上只放置必需物品。

2．整理推行的要领

整理中必须要掌握以下要领。
（1）马上要用的、暂时不用的、长期不用的要区分对待。
（2）即便是必需品，也要适量，将必需品的数量降到最低程度。
（3）可有可无的物品，不管有多昂贵，应坚决处理掉。

3．整理推行的步骤

整理推行的步骤包括以下几点。
（1）现场检查。
（2）区分必需品和非必需品。
（3）清理非必需品。
（4）处理非必需品。
（5）每天循环整理。

4．非必需品的判定示例

对于设备、设施、工具、仪器等，以下情况均属于非必需品。
（1）已不适合生产工艺使用要求的设备、设施、工具。
（2）出现严重故障，经工程部确认无法修复的设备、设施、工具。
（3）出现操作不灵活、失去操作功能或功能不全的日常使用工具。
（4）非单位必要的设备、设施、工具。
（5）已失去配套功能，包括过去曾经使用现在不需要使用的零部件。
（6）已变形或外观破损的设备和设施。
（7）存在明显使用缺陷的设备和设施。
（8）已过校正期或有效期限的仪器仪表。
（9）显示或操作规程不准确，不灵活的仪器。
对于办公用品、文件，以下情况均属于非必需品。
（1）无法修复的办公用品。
（2）长期未使用的办公用品。
（3）已宣布废止的文件。

（4）起草的不需要保存的文件或记录的底稿。

（5）非工作需要的文字记录或个人记录。

（6）过去曾经使用但现在不用的文件或记录。

（7）已失去管理功能、无须保存的办公用品。

（8）表面不整洁、不美观、不完整的办公用品。

5．整理的注意事项

整理的注意事项包括以下几点。

（1）1周内使用一次以上的物品应保管在作业区内，方便取用。

（2）1周至6个月内使用一次的物品，搬到办公室或工程内合适的场所进行保管。

（3）6个月至1年内使用一次的物品，搬到部门内的仓库或资料室内保管。

（4）1年内一次都没有使用的物品，返还公司仓库，交给免责区域保管。

（5）超过保管期、不能用的物品，应坚决废弃或变卖处置。

（二）整顿

1．整顿的含义

整顿是指把留下来的必需品在固定位置、用固定方法整齐有序地摆放，明确标示，尽量减少寻找必需品的时间。

2．整顿推行的要领

整顿中推行的要领包括以下几点。

（1）根据物品使用的频率，选择科学合理的摆放地点。

（2）物品摆放要有固定的地点和区域，以便于寻找，消除因混放而造成的差错。

（3）物品摆放目视化，使定量装载的物品做到过目知数，摆放不同物品的区域采用不同的色彩和标记加以区别。

3．整顿推行的步骤

整顿的推行遵循以下步骤。

（1）分析现状。

（2）物品分类。

（3）规划放置场所。

（4）确定放置方式。

（5）进行标识。

4．整顿的三定原则

整顿的三定原则为定点、定容和定量。

（1）定点：明确物品的放置位置。

（2）定容：明确使用容器的大小及材质。

（3）定量：规定适合的放置数量。

5．整顿的注意事项

整顿的注意事项包括以下几点。

（1）生产区、物品摆放区要有明显标志。

（2）物品严格按标志指示摆放、堆码。

（3）物品摆放在任何空间都必须成行、对称、有序、整齐。

（4）物品堆码按"重的、体积大的在下面，轻的、体积小的在上面"的原则摆放。

（5）物品、材料的摆放、堆码可根据使用时间的先后顺序进行，先用的放外面，后用的放里面。

（6）任何设备、设施、仪器、容器及其他生产用具、用品、办公文件、报表都必须明显规范标志所属单位、名称、序号、用途。

（7）辅助设施、仪器、容器、生产材料、运输工具及其他用具、用品使用完后或剩余部分应归还原位，并整齐有序摆放、堆码。

（8）办公桌、存物柜、文件柜内物品分类存放整齐。

（三）清扫

1．清扫的含义

清扫是指将岗位保持在无垃圾、无灰尘、干净整洁的状态，将工作场所内的垃圾、灰尘等清洁干净，将设备保养完好，创造一尘不染的工作环境。

2．清扫推行的要领

清扫推行的要领可概括为以下几个方面。

（1）责任到人。

（2）与点检、保养工作充分结合。

（3）杜绝污染源，建立清扫标准。

3．清扫推行的步骤

清扫推行的步骤主要为以下几点。

（1）实施区域责任制。

（2）制订相关清扫标准。

（3）工作场所扫除一切垃圾、灰尘。

（4）清扫、点检机器设备。

（5）整修在清扫中发现有问题的地方。

（6）查明污垢的发生源（跑、滴、冒、漏），从根本上解决问题。

4．清扫的注意事项

清扫须注意以下几点事项。

（1）地面、墙面、玻璃门窗无灰尘、杂物、碎屑、脏印或污水。

（2）作业台、办公台、货架、设备、洗手池底下无网、无垢、无脏物、无污水。

（3）生产用具、仪器、夹具、容器无灰尘、脏印或其他异物黏附。

（4）运输工具无油垢或脏物黏附。

（5）机器设备表面无积尘或油污，内部无杂物或异物的黏附。

（6）清洁用具、用品应保持干净、无异味。

（7）通风设施、隔离装置应保持不积尘、无积水、不积垢，不黏附杂物、脏物。

（8）张贴物、标志牌、柜台无涂写痕迹、无脏物、无污染。

（9）消防器材、管道、灯具、电线保护等开关无灰尘、无虫网、无脏物。

（四）清洁

1．清洁的含义

清洁是指将整理、整顿、清扫进行到底，并且标准化、制度化。

2．清洁推行的要领

清洁推行的要领主要有以下几点。

（1）将整理、整顿、清扫的实施形成标准。

（2）明确清洁的状态。

（3）定期检查。

3．清洁推行的步骤

清洁推行的步骤有以下几点。

（1）制订一套保持制度。

（2）持续进行整理、整顿、清扫的各项活动。

（3）发现问题及时反馈并修正，从而持续保持工作环境清洁卫生的状态。

4．清洁的注意事项

清洁的注意事项有以下几点。

（1）确定责任区域平面。

（2）建立规范作业现场、办公区域、公共区域和仓库四大区域的清洁标准。

（3）对标准进行持续的更新和完善，使其更加贴切实际工作。

（五）素养

1.素养的含义

素养是指所有员工应自觉按照规定去执行，建立并形成良好的意识和习惯。

2.素养推行的要领

素养推行的要领主要有以下几点。
（1）持续推动整理、整顿、清扫、清洁直至习惯化。
（2）制订相关的规章制度。
（3）开展培训与教育。
（4）激发员工的热情和责任感。

3.素养推行的步骤

素养推行的步骤为以下几点。
（1）学习并理解公司的规章制度。
（2）努力遵守规章制度。
（3）成为他人的榜样，具备成功的素养。

4.素养的注意事项

素养的注意事项有以下几点。
（1）创造一个宽松的执行氛围，使员工积极参与。
（2）持续按照标准来做。
（3）提出改善的对策。

拓展资源

5S现场管理法在餐饮企业的推行要点

5S现场管理法在餐饮企业的推行要点如表8-1所示。

表8-1　5S现场管理法在餐饮企业的推行要点

序号	推行要点（评定项目）
1	将破损的用具、器皿或不需要的物品处理掉或放入暂存仓库，工作现场没有不需要的物品
2	工作场所没有私人物品，已将私人物品（如水杯、伞、鞋、衣服等）集中统一存放，个人贵重物品有独立的上锁柜
3	食品库房与非食品库房已经单独设置
4	所有物品定名、定位、定数量
5	清除不必要的门、盖和锁，增加透明度，非保密物品以层架、明档摆放为主

续表

序号	推行要点（评定项目）
6	张贴物品存放表（不透明的柜、箱）
7	厨房现场的食品、酱料、食用油脂、厨具、餐具、清洁工具等均分类集中存放
8	开封的食料集中统一存放于阴凉处，并加盖，有开封时间及开封后保质期标识
9	材料或工具按照操作顺序放置
10	仓库的物品已按需要量和重量分层存放，玻璃器皿的摆放高度不超过肩部
11	物流（进出货）安排有先进先出（左进右出、上进下出）的指引，食物、酱料、洗涤用品等标明使用期限。自制物品标明制作时间、最高（最低）存量
12	30s内可取出及放回文件和物品
13	通过形迹整理以方便返还
14	划分通道地线、设施物品放置区域线
15	采用视觉管理方法：管道有颜色区分，设安全指引斑马线。危险性岗位有明显标记和保护措施
16	采用视觉管理方法：熟食品（红色）、生食品（蓝色）、果蔬（绿色）。生、熟、水果刀要有区分
17	采用视觉管理方法：抹布及回收洗涤筒采用分颜色管理方法。垃圾桶保持清洁、加盖，垃圾要分类处理
18	有清洁检查表及有关问题跟进负责人
19	为使清洁和检查容易，物品存放柜架底层离地15cm以上或无缝接地
20	动物性食品与植物性食品清洗水池要有所区别
21	现场生、熟食品分开，出菜与收盘线路分开，人员去向明确
22	洗碗、洗手消毒流程合理，洗碗池要一刮、二洗、三过、四消毒，消毒水配比合格，设有专供存放消毒后餐具的保洁设施，其结构应密闭并易于清洁
23	餐厅有良好的通风系统，无油烟味；专间（处理或短时间存放直接入口食品的专用加工制作间）有空气消毒、温控、预进间（员工进入直接入口食品操作间前须进行更衣、洗衣、消毒的场所）和纯净水设备
24	厨房地面无水及油污
25	注意清洁灶底、柜底、柜顶、下水道等隐蔽地方
26	仓库有防鼠、防潮、通风及温度计设备和设施
27	有仓库及部门平面分布图和负责人

复习巩固

（1）5S现场管理法的含义是什么？

（2）5S现场管理法的要点是什么？

学习目标

知识与技能目标

（1）熟悉ISO 9001质量管理体系的七项原则；

（2）掌握ISO 9001质量管理体系的内容和要求；

（3）能依据ISO 9001质量管理体系查找企业案例中存在的问题并提出改进方案。

思政与素养目标

树立产品质量观念。

ISO 9001质量管理体系

思维导图

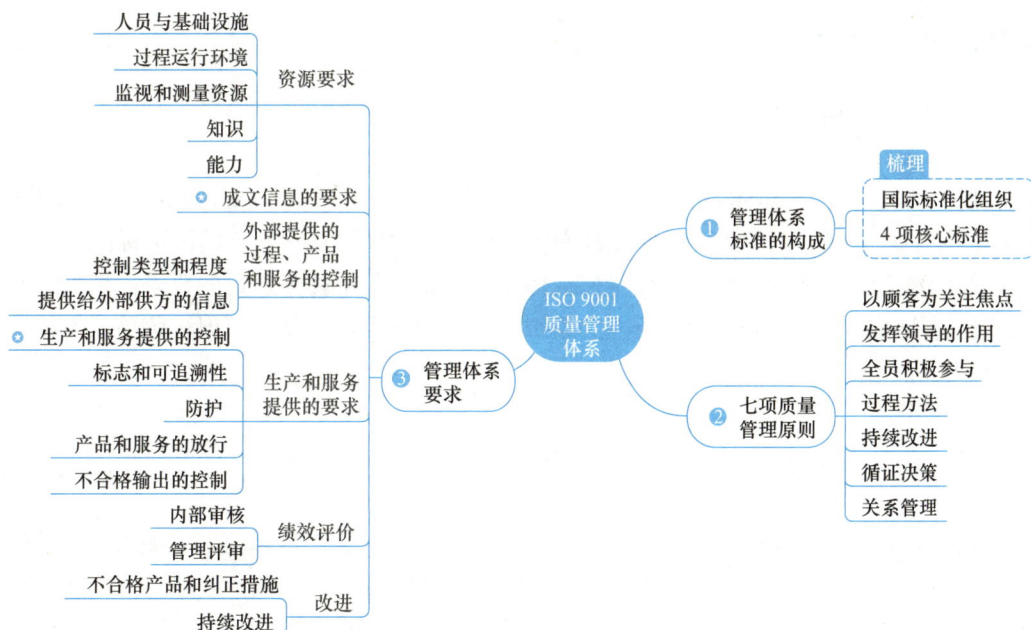

案例导入

达利食品集团的"链式"质量管理

达利食品集团（以下简称达利）的"链式"全程监管机制，从对供应商进行评价选择，到原产地考察验证，到原辅材料入库前检测、生产过程监管、售后跟踪服务，以及建立召回制度，达利建立了完整的产品监管体系，有效确保产品品质和食品安全。

达利遵循"意识先行、控制源头，关注细节，注重过程，检验保障，确保安全"的品控方针：建立质量意识宣培制度，把员工质量意识的宣传、培训工作列入品控体系；对供应商进行评价选择，到原产地考察验证，从源头把好第一关；集团全面导入先进管理体系，实现与国际管理接轨；针对每个关键控制点建立监视系统，以证实关键控制点处于受控状态；同时，各工厂按高水准建立检测实验室，为质量管理提供准确而有力的支撑和保障。

达利各工厂均建立检测中心，配置国际顶尖技术水平的检测设备，可以完成食品、饮料所有原辅料、产品的全部检测项目。大众关心的塑化剂、重金属、农药残留、三聚氰胺等指标都将通过高科技的设备进行检测，为质量管理提供准确而有力的支撑和保障。

（资料来源：http://www.dali-group.com/cn/Innovation.aspx?TypeId=10169，有改动）

必备知识

一、ISO 9001 质量管理体系简介

ISO 9001 质量管理体系是国际标准化组织（International Organization for Standardization，ISO）质量管理和质量保证技术委员会（ISO/TC 176）制定的国际标准，可以帮助组织建立、实施并有效运行质量保证体系，是质量保证体系通用的要求或指南。它可广泛适用于各种类型和规模的行业和组织，在国内和国际贸易中可促进贸易双方相互理解和信任。

二、ISO 9001 质量管理体系标准的构成

ISO 9001 质量管理体系标准包括4项密切相关的质量管理体系核心标准：《质量管理体系结构　基础和术语》（ISO 9000：2015）、《质量管理体系　要求》（ISO 9001：2015）、《追求组织的持续成功　质量管理方法》（ISO 9004：2018）和《管理体系审核指南》（ISO 19011：2018）。

《质量管理体系结构　基础和术语》（ISO 9000：2015），表述质量管理体系基础知识，并规定质量管理体系术语。《质量管理体系　要求》（ISO 9001：2015），规定质量

管理体系要求，用于证实组织具有提供满足顾客要求和适用法规要求的产品的能力，目的在于增进顾客的满意度。《追求组织的持续成功　质量管理方法》（ISO 9004：2018），提供考虑质量管理体系的有效性和效率两方面的指南，该标准的目的是促进组织业绩的改进和使顾客及其他相关方满意。《管理体系审核指南》（ISO 19011：2018），阐述了管理体系审核流程，用于指导审核。

三、七项质量管理原则

1．以顾客为关注焦点

质量管理的首要关注点是满足顾客要求并努力超越顾客期望。组织只有赢得和保持顾客和其他相关方的信任才能获得持续成功。与顾客相关的每个方面都为顾客提供了创造更多价值的机会。理解顾客和其他相关方当前和未来的需求，有助于组织的持续成功。

企业可开展的活动包括以下几方面：识别从组织获得价值的直接顾客和间接顾客；理解顾客当前和未来的需求和期望；将组织的目标与顾客的需求和期望联系起来；在整个组织内沟通顾客的需求和期望；为满足顾客的需求和期望，对产品和服务进行策划、设计开发、生产、交付和支持；测量和监视顾客的满意情况，并采取适当的措施；对可能影响顾客满意度相关方的需求和适宜的期望，应确定并采取措施；主动管理与顾客的关系，以实现持续成功。

2．发挥领导的作用

最高管理者要带领各级领导建立统一的宗旨和方向，并创造全员积极参与实现组织质量目标的条件。统一的宗旨和方向的建立，以及全员的积极参与，能够使组织将战略、方针、过程和资源协调一致，以实现其目标。

管理者在企业可开展的活动包括以下几方面：在整个组织内就其使命、愿景、战略、方针和过程进行沟通；在组织的所有层级创建并保持共同的价值观及公平和道德的行为模式；培育诚信和正直的文化；鼓励在整个组织范围内履行对质量的承诺；确保各级领导者成为组织中的榜样；为员工提供履行职责所需的资源、培训和权限；激发、鼓励和表彰员工的贡献。

3．全员积极参与

整个组织内各级胜任、经授权并积极参与的人员，是提高组织创造力和提供价值能力的必要条件。为了有效和高效地管理组织，各级人员得到尊重并参与其中是极其重要的。通过表彰、授权和提高能力，促进在实现组织的质量目标过程中的全员积极参与。

企业可开展的活动包括以下几方面：与员工沟通，增强他们对个人贡献重要性的认识；促进整个组织内部的协作；提倡公开讨论、分享知识和经验；让员工确定影响执行力的制约因素，并且毫无顾虑地主动参与；赞赏和表彰员工的贡献、学识和进步；针对个人目标进行绩效的自我评价；进行调查以评估人员的满意程度，沟通结果并采取适当的措施。

4. 过程方法

企业将活动作为相互关联、功能连贯的过程组成体系来理解和管理时，可更加有效和高效地得到一致的、可预知的结果。质量管理体系是由相互关联的过程组成的。理解体系是如何产生结果的，能够使组织尽可能地完善其体系并优化其绩效。

企业可开展的活动包括以下几方面：确定体系的目标和实现这些目标所需的过程；为管理过程确定职责、权限和义务；了解组织的能力，预先确定资源约束条件；确定过程相互依赖的关系，分析个别过程的变更对整个体系的影响；将过程及其相互关系作为一个体系进行管理，有效和高效地实现组织的质量目标；确保获得必要的信息，运行和改进过程并监视、分析和评价整个体系的绩效；管理可能影响过程输出和质量管理体系整体结果的风险。

5. 持续改进

成功的组织应持续关注改进。改进对于组织保持当前的绩效水平，对其内、外部条件的变化做出反应，并创造新的机会，都是非常必要的。

企业可开展的活动包括以下几方面：在组织的所有层级建立改进目标；对各层级人员进行教育和培训，使其懂得如何应用基本工具和方法实现改进目标；确保员工有能力成功地促进和完成改进项目；开发和展开过程，以在整个组织内实施改进项目；跟踪、评审和审核改进项目的策划、实施、完成和结果；将改进与新的或变更的产品、服务和过程的开发结合在一起予以考虑；赞赏和表彰改进。

6. 循证决策

基于数据和信息的分析和评价的决策，更有可能产生期望的结果。决策是一个复杂的过程，并且总是包含某些不确定性。它经常涉及多种类型和来源的输入及其理解，而这些理解可能是主观的，重要的是理解因果关系和潜在的非预期后果。对事实证据和数据的分析可导致决策更加客观、可信。

企业可开展的活动包括以下几方面：确定、测量和监视关键指标，以证实组织的绩效；使相关人员能够获得所需的全部数据；确保数据和信息足够准确、可靠和安全；使用适宜的方法对数据和信息进行分析和评价；确保人员有能力分析和评价所需的数据；权衡经验和直觉，基于证据进行决策并采取措施。

7. 关系管理

相关方能够影响组织的绩效，为了持续成功，组织需要管理与相关方（如供方）的关系。当组织管理与所有相关方的关系，以尽可能有效地发挥其在组织绩效方面的作用时，持续成功更有可能实现，对供方及合作伙伴网络的关系管理是尤为重要的。

企业可开展的活动包括以下几方面：确定相关方（如供方合作伙伴、顾客、投资者、雇员或整个社会）及其与组织的关系；确定和排序需要管理的相关方的关系；建立平衡短期利益与长期考虑的关系；与相关方共同收集和共享信息、专业知识和资源；适当时，测量绩效并向相关方报告，以增加改进的主动性；与供方、合作伙伴及相关方合作开展开发和改进活动；鼓励和表彰供方及合作伙伴的改进和成绩。

四、ISO 9001质量管理体系的要求

（一）资源要求

组织应确定并提供所需的资源，以建立、实施、保持和持续改进质量管理体系。组织应考虑现有内部资源的能力、局限及需要从外部供方获得的资源。

1．人员与基础设施

组织应确定并配备所需的人员，以有效实施质量管理体系，并运行和控制其过程。组织应确定、提供并维护所需的基础设施，以运行生产等过程并获得合格产品和服务。基础设施包括建筑物和相关设施、设备（包括硬件和软件）、运输资源、信息和通信技术。

2．过程运行环境

组织应确定、提供并维护所需的环境，以运行生产等过程并获得合格产品和服务。适宜的过程运行环境可以是人为因素与物理因素的结合，如社会因素（非歧视、安定、非对抗）、心理因素（减压、预防过度疲劳、稳定情绪）和物理因素（温度、热量、湿度、照明、空气流通、卫生、噪声）。由于所提供的产品和服务不同，这些因素可能存在显著的差异。

3．监视和测量资源

当利用监视或测量来验证产品和服务是否符合要求时，组织应确定并提供所需的资源，以确保结果有效和可靠。组织应确保所提供的资源适合所开展的监视和测量活动的特定类型并得到维护，以确保持续适合其用途。组织应保留适当的成文信息，作为监视和测量资源适合其用途的证据。

当要求测量溯源时，或组织认为测量溯源是信任测量结果有效的基础时，测量设备应对照能溯源到国际或国家标准的测量标准，按照规定的时间间隔或在使用前进行校准和（或）检定，当不存在上述标准时，应保留作为校准或验证依据的成文信息。组织应对测量设备予以识别和保护，以确定其状态良好，防止由于调整、损坏或衰减所导致的校准状态和随后的测量结果的失效。当发现测量设备不符合预期用途时，组织应确定以往测量结果的有效性是否受到不利影响，必要时应采取适当的措施。

4．知识

组织的知识是组织特有的知识，通常从其经验中获得，是为实现组织目标所使用和共享的信息。组织应确定必要的知识，以获得合格的产品和服务。这些知识应予以保持，并能在所需的范围内得到。为应对不断变化的需求和发展趋势，组织应审视现有的知识，确定如何获取或接触更多必要的知识进行知识更新。组织的知识可基于内部来源和外部来源。内部来源如知识产权、从经验获得的知识、从失败和成功项目汲取的经验和教训、获取和分享未成文的知识和经验，以及过程、产品和服务的改进结果；外部来源如标准学术交流、专业会议、从顾客或外部供方收集等。

5．能力

组织应确定在其控制下工作的人员所需具备的能力，这些人员从事的工作影响质量管理体系绩效和有效性；必要时组织可采取适当的教育、培训或经验传授来确保这些人员是胜任的；组织也可采取重新分配工作或者聘用、外包胜任的人员等措施以获得所需的能力，并评价措施的有效性；组织应保留适当的成文信息，作为人员能力的证据。

（二）成文信息的要求

1．成文信息的创建和更新

在创建和更新成文信息时，组织应确保适当的标志和说明（如标题、日期、作者索引编号）、形式（如语言、软件版本、图表）和载体（如纸质的、电子的）、评审和批准，以保持适宜性和充分性。

2．成文信息的控制

组织应控制质量管理体系和成文信息，以确保在需要的场合和时机均可获得并适用；组织应确保成文信息予以妥善保护，防止泄密、不当使用或缺失。组织应对成文信息分发、访问、检索和使用、存储和防护（包括保持可读性）、更改控制（如版本控制）、保留和处置。对于组织确定的策划和运行质量管理体系所必需的来自外部的成文信息，组织应进行适当识别并予以控制。对所保留的、作为符合性证据的成文信息应予以保护，防止非预期的更改。

（三）外部提供的过程、产品和服务的控制

组织应确保外部提供的过程、产品和服务符合要求。组织应基于外部供方按照要求提供过程、产品和服务的能力，确定并实施对外部供方的评价、选择、绩效监视及再评价的准则。对于这些活动和由评价引发的任何必要的措施，组织应保留成文信息。

1．控制类型和程度

组织应确保外部提供的过程、产品和服务不会对组织稳定地向顾客交付合格产品和服

务的能力产生不利的影响。组织应确保外部提供的过程保持在其质量管理体系的控制之中，并规定对外部供方的产品和服务的控制准则；组织应考虑外部提供的过程、产品和服务对组织稳定地满足顾客要求和适用的法律法规要求的能力的潜在影响，以及由外部供方实施控制的有效性；确定必要的验证或其他活动，以确保外部提供的过程、产品和服务满足要求。

2．提供给外部供方的信息

组织应确保在与外部供方沟通之前所确定的要求是充分的和适宜的。组织应使外部供方明确其需提供的过程、产品和服务；组织应提供给外部供方的信息包括产品和服务的内容及放行标准，加工方法、过程和设备，相关人员的资格与能力，对外部供方绩效的控制和监视程序等。

（四）生产和服务提供的要求

1．生产和服务提供的控制

组织应在受控条件下进行生产和服务提供。受控条件应包括以下几个方面。

（1）可获得成文信息，以规定拟生产的产品、提供的服务或进行的活动的特性和拟获得的结果。

（2）可获得和使用适宜的监视和测量资源。

（3）在适当阶段实施监视和测量活动，以验证是否符合过程或输出的控制准则及产品和服务的接收准则。

（4）为过程的运行使用适宜的基础设施，并保持适宜的环境。

（5）配备胜任的人员，包括所要求的资格。

（6）若输出结果不能由后续的监视或测量加以验证，应对生产和服务提供过程实现策划结果的能力进行确认，并定期再确认。

（7）采取措施防止人为错误。

（8）实施放行、交付和交付后的活动。

2．标志和可追溯性

组织应根据需要采用适当的方法识别输出，以确保产品和服务合格。组织应在生产和服务提供的整个过程中按照监视和测量要求识别输出状态。当有可追溯要求时，组织应控制输出的唯一性标志，并应保留所需的成文信息以实现可追溯。

3．防护

组织应在生产和服务提供期间对输出进行必要的防护，以确保符合要求。防护包括标志、处置、污染控制、包装、储存、传输（或运输）及保护。

4．产品和服务的放行

组织应在适当阶段实施策划的安排，以验证产品和服务的要求已得到满足。除非得到有关授权人员的批准，适用时得到顾客的批准，否则在策划的安排已圆满完成之前，不应向顾客放行产品和交付服务。组织应保留有关产品和服务放行的成文信息。成文信息应包括符合接收准则的证据及可追溯授权放行人员的信息。

5．不合格输出的控制

组织应确保对不符合要求的输出进行识别和控制，以防止非预期的使用或交付。组织应根据不合格的性质及其对产品和服务符合性的影响采取适当措施，这也适用于在产品交付之后，以及在服务提供期间或之后发现不合格产品和服务时。组织处置不合格输出的途径主要包括：纠正；隔离、限制、退货或暂停对产品和服务的提供；告知顾客；获得让步接收的授权。对不合格输出进行纠正之后应验证其是否符合要求。组织应对不合格输出及所采取的措施、获得的让步进行描述并保留成文信息，组织还应对识别处置不合格的授权保留成文信息。

（五）绩效评价

组织可采取顾客满意分析与评价、内部审核和管理评审等方式对绩效进行评价，以下主要介绍内部审核和管理评审两种方式。

1．内部审核

组织应按照策划的时间间隔进行内部审核。

组织应依据有关过程的重要性、对组织产生影响的变化和以往的审核结果，策划、制订、实施和保持审核方案，审核方案包括审核频次、审核方法、审核职责、审核策划要求和审核报告。组织应规定每次审核的准则和范围；选择审核员并实施审核，以确保审核过程客观公正；确保将审核结果报告给相关管理者；及时采取适当纠正措施；保留成文信息，作为实施审核方案及审核结果的证据。

2．管理评审

最高管理者应按照策划的时间间隔对组织的质量管理体系进行评审，以确保其持续的适宜性、充分性和有效性，并与组织的战略方向保持一致。

策划和实施管理评审时应考虑以往管理评审所采取措施的情况；与质量管理体系相关的内外部因素的变化；有关质量管理体系绩效和有效性的信息及其变化趋势；资源的充分性；应对风险和机遇所采取措施的有效性；改进的机会。

质量管理体系绩效和有效性的相关信息主要包括以下几方面：顾客满意和有关相关方的反馈；质量目标的实现程度；过程绩效及产品和服务的合格情况；不合格的类别及纠正措施；监视和测量结果；审核结果；外部供方的绩效。

管理评审的输出应包括持续改进的机会、质量管理体系所需的变更、资源需求等事项相关的决定和措施。组织应保留成文信息，作为管理评审结果的证据。

（六）改进

组织应确定和选择改进机会，并采取必要措施以满足顾客要求和增强顾客满意度。组织应围绕产品和服务及质量管理体系的绩效和有效性进行改进。改进可包括纠正、持续改进、突破性变革、创新和重组。

1. 不合格产品和纠正措施

当出现不合格产品时，包括来自投诉的不合格产品，组织应首先对不合格产品进行评审和分析，确定不合格的原因及是否存在或可能发生类似的不合格。然后实施所需的措施控制纠正不合格，并评审所采取的纠正措施的有效性。确有需要的情况下，组织可更新策划期间确定的风险和机遇，并变更质量管理体系。组织应对不合格的类别随后采取的纠正措施的结果保留成文信息。

2. 持续改进

组织应持续改进质量管理体系的适宜性、充分性和有效性。组织应考虑分析和评价的结果及管理评审的输出，以确定是否存在需求或机遇，这些需求或机遇应作为持续改进的一部分加以应对。

拓展资源

ISO 9001质量管理体系应用过程中的常见问题

ISO 9001质量管理体系应用过程中的常见问题如表9-1所示。

表9-1　ISO 9001质量管理体系应用过程中的常见问题

序号	类型	常见问题
1	文件控制	企业在内部文件的审批、分发、更改中通常存在以下问题： （1）工程图纸未经审批即已发行、使用； （2）作业指导书未能分发至具体作业岗位； （3）生产现场岗位悬挂的作业指导书未受控； （4）工艺文件存在直接在文件上更改的现象，未执行文件更改程序。 企业外来文件的识别、收集、分发中通常存在以下问题： （1）未能充分识别、收集到与产品有关的国家（国际）、行业标准； （2）未能将外来文件分发至有关部门，如品控部、生产部
2	质量记录的填写、管理、保存	（1）质量记录存在涂改的现象； （2）质量记录未规定保存期限； （3）未按保存期限予以保存，到期销毁未能提供销毁记录
3	质量目标的统计、分析	（1）质量目标统计未能提供原始数据，无法掌握最终目标统计数值的真实性； （2）质量目标有统计，但未进行分析

序号	类型	常见问题
4	管理评审	（1）管理评审输入信息不全或未能提供输入资料； （2）管理评审主持人非最高管理者，且未能提供最高管理者对主持人（不是最高管理者自己时）的授权证明； （3）对管理评审决议事项无采取措施的相关证据，如纠正措施或预防措施； （4）对上次管理评审决议事项的跟踪结果无记录
5	人力资源管理	（1）未能按实际岗位规定各岗位的职责、权限、能力要求； （2）培训有计划，也有按计划实施，但对培训的实施效果未进行评价； （3）对特殊岗位人员未规定能力要求，未能提供对这些人员的培训、考核证据； （4）对特种作业人员［电工、焊（割）工、起重工等］资格年审的要求未及时跟踪，个别特种作业人员的资格证未年审或年审过期
6	基础设施管理	（1）新进生产设备未验收即投入使用； （2）对设备未规定维护、保养的要求； （3）特种设备未能提供定期检查的证据
7	工作环境管理	（1）对存在温湿度要求的现场，无温湿计，无法掌握温湿度状况； （2）检验色差岗位的灯光非检验专用光源，不符合要求； （3）生产现场、仓储现场有防尘的要求，但发现存放在现场的产品上有灰尘
8	产品实现策划	（1）未能针对产品的类别或特点制订质量目标； （2）虽有进行产品实现策划，但资料零散、无序，而且相关责任人对产品实现策划的要求不熟悉（甚至不清楚）； （3）工程变更所引起相关文件的修改，未按审批程序的要求执行，存在私自更改的现象；存在相关文件部分有修改、部分未得到修改的现象，即修改不彻底； （4）未对产品的质量控制点进行策划，何时需要进行验证、确认、监视、测量、检验和试验未确定
9	与顾客有关的过程	（1）与产品有关的法律法规要求［包括产品的国家（国际）、行业标准、规范等］未确定或识别不充分； （2）对产品交付后活动（包括诸如保证条款规定的措施、合同义务），以及公司认为必要的附加要求（如回收或最终处置）不明确； （3）顾客没有提供形成文件的要求时，无对这些顾客要求进行确认的证据；对口头合同未进行评审； （4）企业未能根据自身业务流程的特点规划合同评审的作业要求，流于形式，无实际意义； （5）产品要求发生变更时，未及时将变更的要求通知相关人员； （6）对顾客的反馈（包括顾客抱怨）有进行处理，但未将处理结果与顾客进行沟通
10	设计开发	（1）设计开发策划时一般存在的问题： ①未明确设计小组成员的职责、权限； ②未明确设计开发进度的要求，未根据设计开发的进展及时调整设计开发计划； ③策划时未对评审、验证和确认活动的时机进行策划。 （2）设计开发输入信息不充分，如与产品适用的法律法规要求未充分识别。 （3）设计开发输出在放行前的审批不完善，如图纸仅有编制人员的名字，而无校、审人签名。 （4）设计开发评审、验证、确认的记录不齐全，未能按策划的要求展开；对这些过程中提出的改进未保持记录。 （5）设计开发更改发生后，未能按要求进行适当的评审、验证、确认。 （6）设计开发更改引起相关文件的变更，未能及时对相关文件进行修订，且未能及时将更改的要求通知相关人员

续表

序号	类型	常见问题
11	采购过程控制	（1）未根据采购产品对最终产品的影响程度来确定供方及采购的产品控制的类型和程度； （2）对供方的选择评价未覆盖所有的材料供应商、外包方，特别是外包方的评价； （3）对供方提供的相关证明文件（如质量保证书、材料检验报告、资格证明等）未及时更新，未保证其有效性； （4）未及时将采购产品的要求告知供方，或告知的要求不完整，导致供方未能按要求供货； （5）有将供方出现的质量问题反馈供方，但对供方的改进情况未及时验证采取的改进措施的有效性； （6）未明确采购产品的验证要求（验证方法、时机），存在未得到验证即先入仓的现象
12	生产和服务的提供过程控制	（1）生产和服务现场所需的作业指导书未能及时发放（悬挂、张贴），现场所使用的作业指导书未能根据生产的实际产品及时更换相应的指导书； （2）故障设备未标明其状态； （3）现场使用的检验仪器、监控设备无检定/校准状态的标志； （4）未能提供对生产过程的工艺参数监控的证据； （5）对特殊过程作业人员未能做到持证上岗，或存在未经培训即上岗的现象； （6）未对特殊过程进行确认，生产条件发生变化后也未对特殊过程重新进行确认； （7）生产过程中的产品状态（检验状态、加工状态）标志不完整； （8）产品的生产批次、订单号、生产日期等信息不完整； （9）产品防护有缺失，如产品堆放过高导致底层产品损坏、产品包装破损等现象； （10）顾客财产标志不清，出现异常未及时向顾客报告
13	监视和测量设备的控制	（1）对应列入监视和测量设备控制范围的设备识别不全，如机器中的压力表/温控表、电焊机的电流表/速控表、温控表、输送带的转速表等监视设备未能列入控制范围； （2）未对监视和测量设备的校准/检定（验证）形成计划，未确定是内校还是外校； （3）内校无校准/检定（验证）规范，也未能追溯到国家标准或国际标准； （4）内校员没有得到专业的培训，无内校员资格证； （5）监视和测量设备缺乏状态标识，无法确定其是否在校准（检定）有效期内； （6）对精密仪器的防护不够，如防震、防尘等措施
14	顾客满意	（1）对顾客满意度的监视和测量方式过于单一，仅采用顾客满意度表调查的方式，而未能考虑顾客的抱怨（投诉）、退货、对顾客回访、顾客对供方的评价报告等信息； （2）顾客满意度调查的覆盖面不具代表性，仅对重要顾客进行了调查； （3）对顾客满意度有调查，但未提供如何利用这些信息的证据，如如何改进工作
15	内部审核	（1）内审的审核范围在计划中有体现，但检查表未能完全覆盖，特别是表现在计划中明确说明需要进行审核的条款，但检查表及记录未能体现； （2）审核员的安排不合理，未能考虑其审核员的专业能力； （3）审核日程安排中的时间安排不合理，未能结合受审核部门的复杂程度、职责范围的大小来安排时间； （4）最高管理者未参加首、末次会议； （5）内审开出的不合格报告中不合格事实描述不明确，不具重查性，未能将不合格的具体情节描述清楚； （6）不合格项的整改不足：原因分析不到位，纠正措施不合理； （7）不合格项的跟踪验证未及时安排，验证的结果报告不明确

序号	类型	常见问题
16	过程的监视和测量	（1）对生产过程有进行监控，但对监控的数据分析不足，未能监控到生产过程的能力； （2）对体系运作过程的监控无策划，未进行监控，仅能提供内部审核的证据； （3）对于过程绩效指标统计不足，未能掌握过程能力
17	产品的监视和测量	（1）检验岗位未获得检验/试验作业指导书； （2）检验人员的能力不足，对AQL（acceptance quality limit，合格质量水平）的使用认识不够； （3）检验报告中的检测数据不足，应填写具体数值的项目无具体数值； （4）未能100%按检验、试验规范/标准中规定的项目进行检验、试验； （5）紧急放行（例外放行）的情况未能提供经授权人员批准的证据，且可追溯性标识不足； （6）检验报告中缺乏有权放行的人员的签名
18	不合格品控制	（1）生产现场，生产过程产生的不合格品标识不清，未及时记录； （2）进货不合格品有处置，但未要求供方采取改进措施，有的有将不合格报告传递给供方，但未能及时跟踪验证其有效性； （3）生产过程中不合格品进行返工或返修后未重新验证；有的有进行验证，但未能提供返工、返修后重新验证的记录； （4）生产过程中有返工、返修的现象，但无对返工、返修过程予以记录； （5）生产过程中物料有特采（让步接收）情况，但未能提供授权人员批准的证据； （6）客户退回来的产品直接退入仓库，未重新检验，也未执行不合格品程序
19	数据分析	（1）对顾客满意度有进行调查、统计，但未能提供分析的证据； （2）品控部门有统计合格率、不合格率，但未能提供对不合格状况进行分析的证据； （3）对过程绩效应进行数据分析的要求认识不足，仅有对生产过程的绩效进行统计、分析，如返工率、返修率、报废率，但对其他部门的过程绩效缺少数据分析的证据（对此，可结合各职能部门、层次的质量目标的统计分析进行）； （4）对进货有进行统计分析进货合格率、进货及时率，但未能分别对单个供方进行分析其供货能力； （5）对质量目标方面的统计分析，仅有针对未达成目标要求的项目进行分析，对已达成的缺乏数据分析，未能在寻找采取预防措施的机会方面努力； （6）统计方法、技术的运用较窄，统计方法过于单调，缺乏科学性
20	改进	（1）大部分企业在预防措施方面的实施基本无记录表明，对预防措施实施的时机未能准确把握； （2）何时应采取纠正措施，预防措施的规定不清晰、随意性较强； （3）改进报告中的原因分析不到位，停留在表面上，缺乏全面、深入的分析（应考虑5MIE人、机、料、法、测、环6个因素，并采用5个"为什么"的方式）； （4）许多人员在制订纠正措施时，仅考虑了应急措施——纠正，而缺乏再发防止的措施； （5）许多人混淆了纠正、纠正措施、预防措施的概念，纠正措施报告中有纠正措施和预防措施并存的现象； （6）纠正措施（预防措施）有实施，但未对实施的结果进行记录； （7）纠正措施（预防措施）实施完成后，缺乏对其实施效果进行验证

复习巩固

（1）简述ISO 9001质量管理体系的七项原则。

（2）简述ISO 9001质量管理体系的内容和要求。

单元十 良好生产规范（GMP）

学习目标

良好生产规范
（GMP）

知识与技能目标

（1）掌握食品企业良好生产规范（GMP）的内容和要求；

（2）能对工厂选址、厂房布局提出要求；

（3）能针对某厂房车间，指出不符合良好生产规范（GMP）的要求之处，并提出改造建议。

思政与素养目标

提高食品生产的卫生规范意识。

思维导图

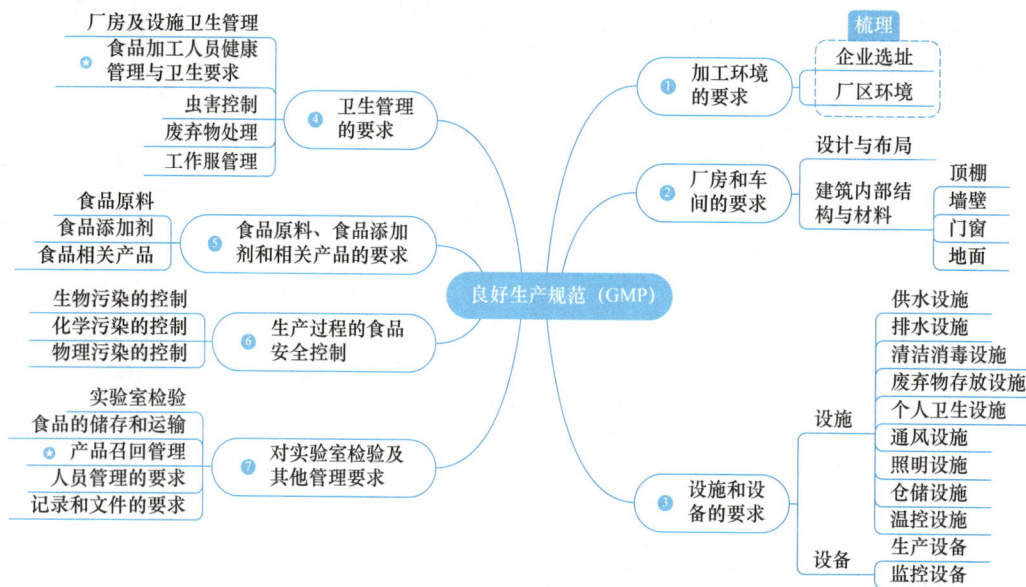

▶ 案例导入

新疆生产建设兵团市场监管局对抽检不合格食品生产企业开展飞行检查

2022年4月，为进一步督促企业落实食品安全主体责任，加强食品安全监督管理，强化食品安全风险防控，新疆生产建设兵团市场监管局对多次抽检不合格食品生产企业开展飞行检查。

检查人员对抽检不合格食品生产企业从生产环境条件、原辅料进货查验、过程控制、产品检验检测、标准执行、食品添加剂使用和管理、从业人员培训管理、各项制度记录等方面进行了全面检查。这要求企业要强化食品安全第一责任人的意识，提高认识、加强管理、重抓整改，建立健全并严格执行质量安全控制体系，严密防范食品安全风险。对检查中发现的问题，交办辖区监管部门，依法依规进行处置，跟踪督查风险隐患整改情况。

（资料来源：http://news.foodmate.net/2022/04/626420.html，有改动）

▣ 必备知识

一、GMP简介

GMP是good manufacturing practice缩写，中文为良好生产规范或良好操作规范。良好生产规范是通过对产品生产加工应具备的硬件条件（如厂房、设施、设备和用具等）和管理要求（如生产和加工控制、包装、仓储和分销、人员卫生、培训等）加以规定，并在生产的全过程实施科学管理和严格监控来获得产品预期质量的全面质量管理制度。

良好生产规范（GMP）起源于美国药品生产，1963年美国食品药品监督管理局（Food and Drug Administration，FDA）制定了世界上第一部药品GMP。1969年，美国又公布了《食品制造、加工、包装储存的现行规范》，简称FGMP基本法。同年，世界卫生组织（World Health Organization，WHO）向各成员国首次推荐GMP，很多国家开始积极引进食品企业GMP。

二、我国食品企业GMP相关标准

自1988年卫生部开始制定食品企业卫生规范，以强制性国家标准的形式予以发布，相当于我国食品企业GMP的管理方法，至今国家卫生健康委员会已发布并修订了3个食品及相关企业通用卫生规范和多个专用卫生规范。3个通用卫生规范包括《食品安全国家标准　食品生产通用卫生规范》（GB 14881—2013）、《食品安全国家标准　食品添加剂生产通用卫生规范》（GB 31647—2018）和《食品安全国家标准　食品接触材料及制品生产通用卫生规范》（GB 31603—2015）。专用卫生规范包括《食品安全国家标准　罐头食品生产卫生规范》（GB 8950—2016）、《熟肉制品企业生产卫生规范》（GB 19303—2003）、《食品安全国家标准　饮料生产卫生规范》（GB 12695—2016）、《食品安全国家标准　乳制品良好生产规范》（GB 12693—2010）等。

我国食品企业GMP［《食品安全国家标准　食品生产通用卫生规范》（GB 14881—2013）］是规范食品企业生产行为，防止食品生产过程的各种污染，生产安全且适宜食用的食品的基础性食品安全国家标准。

三、食品企业GMP相关术语和定义

1．污染

污染是指在食品生产过程中发生的生物、化学、物理污染因素传入的过程。

2．虫害

虫害是指由昆虫、鸟类、啮齿类动物等生物（包括苍蝇、蟑螂、麻雀、老鼠等）造成的不良影响。

3．食品加工人员

食品加工人员是指直接接触包装或未包装的食品、食品设备和器具、食品接触面的操作人员。

4．接触表面

接触表面是指设备、工器具、人体等可被接触到的表面。

5．分离

分离是指通过在物品、设施、区域之间留有一定空间，而非通过设置物理阻断的方式进行隔离。

6．分隔

分隔是指通过设置物理阻断，如墙壁、卫生屏障、遮罩或独立房间等进行隔离。

7．食品加工场所

食品加工场所是指用于食品加工处理的建筑物和场地，以及按照相同方式管理的其他建筑物、场地和周围环境等。

8．监控

监控是指按照预设的方式和参数进行观察或测定，以评估控制环节是否处于受控状态。

9．工作服

工作服是指根据不同生产区域的要求，为降低食品加工人员对食品的污染风险而配备的专用服装。

四、食品企业 GMP[《食品安全国家标准　食品生产通用卫生规范》（GB 14881—2013）]的内容和要求

（一）加工环境的要求

1．企业选址

厂区不应选择对食品有显著污染的区域，如某地对食品安全和食品宜食用性存在明显的不利影响，且无法通过采取措施加以改善，应避免在该地址建厂。厂区不应选择有害废弃物及粉尘、有害气体、放射性物质和其他扩散性污染源不能有效清除的地址。厂区不宜选择易发生洪涝灾害的地区，难以避开时应设计必要的防范措施。厂区周围不宜有虫害大量滋生的潜在场所，难以避开时应设计必要的防范措施。

2．厂区环境

企业应考虑环境给食品生产带来的潜在污染风险，并采取适当的措施将其降至最低水平。厂区应合理布局，各功能区域划分明显，并有适当的分离或分隔措施，防止交叉污染。厂区内的道路应铺设混凝土、沥青或者其他硬质材料；空地应采取必要措施，如铺设水泥、地砖或草坪等方式，保持环境清洁，防止正常天气下扬尘和积水等现象的发生。厂区绿化应与生产车间保持适当距离，植被应定期维护，以防止虫害的滋生。厂区应有适当的排水系统。宿舍、食堂、职工娱乐设施等生活区应与生产区保持适当距离或分隔。

（二）厂房和车间的要求

1．设计与布局

厂房和车间的设计应根据生产工艺合理布局，满足食品卫生操作要求，避免食品生产中发生交叉污染，预防和降低产品受污染的风险。厂房和车间应根据产品特点、生产工艺、生产特性及生产过程对清洁程度的要求合理划分作业区，并采取有效分离或分隔。通常可划分为清洁作业区、准清洁作业区和一般作业区，也可只划分为清洁作业区和一般作业区，一般作业区应与其他作业区域分隔。厂房内设置的检验室应与生产区域分隔。厂房的面积和空间应与生产能力相适应，便于设备安置、清洁消毒、物料存储及人员操作。

2．建筑内部结构与材料

厂房内部结构应易于维护、清洁或消毒，应采用适当的耐用材料建造。

1）顶棚

顶棚应使用无毒、无味、与生产需求相适应、易于观察清洁状况的材料建造，若直接在屋顶内层喷涂涂料作为顶棚，应使用无毒、无味、防霉、不易脱落、易于清洁的涂料。顶棚应易于清洁、消毒，在结构上不利于冷凝水垂直滴下，防止虫害和霉菌滋生。蒸汽、水、电等配件管路应避免设置于暴露食品的上方，如确需设置，应有能防止灰尘散落及水滴掉落的装置或措施。

2）墙壁

墙面、隔断应使用无毒、无味的防渗透材料建造，在操作高度范围内的墙面应光滑、不易积累污垢且易于清洁，若使用涂料，应无毒、无味、防霉、不易脱落、易于清洁。墙壁、隔断和地面交界处应结构合理、易于清洁，能有效避免污垢积存，如设置漫弯形（即抛物线形）交界面等。

3）门窗

门窗应闭合严密。门的表面应平滑、防吸附、不渗透，并易于清洁、消毒，应使用不透水、坚固、不变形的材料制成。清洁作业区和准清洁作业区与其他区域之间的门应能及时关闭。窗户玻璃应使用不易碎材料，若使用普通玻璃，应采取必要的措施防止玻璃破碎后对原料、包装材料及食品造成污染。窗户如设置窗台，其结构应能避免灰尘积存且易于清洁，可开启的窗户应装有易于清洁的防虫害窗纱。

4）地面

地面应使用无毒、无味、不渗透、耐腐蚀的材料建造，地面的结构应有利于排污和清洗的需要，地面应平坦防滑、无裂缝，并易于清洁、消毒，并有适当的措施防止积水。

（三）设施和设备的要求

1．设施

1）供水设施

企业应能保证水质、水压、水量及其他要求符合生产需要。食品加工用水的水质应符合《生活饮用水卫生标准》（GB 5749—2006）的规定，对加工用水水质有特殊要求的食品应符合相应规定。间接冷却水、锅炉用水等食品生产用水的水质应符合生产需要。食品加工用水与其他不与食品接触的用水（如间接冷却水、污水或废水等）应用完全分离的管路输送，避免交叉污染。各管路系统应明确标识以便区分。自备水源及供水设施应符合有关规定。供水设施中使用的涉及饮用水卫生安全产品还应符合国家相关规定。

2）排水设施

排水系统的设计和建造应保证排水畅通、便于清洁维护，同时适应食品生产的需要，保证食品及生产、清洁用水不受污染。排水系统入口应安装带水封的地漏等装置，以防止固体废弃物进入及浊气逸出。排水系统出口应有适当措施以降低虫害风险。室内排水的流向应由清洁程度要求高的区域流向清洁程度要求低的区域，且应有防止逆流的设计。污水在排放前应经适当方式处理，以符合国家污水排放的相关规定。

3）清洁消毒设施

企业应配备足够的食品、工器具和设备的专用清洁设施，必要时应配备适宜的消毒设施。应采取措施避免清洁、消毒工器具带来的交叉污染。

4）废弃物存放设施

企业应配备设计合理、防止渗漏、易于清洁的存放废弃物的专用设施，车间内存放废弃物的设施和容器应标识清晰，必要时应在适当地点设置废弃物临时存放设施，并依废弃物特性分类存放。

5）个人卫生设施

企业应在生产场所或生产车间入口处设置更衣室，必要时特定的作业区入口处可按需要设置更衣室。更衣室应保证工作服与个人服装及其他物品分开放置。生产车间入口及车间内必要处，应按需设置换鞋（穿戴鞋套）设施或工作鞋靴消毒设施，如设置工作鞋靴消毒设施，其规格和尺寸应能满足消毒需要。

企业应根据需要设置卫生间。卫生间的结构、设施与内部材质应易于保持清洁，卫生间内的适当位置应设置洗手设施。卫生间不得与食品生产、包装或储存等区域直接连通。企业应在清洁作业区入口设置洗手、干手和消毒设施，如有需要，应在作业区内适当位置加设洗手和（或）消毒设施，与消毒设施配套的水龙头开关应为非手动式。洗手设施的水龙头数量应与同班次食品加工人员数量相匹配，必要时应设置冷热水混合器。洗手池应采用光滑、不透水、易清洁的材质制成，其设计及构造应易于清洁消毒。企业应在临近洗手设施的显著位置标示简明易懂的洗手方法，根据对食品加工人员清洁程度的要求，必要时应设置风淋室、淋浴室等设施。

6）通风设施

企业应具有适宜的自然通风或人工通风措施，必要时应通过自然通风或机械设施有效控制生产环境的温度和相对湿度。通风设施应避免空气从清洁度要求低的作业区域流向清洁度要求高的作业区域。企业应合理设置进气口位置，进气口与排气口和户外垃圾存放装置等污染源应保持适宜的距离和角度，进、排气口应装有防止虫害侵入的网罩等设施。通风排气设施应易于清洁、维修或更换，若生产过程需要对空气进行过滤净化处理，应加装空气过滤装置并定期清洁。根据生产需要，必要时应安装除尘设施。

7）照明设施

厂房内应有充足的自然采光或人工照明，光源和亮度应能满足生产和操作需要，光源应使食品呈现真实的颜色。如需在暴露食品和原料的正上方安装照明设施，应使用安全型照明设施或采取防护措施。

8）仓储设施

企业应具有与所生产产品的数量、储存要求相适应的仓储设施。仓库应用无毒、坚固的材料建成，仓库地面应平整，便于通风换气。仓库的设计应能易于维护和清洁，防止虫害藏匿，并应有防止虫害侵入的装置。

原料、半成品、成品、包装材料等应依据性质的不同分设储存场所或分区域码放，并有明确标识，以防止交叉污染。必要时，仓库应设有温湿度控制设施。储存物品应与墙壁、地面保持适当距离，以利于空气流通及物品搬运。清洁剂、消毒剂、杀虫剂、润滑剂、燃料等物质应分别安全包装、明确标识，并应与原料、半成品、成品、包装材料等分隔放置。

9）温控设施

应根据食品生产的特点，配备适宜的加热、冷却、冷冻等设施，以及用于监测温度的设施。根据生产需要，可设置控制室温的设施。

2．设备

企业应建立设备保养和维修制度，加强设备的日常维护和保养，定期检修并及时记录。

1）生产设备

企业应配备与生产能力相适应的生产设备，并按工艺流程有序排列，避免引起交叉污染。与原料、半成品、成品接触的设备与用具，应使用无毒、无味、抗腐蚀、不易脱落的材料制作，并应易于清洁和保养。设备、工器具等与食品接触的表面应使用光滑、无吸收性、易于清洁保养和消毒的材料制成，在正常生产条件下不会与食品、清洁剂和消毒剂发生反应，并应保持完好无损。所有生产设备应从设计和结构上避免零件、金属碎屑、润滑油或其他污染因素混入食品，并应易于清洁消毒、检查和维护。设备应不留空隙地固定在墙壁或地板上，或在安装时与地面和墙壁间保留足够空间，以便清洁和维护。

2）监控设备

企业应定期校准与维护用于监测、控制、记录的设备，如压力表、温度计、记录仪等。

（四）卫生管理的要求

企业应制订食品加工人员和食品生产卫生管理制度及相应的考核标准，明确岗位职责，实行岗位责任制。企业应根据食品的特点及生产、储存过程的卫生要求，建立对保证食品安全具有显著意义的关键控制环节的监控制度、良好实施并定期检查，发现问题及时纠正。企业应制订针对生产环境、食品加工人员、设备及设施等的卫生监控制度，确立内部监控的范围、对象和频率，记录并存档监控结果，定期对执行情况和效果进行检查，发现问题及时整改。企业应建立清洁消毒制度和清洁消毒用具管理制度，清洁消毒前后的设备和工器具应分开放置并妥善保管，避免交叉污染。

1．厂房及设施卫生管理

厂房内各项设施应保持清洁，出现问题及时维修或更新。厂房地面、屋顶、天花板及墙壁有破损时，应及时修补。生产、包装、储存等设备及工器具、生产用管道、裸露食品接触表面等应定期清洁消毒。

2．食品加工人员健康管理与卫生要求

企业应建立并执行食品加工人员健康管理制度。食品加工人员每年应进行健康检查，取得健康证明，上岗前应接受卫生培训。食品加工人员如患有痢疾、伤寒、甲型病毒性肝炎、戊型病毒性肝炎等消化道传染病，以及患有活动性肺结核、化脓性或者渗出性皮肤病等有碍食品安全的疾病，或有明显皮肤损伤未愈合的，应当调整到其他不影响食品安全的工作岗位。

食品加工人员卫生要求包括：进入食品生产场所前应整理个人卫生，防止污染食品；进入作业区域应规范穿着洁净的工作服，并按要求洗手、消毒；头发应藏于工作帽内或使用发网约束；进入作业区域不应佩戴饰物、手表，不应化妆、染指甲、喷洒香水；不得携带或存放与食品生产无关的个人用品；使用卫生间、接触可能污染食品的物品或从事与食品生产无关的其他活动后，再次从事接触食品、食品工器具、食品设备等与食品生产相关的活动前应洗手消毒。

3．虫害控制

企业应保持建筑物完好、环境整洁，防止虫害侵入及滋生，制订和执行虫害控制措施，并定期检查。生产车间及仓库应采取有效措施（如纱帘、纱网、防鼠板、防蝇灯、风幕等），防止鼠类昆虫等侵入。企业应准确绘制虫害控制平面图，标明捕鼠器、粘鼠板、灭蝇灯、室外诱饵投放点、生化信息素捕杀装置等放置的位置。厂区应定期进行除虫灭害工作，若发现有虫鼠害痕迹时，应追查来源，消除隐患。

企业采用物理、化学或生物制剂进行处理时，不应影响食品安全和食品应有的品质，不应污染食品接触表面、设备、工器具及包装材料。使用各类杀虫剂或其他药剂前，应做好预防措施避免对人身、食品、设备工具造成污染；不慎污染时，应及时将被污染的设备、工具彻底清洁，消除污染。除虫灭害工作应有相应的记录。

4．废弃物处理

企业应制订废弃物存放和清除制度，有特殊要求的废弃物其处理方式应符合有关规定。企业应定期清除废弃物，易腐败的废弃物应及时清除。提高易腐败废弃物的清除频率。车间外废弃物放置场所应与食品加工场所隔离，以防止污染，应防止不良气味或有害有毒气体逸出并防止虫害滋生。

5．工作服管理

企业应根据食品的特点及生产工艺的要求配备专用工作服，如衣、裤、鞋靴、帽和发网等，必要时还可配备口罩、围裙、套袖、手套等。企业应制订工作服的清洗保洁制度，必要时应及时更换；生产中应注意保持工作服干净完好。工作服的设计、选材和制作应适应不同作业区的要求，降低交叉污染食品的风险；企业应合理选择工作服口袋的位置、使用的连接扣件等，降低内容物或扣件掉落污染食品的风险。

（五）食品原料、食品添加剂和相关产品的要求

企业应建立食品原料、食品添加剂和食品相关产品的采购、验收、运输和储存管理制度，确保所使用的食品原料、食品添加剂和食品相关产品符合国家有关要求。不得将任何危害人体健康和生命安全的物质添加到食品中。

1. 食品原料

采购的食品原料应当查验供货者的许可证和产品合格证明文件，对无法提供合格证明文件的食品原料，应当依照食品安全标准进行检验。食品原料必须经过验收合格后方可使用，经验收不合格的食品原料应在指定区域与合格品分开放置并明显标记，并应及时进行退、换货等处理。加工前宜进行感官检验，必要时应进行实验室检验，不得使用食品安全项目指标异常的原料。

食品原料运输及储存中应避免日光直射、备有防雨防尘设施。根据食品原料的特点和卫生需要，必要时还应具备保温、冷藏、保鲜等设施。食品原料运输工具和容器应保持清洁、维护良好，必要时应进行消毒。食品原料不得与有毒、有害物品同时装运，避免污染食品原料。

食品原料仓库应设专人管理，建立管理制度，定期检查质量和卫生情况，及时清理变质或超过保质期的食品原料。仓库出货顺序应遵循先进先出的原则，必要时应根据不同食品原料的特性确定出货顺序。

2. 食品添加剂

采购食品添加剂应当查验供货者的许可证和产品合格证明文件。食品添加剂必须经过验收合格后方可使用。运输食品添加剂的工具和容器应保持清洁、维护良好，并能提供必要的保护，避免污染食品添加剂。食品添加剂的贮藏应有专人管理，定期检查质量和卫生情况，及时清理变质或超过保质期的食品添加剂。仓库出货顺序应遵循先入库先发出的原则，必要时应根据食品添加剂的特性确定出货顺序。

3. 食品相关产品

采购食品包装材料、容器、洗涤剂、消毒剂等食品相关产品应当查验产品的合格证明文件，实行许可管理的食品相关产品还应查验供货者的许可证。食品包装材料等食品相关产品必须经过验收合格后方可使用。

运输食品相关产品的工具和容器应保持清洁、维护良好，并能提供必要的保护，避免污染食品原料和交叉污染。食品相关产品的储藏应有专人管理，定期检查质量和卫生情况，及时清理变质或超过保质期的食品相关产品。仓库出货顺序应遵循先入库先发出的原则。

盛装食品原料、食品添加剂、直接接触食品的包装材料的包装或容器，其材质应稳定、无毒无害，不易受污染，符合卫生要求。食品原料、食品添加剂和食品包装材料等进入生产区域时应有一定的缓冲区域或外包装清洁措施，以降低污染风险。

（六）生产过程的食品安全控制

企业应通过危害分析方法明确生产过程中的食品安全关键环节，并设立食品安全关键环节的控制措施。在关键环节所在区域，应配备相关的文件以落实控制措施，如配料（投料）表、岗位操作规程等。鼓励采用危害分析与关键控制点（HACCP）体系对生产过程进行食品安全控制。

1. 生物污染的控制

企业应根据原料、产品和工艺的特点，针对生产设备和环境制订有效的清洁消毒制度，降低微生物污染的风险。清洁消毒制度应包括以下内容：清洁消毒的区域、设备或器具名称；清洁消毒工作的职责；使用的洗涤、消毒剂；清洁消毒方法和频率；清洁消毒效果的验证及不符合的处理；清洁消毒工作及监控记录。企业应确保实施清洁消毒制度并如实记录，及时验证消毒效果，发现问题及时纠正。

企业应根据产品特点确定关键控制环节进行微生物监控，必要时应建立食品加工过程的微生物监控程序，包括生产环境的微生物监控和过程产品的微生物监控。食品加工过程的微生物监控程序应包括：微生物监控指标、取样点、监控频率、取样和检测方法、评判原则和整改措施等，具体可参照《食品安全国家标准 食品生产通用卫生规范》（GB 14881—2013）附录A的要求，结合生产工艺及产品特点制定。微生物监控应包括致病菌监控和指示菌监控，食品加工过程的微生物监控结果应能反映食品加工过程中对微生物污染的控制水平。

2. 化学污染的控制

企业应建立防止化学污染的管理制度，分析可能的污染源和污染途径，制订适当的控制计划和控制程序。企业应当建立食品添加剂和食品工业用加工助剂的使用制度，按照《食品安全国家标准 食品添加剂使用标准》（GB 2760—2014）的要求使用食品添加剂。企业不得在食品加工中添加食品添加剂以外的非食用化学物质和其他可能危害人体健康的物质。生产设备上可能直接或间接接触食品的活动部件若需润滑，应当使用食品级润滑油。企业应建立清洁剂、消毒剂等化学品的使用制度。除清洁消毒必需和工艺需要外，不应在生产场所使用和存放可能污染食品的化学制剂。食品添加剂、清洁剂、消毒剂等均应采用适宜的容器妥善保存，且应明显标示、分类储存，领用时应准确计量、做好使用记录。

3. 物理污染的控制

企业应建立防止异物污染的管理制度，分析可能的污染源和污染途径，并制订相应的控制计划和控制程序。通过采取设备维护、卫生管理、现场管理、外来人员管理及加工过程监督等措施，最大程度地降低食品受到玻璃、金属、塑胶等异物污染的风险。设置筛网、捕集器、磁铁、金属检查器等有效措施降低金属或其他异物污染食品的风险。当进行现场维修、维护及施工等工作时，应采取适当措施避免异物、异味、碎屑等污染食品。

（七）对实验室检验与成品管理的要求

1．实验室检验

企业应通过自行检验或委托具备相应资质的食品检验机构对原料和产品进行检验，建立食品出厂检验记录制度。自行检验应具备适应所检项目的检验室和检验能力，由具有相应资质的检验人员按规定的检验方法检验，检验仪器设备应按期检定。

检验室应有完善的管理制度，妥善保存各项检验的原始记录和检验报告。检验应建立产品留样制度，及时保留样品；应综合考虑产品特性、工艺特点、原料控制情况等因素，合理确定检验项目和检验频次以有效验证生产过程中的控制措施。净含量、感官要求及其他容易受生产过程影响而变化的检验项目的检验频次应大于其他检验项目。同一品种不同包装的产品，不受包装规格和包装形式影响的检验项目可以一并检验。

2．食品的储存和运输

企业应根据食品的特点和卫生需要选择适宜的储存和运输条件，必要时应配备保温、冷藏、保鲜等设施。不得将食品与有毒、有害或有异味的物品一同储存运输。企业应建立和执行适当的仓储制度，发现异常应及时处理。储存、运输和装卸食品的容器、工器具和设备应当安全、无害，保持清洁，降低食品污染的风险。储存和运输过程中应避免日光直射、雨淋、显著的温湿度变化和剧烈撞击等，防止食品受到不良影响。

3．产品召回管理

企业应根据国家有关规定建立产品召回制度。当发现生产的食品不符合食品安全标准或存在其他不适于食用的情况时，企业应当立即停止生产，召回已经上市销售的食品，通知相关生产经营者和消费者，并记录召回和通知情况。对被召回的食品，企业应当进行无害化处理或者予以销毁，防止其再次流入市场。对因标签、标志或者说明书不符合食品安全标准而被召回的食品，企业应采取能保证食品安全且便于重新销售时向消费者明示的补救措施。企业应合理划分记录生产批次，采用产品批号等方式进行标识，便于产品追溯。

（八）人员及管理的要求

企业应配备食品安全专业技术人员、管理人员，并建立保障食品安全的管理制度。食品安全管理制度应与生产规模、工艺技术水平和食品的种类特性相适应，应根据生产实际和实施经验不断完善食品安全管理制度。管理人员应了解食品安全的基本原则和操作规范，能够判断潜在的危险，采取适当的预防和纠正措施，确保有效管理。

企业应建立食品生产相关岗位的培训制度，对食品加工人员及相关岗位的从业人员进行相应的食品安全知识培训。应通过培训促进各岗位从业人员遵守食品安全相关法律法规标准和执行各项食品安全管理制度的意识和责任，提高相应的知识水平。应根据食品生产不同岗位的实际需求，制订和实施食品安全年度培训计划并进行考核，做好培训记录。当食品安全相关的法律法规标准更新时，应及时开展培训。应定期审核和修订培训计划，评估培训效果，并进行常规检查，以确保培训计划的有效实施。

（九）记录和文件的要求

企业应建立记录制度，对食品生产中采购、加工、储存、检验、销售等环节详细记录。记录内容应完整、真实，确保对产品从原料采购到产品销售的所有环节都可进行有效追溯。

企业应如实记录食品原料、食品添加剂和食品包装材料等食品相关产品的名称、规格、数量、供货者名称及联系方式、进货日期等内容。企业应如实记录食品的加工过程（包括工艺参数、环境监测等）、产品储存情况及产品的检验批号、检验日期、检验人员、检验方法、检验结果等内容。企业应如实记录出厂产品的名称、规格、数量、生产日期、生产批号、购货者名称及联系方式、检验合格单、销售日期等内容。企业应如实记录发生召回的食品名称、批次、规格、数量、发生召回的原因及后续整改方案等内容。

食品原料、食品添加剂和食品包装材料等食品相关产品进货查验记录，食品出厂检验记录应由记录和审核人员复核签名，记录内容应完整。保存期限不得少于2年。

对客户提出的书面或口头意见、投诉，企业相关管理部门应做记录并查找原因，妥善处理。

企业应建立文件的管理制度，对文件进行有效管理，确保各相关场所使用的文件均为有效版本。

🔍 拓展资源

飞行检查中食品企业存在的共性缺陷项

飞行检查是检查组采取不发通知、不打招呼、不听汇报、不陪同接待，直奔现场的方式，通过看现场、查资料、验数据、问情况等方式，及时掌握和查找解决食品生产加工环节安全问题。

对国家市场监督管理总局组织实施的飞行检查中食品企业存在的共性缺陷项进行汇总，主要涉及以下八个方面：采购进货查验管理、仓储管理、生产过程控制、生产场所及设施设备、产品检验及留样管理、贮存及交付控制方面、产品追溯及不安全食品召回、食品安全管理及培训制度（表10-1中"管理控制要求"未标明条款来源的，均为GB 14881对应条款内容）。

表10-1 飞行检查中食品企业存在的共性缺陷项汇总表

序号	类别	管理控制要求	存在问题举例
1	采购进货查验管理	7.2.1 采购的食品原料应查验供货者的许可证和产品合格证明文件；对无法提供合格证明文件的食品原料，应当依照食品安全标准进行检验	无法提供合格证明文件的食品原料
		7.4.1 采购食品包装材料、容器、洗涤剂、消毒剂等食品相关产品应当查验产品的合格证明文件，实行许可管理的食品相关产品还应查验供货者的许可证。食品包装材料等食品相关产品必须经过验收合格后方可使用	未能提供采购的食品塑料编织袋生产厂的生产许可证；未查验大包装产品包装用塑料袋生产商的许可证；未制订具体的产品进货验收标准
		14.1.1.1 应如实记录食品原料等食品相关产品的名称、规格、数量、供货者名称及联系方式、进货日期等内容	原料白糖的采购记录中缺少生产企业名称，无法实现有效追溯
		14.1.2 食品原料、食品添加剂和食品包装材料等食品相关产品进货查验记录、食品出厂检验记录应由记录和审核人员复核签名，记录内容应完整	抽查某工厂2021年9月13日原材料查验记录，缺少审核人员签名
		违反《食品安全法》第五十条第二款："食品生产企业应当建立食品原料、食品添加剂、食品相关产品进货查验记录制度，如实记录食品原料、食品添加剂、食品相关产品的名称、规格、数量、生产日期或者生产批号、保质期、进货日期以及供货者名称、地址、联系方式等内容，并保存相关凭证。记录和凭证保存期限不得少于产品保质期满后六个月；没有明确保质期的，保存期限不得少于二年。"	进货查验记录缺少原辅料的生产日期或批号信息
2	仓储管理	7.2.6 食品原料仓库应设专人管理，建立管理制度，定期检查质量和卫生情况，及时清理变质或超过保质期的食品原料。仓库出货顺序应遵循先进先出的原则，必要时应根据不同食品原料的特性确定出货顺序	未能提供2022年1月食品原料仓库的定期检查卫生情况的记录
		7.3.3 食品添加剂的贮藏应有专人管理，定期检查质量和卫生情况，及时清理变质或超过保质期的食品添加剂。仓库出货顺序应遵循先进先出的原则，必要时应根据食品添加剂的特性确定出货顺序	仓储现场发现10袋400g过期"红卤粉"调味料未及时清理
		10.4 贮存和运输过程中应避免日光直射、雨淋、显著的温湿度变化和剧烈撞击等，防止食品受到不良影响	部分原料存放于厂区通道中

续表

序号	类别	管理控制要求	存在问题举例
3	生产过程控制	4.1.2　厂房和车间的设计应根据生产工艺合理布局，预防和降低产品受污染的风险	人员、原料进入即食蜜饯车间存在交叉污染
		5.1.3　清洁消毒设施 应配备足够的食品、工器具和设备的专用清洁设施，必要时应配备适宜的消毒设施。应采取措施避免清洁、消毒工器具带来的交叉污染	二次洗手更衣设备无洗手消毒液
		5.2.1.1　一般要求 应配备与生产能力相适应的生产设备，并按工艺流程有序排列，避免引起交叉污染	匀堆设备未按规定安置在准清洁作业区内，炒干机使用燃煤加热，添加煤炭的炉火门未与生产车间严格隔离
		6.1.3　应制订针对生产环境、食品加工人员、设备及设施等的卫生监控制度，确立内部监控的范围、对象和频率。记录并存档监控结果，定期对执行情况和效果进行检查，发现问题及时整改	蒸煮锅内半成品辣酱未及时清理
		6.2.1　厂房内各项设施应保持清洁，出现问题及时维修或更新；厂房地面、屋顶、天花板及墙壁有破损时，应及时修补	渗透间温度显示器损坏、顶面墙面装饰材料存在脱落情况
		6.2.2　生产、包装、贮存等设备及工器具、生产用管道、裸露食品接触表面等应定期清洁消毒	生产设备不清洁，表面沉积积尘
		6.4.2　应制订和执行虫害控制措施，并定期检查。生产车间及仓库应采取有效措施（如纱帘、纱网、防鼠板、防蝇灯、风幕等），防止鼠类昆虫等侵入。若发现有虫鼠害痕迹时，应追查来源，消除隐患	排水沟缺铁丝网未完全封闭，现场有小虫
		13.2　食品安全管理制度应与生产规模、工艺技术水平和食品的种类特性相适应，应根据生产实际和实施经验不断完善食品安全管理制度	作业指导书和质量管理文件未及时修订
		14.1.1　应建立记录制度，对食品生产中采购、加工、贮存、检验、销售等环节详细记录。记录内容应完整、真实，确保对产品从原料采购到产品销售的所有环节都可进行有效追溯	抽查2021年11月25日生产记录，原料出库数量为15桶（50kg/桶）共750kg，投料数量为1000kg，出库数量与投料数量不符；抽查冷冻鱼糜（生产日期2021年10月23日）生产记录，原料白糖和磷酸盐的投料记录与实际不符；未能提供原料库内存放的茶名"9375"（生产日期2022年5月12日）和茶名"A5孔"（生产日期2022年2月25日）的半成品加工记录。生产过程中关键控制点的具体控制参数没有记录；没有按规定记录捡梗、包装等生产工序情况，茶叶拼配未记录投料量等

续表

序号	类别	管理控制要求	存在问题举例
4	生产场所及设施设备	6.4.2 应制订和执行虫害控制措施，并定期检查。生产车间及仓库应采取有效措施（如纱帘、纱网、防鼠板、防蝇灯、风幕等），防止鼠类昆虫等侵入。若发现有虫鼠害痕迹时，应追查来源，消除隐患	成品仓库没有设置防鼠设施
		4.2.4.4 窗户如设置窗台，其结构应能避免灰尘积存且易于清洁。可开启的窗户应装有易于清洁的防虫害窗纱	生产车间缺少必要的通风设施，可开启的窗户未安装防虫害侵入的纱网，车间内积尘藏污不洁净
		5.1.5.1 生产场所或生产车间入口处应设置更衣室；必要时特定的作业区入口处可按需要设置更衣室。更衣室应保证工作服与个人服装及其他物品分开放置	车间更衣室缺少必要的更衣设施
		5.1.5.4 应在清洁作业区入口设置洗手、干手和消毒设施；如有需要，应在作业区内适当位置加设洗手和（或）消毒设施；与消毒设施配套的水龙头其开关应为非手动式	个别洗手设施不能正常使用
		5.1.6.1 应具有适宜的自然通风或人工通风措施；必要时应通过自然通风或机械设施有效控制生产环境的温度和湿度。通风设施应避免空气从清洁度要求低的作业区域流向清洁度要求高的作业区域	生产车间缺少必要的通风设施，可开启的窗户未安装防虫害侵入的纱网，车间内积尘藏污不洁净
		5.1.7.1 厂房内应有充足的自然采光或人工照明，光泽和亮度应能满足生产和操作需要；光源应使食品呈现真实的颜色 5.1.7.2 如需在暴露食品和原料的正上方安装照明设施，应使用安全型照明设施或采取防护措施	部分车间照明设施数量不足，暴露食品或原料上方的照明设施缺少防护措施
5	产品检验及留样管理	5.1.8.3 原料、半成品、成品、包装材料等应依据性质的不同分设贮存场所、或分区域码放，并有明确标识，防止交叉污染。必要时仓库应设有温、湿度控制设施	产品留样存放于冷库外通道处且未进行标识
		9.2 自行检验应具备与所检项目适应的检验室和检验能力；由具有相应资质的检验人员按规定的检验方法检验；检验仪器设备应按期检定	抽查香辣红娘鱼（生产日期2022年4月3日）的出厂检验报告，未按其企业标准的规定进行标签出厂检验；抽查红娘鱼（生产日期2022年4月19日）的检验原始记录，未能提供水分、氯化钠的平行样检验记录；未能提供分析天平、干燥箱的检定或校准证书；缺少红茶感官审评杯、碗，分析天平安置不当，且未调节至水平状态，不能保证称量数据的准确性。未及时更新并执行水分、灰分、碎末茶的检验方法标准，未能提供《茶叶感官审评方法》（GB/T 23776—2018）

续表

序号	类别	管理控制要求	存在问题举例
5	产品检验及留样管理	9.3 检验室应有完善的管理制度，妥善保存各项检验的原始记录和检验报告。应建立产品留样制度，及时保留样品	未能提供某品牌休闲250g 3A烤鱼片（生产日期2021年11月12日）的出厂检验报告；未能提供2021年原料检验的原始记录；未能提供产品留样及相关留样记录；某企业出厂检验中手撕鱿鱼片（200g/袋，生产日期2022年3月11日）中水分、盐分及微生物计算原始记录不全，未严格执行企业标准要求
		9.4 应综合考虑产品特性、工艺特点、原料控制情况等因素合理确定检验项目和检验频次以有效验证生产过程中的控制措施。净含量、感官要求及其他容易受生产过程影响而变化的检验项目的检验频次应大于其他检验项目	产品净含量检验的频次小于其他检验项目
		14.1.2 食品原料、食品添加剂和食品包装材料等食品相关产品进货查验记录、食品出厂检验记录应由记录和审核人员复核签名，记录内容应完整。保存期限不得少于2年	抽查香辣红娘鱼（生产日期2022年4月3日）及香辣鳗鱼丝（生产日期2022年4月20日）的检验原始记录，缺少审核员签名
		违反《食品安全法》第五十一条："食品生产企业应当建立食品出厂检验记录制度，查验出厂食品的检验合格证和安全状况，如实记录食品的名称、规格、数量、生产日期或者生产批号、保质期、检验合格证号、销售日期以及购货者名称、地址、联系方式等内容，并保存相关凭证。记录和凭证保存期限应当符合本法第五十条第二款的规定。"	提供的3份2016年度某产品出厂检验报告，未记录产品的生产日期或批次信息
6	贮存及交付控制	5.1.8.2 仓库应以无毒、坚固的材料建成；仓库地面应平整，便于通风换气。仓库的设计应能易于维护和清洁，防止虫害藏匿，并应有防止虫害侵入的装置 5.1.8.3 原料、半成品、成品、包装材料等应依据性质的不同分设贮存场所，或分区域码放，并有明确标识，防止交叉污染。必要时仓库应设有温、湿度控制设施	原辅料、加工副产品（茶梗、茶末等）未按规定分区、分类存放，未与墙壁、地面保持适当距离。部分库房入口防鼠板较低或无防鼠设施
		14.1.1 应建立记录制度，对食品生产中采购、加工、贮存、检验、销售等环节详细记录。记录内容应完整、真实，确保对产品从原料采购到产品销售的所有环节都可进行有效追溯	产品出厂销售没有记录产品的规格、生产日期（或生产批号）、销售日期等基本信息；《成品出入库台账》《产品销售台账》中没有记录产品的规格信息
7	产品追溯及不安全食品召回	11.1 应根据国家有关规定建立产品召回制度	企业食品安全事故处置方案不规范，未建立相关召回程序及报告制度

续表

序号	类别	管理控制要求	存在问题举例
7	产品追溯及不安全食品召回	11.2 当发现生产的食品不符合食品安全标准或存在其他不适于食用的情况时，应当立即停止生产，召回已经上市销售的食品，通知相关生产经营者和消费者，并记录召回和通知情况	海蜇（200g/袋，生产日期2021年7月29日）召回记录资料不全，缺少流通环节召回情况及记录等；优质蟹糊（生产日期2022年1月22日）召回记录资料不全，未记录企业不合格批次召回处置信息
		14.1.1 应建立记录制度，对食品生产中采购、加工、贮存、检验、销售等环节详细记录。记录内容应完整、真实，确保对产品从原料采购到产品销售的所有环节均可进行有效追溯	抽查某品牌300gAA黄泥螺（生产日期2021年10月27日）其相关记录中缺少所用原料的具体批次信息，无法实现有效追溯
		14.1.1.3 应如实记录出厂产品的名称、规格、数量、生产日期、生产批号、购货者名称及联系方式、检验合格单、销售日期等内容	抽查散装海鳗鱼圆（生产日期2021年6月1日）销售记录，2021年9月30日销售15箱产品，缺少购货者联系方式
8	食品安全管理及培训制度	12.2 应通过培训促进各岗位从业人员遵守食品安全相关法律法规标准和执行各项食品安全管理制度的意识和责任，提高相应的知识水平	培训制度文件中缺少食品安全管理人员培训制度
		12.4 当食品安全相关的法律法规标准更新时，应及时开展培训	未能提供GB 5009.3—2016及GB 5009.44—2016的培训记录
		13.2 食品安全管理制度应与生产规模、工艺技术水平和食品的种类特性相适应，应根据生产实际和实施经验不断完善食品安全管理制度	食品安全事故应急预案文件未及时修订，报告部门仍然为"质监部门"

复习巩固

（1）食品企业良好生产规范（GMP）包括哪些内容？

（2）食品加工过程为什么要按照工艺流程进行布局？

（3）食品企业如何对原料进行控制？

单元十一
危害分析与关键控制点（HACCP）

学习目标

危害分析与关键控制点（HACCP）

知识与技能目标

（1）掌握危害分析与关键控制点（HACCP）的基本原理；

（2）掌握危害分析与关键控制点（HACCP）的具体实施步骤；

（3）能制订某食品加工过程的危害分析与关键控制点（HACCP）计划。

思政与素养目标

提高食品生产的安全风险意识。

思维导图

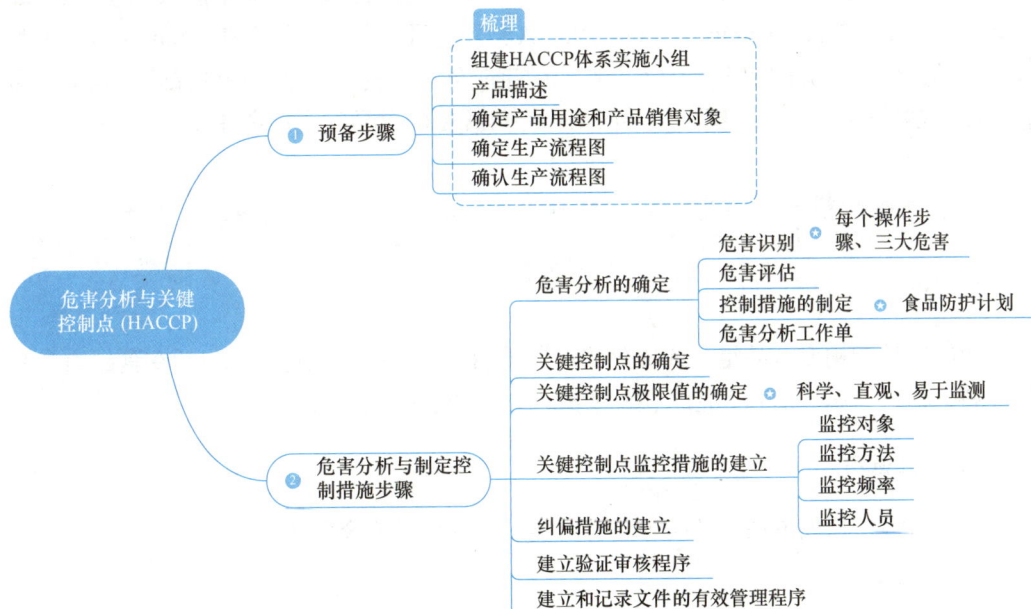

案例导入

为食品生产拴牢"安全锁"，上海市推进HACCP体系100%全覆盖

在HACCP体系推进过程中，部分小微型企业由于管理能力薄弱，自行建立并实施

HACCP体系难度较大。为此，上海市制定发布了《上海市小微型食品生产企业危害分析与关键控制点（HACCP）体系实施指南》，将HACCP的内容、程序等提炼汇总成两个表单，以示例的形式给小微型食品生产企业提供依样画葫芦的简单操作模板，提供指南。在指南的基础上，组织第三方专业机构，以"家庭医生"的点对点模式，实施免费培训、精准指导、精准诊断、精准帮扶等措施，实现上海市的食品生产企业实施危害分析和关键控制点（HACCP）体系达到100%。

（资料来源：https://www.cqn.com.cn/zj/content/2020-06/10/content_8609701.htm，有改动）

必备知识

一、危害分析与关键控制点（HACCP）体系简介

食品生产加工过程（包括原材料采购、加工、包装、储存、装运等）是预防、控制和防范食品安全危害的重要环节。

HACCP是hazard analysis and critical control point的首字母缩写，又称为危害分析与关键控制点。HACCP体系是一种科学、合理、针对食品生产加工过程进行过程控制的预防性体系。这种体系的建立和应用可保证食品安全危害得到有效控制，以防止发生危害公众健康的问题。

HACCP体系是20世纪60年代由皮尔斯伯公司联合美国国家航空航天局（National Aeronautics and Space Administration，NASA）和美国一家军方实验室（Natick地区）共同制定的，体系建立的初衷是为太空作业的宇航员提供食品安全方面的保障。到目前为止，HACCP体系已经成为国际上共同认可和可接受的食品安全保证体系。

二、危害分析与关键控制点（HACCP）体系的术语和定义

1. 原辅料

原辅料是指构成食品组分或成分的一切预期产品、物品或物质，包括在食品内含有的原料、辅料、添加剂和其他来源的所有预期物质。

2. 潜在危害

潜在危害是指如不加以预防，将有可能发生的食品安全危害。

3. 显著危害

显著危害是指如不加以控制，将极可能发生并引起疾病或伤害的潜在危害。"极可能发生"和"引起疾病或伤害"表示危害具有发生的"可能性"和"严重性"。

4．操作限值

操作限值是指为了避免监控指数偏离关键限值而制定的操作指标。

5．食品防护计划

食品防护计划是指为了保护食品供应，免于遭受生物的、化学的、物理的蓄意污染或人为破坏而制定并实施的措施。

三、危害分析与关键控制点（HACCP）体系实施的基本步骤

食品企业应根据以下7个原理的要求制订并组织实施食品的HACCP体系，系统控制显著危害，确保将这些危害防止、消除或降低到可接受水平，以保证食品安全。

（1）进行危害分析和制订控制措施。

（2）确定关键控制点。

（3）确定关键限值。

（4）建立关键控制点的监控系统。

（5）建立纠偏措施。

（6）建立验证程序。

（7）建立文件和记录保持系统。

根据HACCP体系的7个原理，食品企业制订HACCP体系和在具体操作实施时，一般要通过12个步骤才能实现，其中5个步骤为预备步骤，7个步骤为危害分析与制订控制措施步骤，如图11-1所示。

任何影响HACCP体系有效性因素的变化，如产品配方、工艺、加工条件的改变等都可能影响HACCP体系的改变，要对HACCP体系进行确认、验证，必要时进行更新。

（一）预备步骤

1．组建HACCP体系实施小组

企业应组建一支专业素质好、技术水平高的HACCP体系实施小组，HACCP体系小组人员的能力应满足本企业食品生产专业技术要求，并由不同部门的人员组成，应包括卫生质量控制、产品研发、生产工艺技术、设备设施管理、原辅料

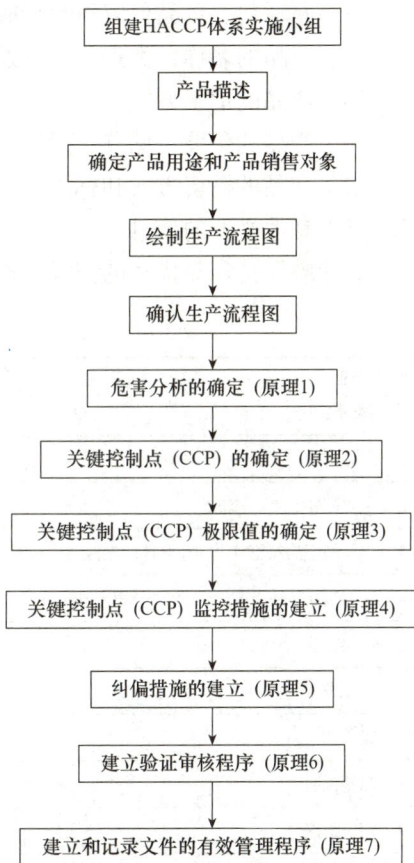

组建HACCP体系实施小组
↓
产品描述
↓
确定产品用途和产品销售对象
↓
绘制生产流程图
↓
确认生产流程图
↓
危害分析的确定（原理1）
↓
关键控制点（CCP）的确定（原理2）
↓
关键控制点（CCP）极限值的确定（原理3）
↓
关键控制点（CCP）监控措施的建立（原理4）
↓
纠偏措施的建立（原理5）
↓
建立验证审核程序（原理6）
↓
建立和记录文件的有效管理程序（原理7）

图11-1　HACCP体系实施的基本步骤

采购、销售、仓储及运输部门的人员，必要时，可请外部专家参与。

小组成员应具有与企业的产品、过程、所涉及危害相关的专业技术知识和经验，并经过适当培训。最高管理者应指定一名HACCP体系小组组长，并应赋予以下方面的职责和权限。

（1）确保HACCP体系所需的过程得到建立、实施和保持。

（2）向最高管理者报告HACCP体系的有效性、适宜性及任何更新或改进的需求。

（3）领导和组织HACCP体系小组的工作，并通过教育、培训、实践等方式确保HACCP体系小组成员在专业知识、技能和经验方面得到持续提高。企业应保持HACCP体系小组成员的学历、经历、培训、批准及活动的记录。

2．产品描述

HACCP体系小组应针对产品，识别并确定进行危害分析所需的下列适用信息。

（1）原辅料，食品包装材料的名称，类别，成分及其生物特性、化学特性和物理特性。

（2）原辅料、食品包装材料的来源，以及生产包装、储藏、运输和交付方式。

（3）原辅料、食品包装材料接收要求、接收方式和使用方式。

（4）产品的名称，类别，成分及其生物特性、化学特性和物理特性。

（5）产品的加工方式。

（6）产品的包装、储藏、运输和交付方式。

（7）产品的销售方式和标志。

（8）其他必要的信息。

企业应保持产品描述的记录，产品描述如表11-1所示。

表11-1　产品描述

加工类别： 产品类型：	
1. 产品名称	
2. 主要配料	
3. 重要的产品特性（A_w值、pH、防腐剂……）	
4. 计划用途（主要消费对象、分销方法等）	
5. 食用方法	
6. 包装类型	
7. 保质期	
8. 标签说明	
9. 销售地点	
10. 特殊运输要求	

3．确定产品用途和产品销售对象

HACCP体系小组应在产品描述的基础上，识别并确定进行危害分析所需的下列适用信息。

（1）顾客对产品消费或使用的期望。

（2）产品的预期用途和储藏条件，以及保质期。

（3）产品预期的食用或使用方式。

（4）产品预期的顾客对象。

（5）直接消费产品对易受伤害群体的适用性。

（6）产品非预期（但极可能出现）的食用或使用方式。

（7）其他必要的信息。

企业应保持产品预期用途的记录。

4．确定生产流程图

HACCP体系小组应在企业产品生产的范围内，根据产品的操作要求确定产品的工艺流程图，此图应包括以下内容。

（1）每个步骤及其相应的操作。

（2）步骤之间的顺序和相互关系。

（3）返工点和循环点（适宜时）。

（4）外部的过程和外包的内容。

（5）原料、辅料和中间产品的投入点。

（6）废弃物的排放点。

流程图的制作应完整、准确、清晰，每个加工步骤的操作要求和工艺参数应在工艺描述中列出。适用时，企业应提供工厂位置图、厂区平面图、车间平面图、人流物流图、供排水网络图和防虫害分布图等。

5．确认生产流程图

企业应安排熟悉操作工艺的HACCP体系小组人员对所有操作步骤在操作状态下进行现场核查，确认并证实与所制作流程图是否一致，并在必要时进行修改。企业应采用经确认的流程图。

（二）危害分析与制订控制措施步骤

1．危害分析的确定（原理1）

1）危害识别

HACCP体系小组根据食品风险程度，在加工步骤中分析生物、化学、物理危害时，应考虑以下方面的因素。

（1）产品、操作和环境。

（2）消费者或顾客和法律法规对产品及原辅料、食品包装材料的安全卫生要求。

（3）产品食用、使用安全的监控和评价结果。

（4）不安全产品处置、纠偏、召回和应急预案的状况。

（5）历史上和当前的流行病学、动植物疫情或疾病统计数据和食品安全事故案例。

（6）科技文献，包括相关类别产品的危害控制指南。

（7）危害识别范围内的其他步骤对产品产生的影响。

（8）人为的破坏和蓄意污染等情况。

（9）经验。

在从原料生产直到最终消费的范围内，针对需考虑的所有危害，识别其在每个操作步骤中根据预期被引入、产生或增长的所有潜在危害及其原因。当影响危害识别结果的任何因素发生变化时，HACCP体系小组应重新进行危害识别。企业应保存危害识别依据和结果的记录。

2）危害评估

HACCP体系小组应针对识别的潜在危害，评估其发生的严重性和可能性，如果这种潜在的危害在该步骤极可能发生且后果严重，则应确定为显著危害。企业应保存危害评估依据和结果的记录。

3）控制措施的制订

HACCP体系小组应针对每种显著危害，制订相应的控制措施，并提供证实其有效性的证据。企业应明确显著危害与控制措施之间的对应关系，并考虑一项控制措施控制多种显著危害或多项控制措施控制一种显著危害的情况。

针对人为的破坏或蓄意污染等造成的显著危害，应建立食品防护计划作为控制措施。当这些措施涉及操作的改变时，应做出相应的变更，并修改流程图。在现有技术条件下，某种显著危害不能制订有效控制措施时，企业应策划和实施必要的技术改造，必要时，应变更加工工艺、产品（包括原辅料）或预期用途直至建立有效的控制措施。

企业应对所制订的控制措施予以确认。当控制措施有效性受到影响时，应评价、更新或改进控制措施，并再确认。企业应保存控制措施的制订依据和控制措施文件。

4）危害分析工作单

HACCP体系小组应根据工艺流程、危害识别、危害评估、控制措施等结果提供形成文件的危害分析工作单，包括加工步骤、考虑的潜在危害、显著危害判断的依据、控制措施，并明确各因素之间的相互关系。

在危害分析工作单中，应描述控制措施与相应显著危害的关系，为确定关键控制点提供依据。HACCP体系小组应在危害分析结果受到任何因素影响时，对危害分析工作单做出必要的更新或修订。企业应保存形成文件的危害分析工作单。危害分析工作单如表11-2所示。

表11-2　危害分析工作单

工厂名称：_____			产品名称：_____		
工厂地址：_____			储存和销售方法：_____		
签名：_____			预期用途和用户：_____		
日期：_____					
（1）配料/加工步骤	（2）确定本步骤引入的，受控的或增加的潜在危害	（3）潜在的食品安全危害是显著的吗？（是/否）	（4）对第三栏的判断提出依据	（5）应用什么预防措施来防止显著危害？	（6）这步骤是关键控制点吗？（是/否）

2．关键控制点（CCP）的确定（原理2）

HACCP体系小组应根据危害分析所提供的显著危害与控制措施之间的关系，识别针对每种显著危害控制的适当步骤，以确定CCP，确保所有显著危害得到有效控制。

企业应使用适宜方法来确定CCP，如关键控制点判断树（图11-2）法等。但在使用CCP判断树时，应考虑以下因素。

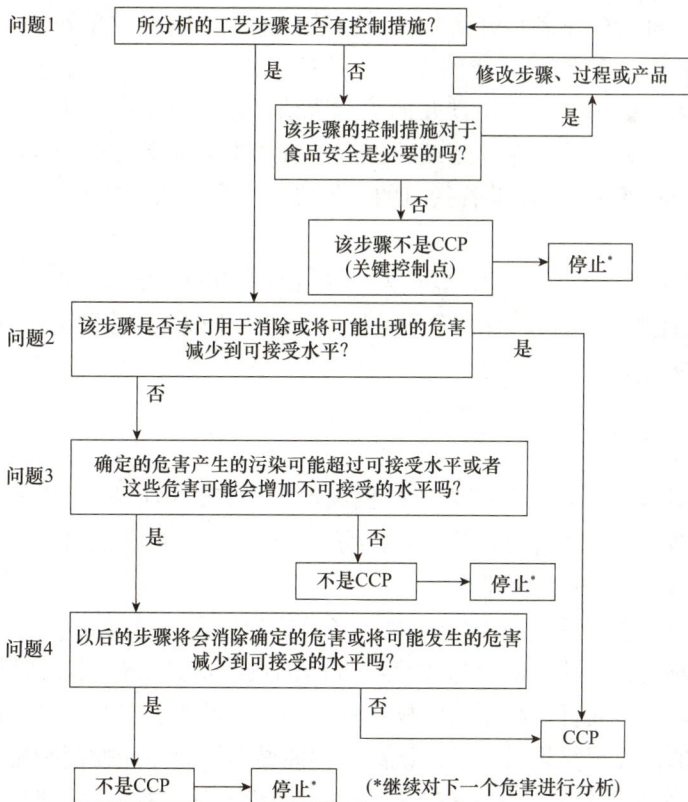

图11-2　关键控制点判断树

（1）判断树仅是有助于确定CCP的工具，而不能代替专业知识。

（2）判断树在危害分析后和显著危害被确定的步骤使用。

（3）随后的加工步骤对控制危害可能更有效，可能是更应该选择的CCP。

（4）加工中一个以上的步骤可以控制一种危害。

当显著危害或控制措施发生变化时，HACCP体系小组应重新进行危害分析，判定CCP。企业应保存CCP确定的依据和文件。例如，分析出以标准作业程序（SOP）进行控制可以等同于CCP控制的情况，要保存SOP确定的依据、参数和文件。

3. 关键控制点（CCP）极限值的确定（原理3）

HACCP体系小组应为每个CCP建立关键限值。一个CCP可以有一个或一个以上的关键限值。关键限值的设立应科学、直观、易于监测，确保产品的安全危害得到有效控制，而不超过可接受水平。基于感知的关键限值，应由经评估且能够胜任的人员进行监控、判定。为了防止或减少偏离关键限值，HACCP体系小组宜建立CCP的操作限值。企业应保存关键限值确定依据和结果的记录。关键限值可以是时间、速率、温度、湿度、含水量、水分活度、pH、含盐量等。

4. 关键控制点（CCP）监控措施的建立（原理4）

企业应针对每个CCP制订并实施有效的监控措施，保证CCP处于受控状态。监控措施包括监控对象、监控方法、监控频率、监控人员。

监控对象应包括每个CCP所涉及的关键限值；监控方法应准确、及时。监控频率一般应实施连续监控，若采用非连续监控时，其频次应能保证CCP受控的需要。监控人员应接受适当的培训，理解监控的目的和重要性，熟悉监控操作并及时准确地记录和报告监控结果。

当监控表明偏离操作限值时，监控人员应及时采取纠偏措施，以防止关键限值的偏离。当监控表明偏离关键限值时，监控人员应立即停止该操作步骤的运行，并及时采取纠偏措施。企业应保存监控记录。

5. 纠偏措施的建立（原理5）

企业应针对CCP的每个关键限值的偏离预先制订纠偏措施，以便在偏离时实施。纠偏措施应包括实施纠偏措施和负责受影响产品放行的人员，偏离原因的识别和消除，受影响产品的隔离、评估和处理。

纠偏人员应熟悉产品、HACCP体系，经过适当培训并经授权。在评估受影响产品时，可进行生物特性、化学特性或物理特性的测量或检验，若核查结果表明危害处于可接受指标之内，可放行产品至后续操作；否则，应返工、降级、改变用途、废弃等。当某个关键限值的监视结果反复发生偏离或偏离原因涉及相应控制措施的控制能力时，HACCP体系小组应重新评估相关控制措施的有效性和适宜性，必要时对其予以改进并更新。企业应保存纠偏记录。纠偏记录表如表11-3所示。

表11-3　纠偏记录表

产品名称：＿＿＿＿＿						
关键点：		日期：			批次：	
纠偏项目：		关键限值：			实际值：	
操作人员			检查人员			
过程描述						
纠偏措施						
部门		人员			时间	
验证结果						
部门		人员			时间	

6．建立验证审核程序（原理6）

企业应建立并实施对HACCP体系的确认和验证程序，以证实HACCP体系的完整性、适宜性、有效性。确认应在HACCP体系实施前或变更后。确认程序应包括对HACCP体系所有要素有效性的证实。

验证程序应包括：验证的依据和方法、验证的频次、验证的人员、验证的内容、验证结果及采取的措施、验证记录等。验证的结果需要输入管理评审中，以确保这些重要数据资源能被适当考虑并对整个HACCP体系持续改进起作用。当验证结果不符合要求时，应采取纠正措施并进行再验证。监控设备校准记录的审核，必要时，应通过有资格的检验机构，对所需的控制设备和方法进行技术验证，并提供形成文件的技术验证报告。

7．建立和记录文件的有效管理程序（原理7）

企业应保存HACCP体系制订、运行、验证等记录。HACCP体系记录的控制应与体系记录的控制一致。

HACCP体系记录应包括的相关信息有以下几种。

（1）产品描述记录：企业名称和地址、加工类别、产品类型、产品名称、产品配料、产品特性预期用途和顾客对象食用（使用）方法、包装类型、储存条件和保质期、标签说明、销售和运输要求等。

（2）监控记录：企业名称和地址、产品名称、加工日期、操作步骤、CCP、显著危害、关键限值（操作限值）、控制措施、监控方法、监控频率、实际测量或观察结果、监控人员签名和监控日期、监控记录审核签名和日期等。

（3）纠偏记录：企业名称和地址、产品名称、加工日期、偏离的描述和原因、采取的纠偏措施及结果、受影响产品的批次和隔离位置、受影响产品的评估方法和结果、受影响产品的最终处置、纠偏人员签名和纠偏日期、纠偏记录审核签名和日期等。

（4）验证记录：HACCP体系修改记录，半成品、成品定期检测记录，CCP监控审核记录，CCP纠偏审核记录和CCP现场验证记录等。

HACCP体系记录表如表11-4所示。

表11-4　HACCP体系记录表

产品运输方式：_____　　　　　预期用途：_____
销售方式：_____　　　　　　商品名称：_____

1 CCP	2 危害	3 关键限值	4 监控 对象	5 方法	6 频率	7 人员	8 纠偏行动	9 记录	10 验证

🔍 **拓展资源**

超高温灭菌乳生产企业的危害分析及HACCP体系

1. 危害分析

危害分析即对所有与产品或过程有关的，原料接收、加工、储存、运输、销售直至消费者使用以前，每一环节可能存在的生物性、化学性、物理性危害进行全面分析，包括已经建立、缺乏和即将建立控制措施的危害。在此基础上，确认加工过程中可能存在的危害，确定可以控制危害的措施，并形成文件。以超高温灭菌乳为例，列出危害分析结果，确定关键控制点，并针对每一种危害提出了预防和控制措施（表11-5和表11-6）。

表11-5　超高温灭菌乳原料和包装材料危害分析表

加工步骤	食品安全危害	危害显著（是/否）	判断依据	预防措施	关键控制点（是/否）
接收原料乳	生物性：病原菌、致病菌	是	1. 牛乳本身含微生物； 2. 挤奶、储存、运输过程微生物污染并繁殖；	1. 选择合格供应商现场考察奶牛场的育种、饲养、喂养，免疫等整个生产操作过程均符合规范、法规要求； 2. 挤奶过程符合卫生要求，牛乳储运设施、温度、时间符合要求；	是

续表

加工步骤	食品安全危害	危害显著（是/否）	判断依据	预防措施	关键控制点（是/否）
接收原料乳	生物性：病原菌、致病菌	是	3. 病牛挤奶导致乳中含致病菌	3. 验收原料检验合格证； 4. 每车原料乳经检测合格接收、检验后迅速冷却至4℃以下； 5. 后工序杀菌工艺杀灭病原菌	
	化学性：抗生素、农药、硝酸盐、亚硝酸盐、重金属残留、蛋白质变性	是	1. 奶牛摄入不合适的饲料及水或用药后处在药物作用周期，使乳中残留污染物； 2. 微生物产生的某些代谢物对牛乳成分起化学作用造成蛋白质变性	1. 选择合格的、固定的供应商； 2. 索取原料乳的检验合格证； 3. 抽样检验新鲜度、抗生素、酸度、杂质度等指标	是
	物理性：异物、杂草、牛毛、乳块、昆虫、灰尘等污染	是	挤奶后处理不当混入异物	1. 挤奶过程按标准操作，车间有防蝇防虫措施； 2. 净乳机过滤	否
接收包装材料	生物性：细菌	是	生产管理、运输、储存不当	1. 后工序包材灭菌工艺杀灭致病菌； 2. 选择质量稳定的供应商； 3. 索取每批包材的检验合格证并检验	否
	化学性：异味	是	生产管理不当造成污染物残留	1. 选择产品质量稳定的包装材料生产厂； 2. 索取检验合格证并检验	否
	物理性：膜的薄厚、避光性、印刷图案清晰度不符合要求	是	不合格的包装材料	1. 检验； 2. 后工序车间操作工及时反馈膜的质量稳定性	否

表 11-6　超高温灭菌乳生产过程危害分析表

加工步骤	食品安全危害	危害显著（是/否）	判断依据	预防措施	关键控制点（是/否）
储奶罐、配料缸、管道及前处理系统CIP清洗	生物性：细菌	是	不适当的清洗造成设备、管道中细菌残留	1. 清洗用水应符合生活饮用水的规定； 2. 通过既定CIP程序清洗消毒，控制碱液及酸液浓度、温度、压力、清洗时间； 3. 控制清水清洗时间、pH值	是
	化学性：清洗剂	是	不适当的清洗造成设备、管道中清洗剂的残留	1. 通过既定CIP程序清洗消毒，控制碱液及酸液浓度、温度、压力、清洗时间； 2. 控制清水清洗时间、pH值	是
	物理性：无	否	—	—	否

续表

加工步骤	食品安全危害	危害显著（是/否）	判断依据	预防措施	关键控制点（是/否）
净乳	生物性：细菌	是	不适当的清洗造成设备、管道中的细菌残留	通过既定CIP程序清洗消毒	否
	化学性：清洗剂等	是	不适当的清洗造成设备、管道中清洗剂的残留	通过既定CIP程序清洗消毒	否
	物理性：杂草、乳块、泥土等	是	不适当的工艺造成机械杂质残留	1. 过滤器过滤；离心机定时排渣；2. 抽样检验净乳效果，杂质度≤2mg/kg	否
冷却	生物性：细菌	是	1. 不适当的冷却温度、时间导致细菌繁殖；2. 不适当的清洗造成设备管道中的细菌残留	1. 控制冷却过程的时间和冷却后乳的温度；2. 通过既定CIP程序清洗消毒；3. 后工序杀菌工艺杀灭致病菌，使病原菌得到有效控制	否
	化学性：清洗剂等	是	不适当的清洗造成设备、管道中清洗剂的残留	通过既定CIP程序清洗消毒	否
	物理性：无	否	—	—	
储存	生物性：细菌增殖、产毒	是	1. 不适当的储存时间、温度造成细菌的增殖、产毒、产酶和排泄物的污染；2. 嗜冷菌繁殖导致细菌总数增加；3. 不适当的清洗造成设备、管道中细菌残留	1. 控制冷藏储存的时间、奶的温度及温度变化在标准范围内；2. 通过既定CIP程序清洗消毒；3. 后工序杀菌工艺杀灭致病菌，使病原菌得到有效控制	否
	化学性：清洗剂	是	不适当的清洗造成设备、管道中清洗剂的残留	通过既定CIP程序清洗消毒	否
	物理性：环境污染物	是	储存容器密封不合适带来环境污染物	封闭容器	否
标准化	生物性：细菌	是	1. 不适当的清洗造成设备管道中细菌残留；2. 标准化时添加物的污染；3. 配料时不规范操作造成污染	1. 通过既定CIP程序清洗消毒；2. 控制配料时水的温度和配料过程的时间；3. 后工序杀菌工艺杀灭致病菌	否
	化学性：清洗剂	是	不适当的清洗造成设备、管道中清洗剂残留	通过既定CIP程序清洗消毒	否
	物理性：杂物、质量不达标	是	1. 添加物中带入、混入杂物（如纸屑、纤维等）；2. 环境中带入杂质；3. 配料不准确	1. 根据检测结果调整鲜乳质量达标准要求；2. 按工艺要求将原料乳与辅料混合	否

续表

加工步骤	食品安全危害	危害显著（是/否）	判断依据	预防措施	关键控制点（是/否）
脱气	生物性：细菌	是	不适当的清洗造成设备、管道中的细菌残留	通过既定CIP程序清洗消毒	否
	化学性：清洗剂等	是	不适当的清洗造成设备、管道中清洗剂的残留	通过既定CIP程序清洗消毒	否
	物理性：空气	是	奶中空气含量超标	保证空气含量达到标准要求	否
巴氏消毒	生物性：细菌污染	是	1. 杀菌温度、时间不符合工艺标准造成细菌残留； 2. 不适当的清洗造成设备、管道中细菌残留	1. 严格执行标准工艺； 2. 通过既定CIP程序清洗消毒； 3. 后工序杀菌工艺杀灭致病菌	否
	化学性：清洗剂	是	不适当清洗造成清洗剂残留	1. 通过既定CIP程序清洗消毒； 2. 设备的定期维修保养	否
	物理性：无	—			—
冷却	生物性：细菌	是	不适当的清洗造成设备、管道中的细菌残留	通过既定CIP程序清洗消毒	否
	化学性：清洗剂	是	不适当的清洗造成设备、管道中清洗剂的残留	通过既定CIP程序清洗消毒	否
	物理性：无	否	—	—	—
中储	生物性：细菌增殖、产毒	是	1. 不适当的储存时间、温度造成细菌的增殖、产毒、产酶和排泄物的污染； 2. 不适当的清洗造成设备管道中细菌残留	1. 控制冷藏储存的时间，乳的温度及温度变化在标准范围内； 2. 通过既定CIP程序清洗消毒； 3. 后工序杀菌工艺杀灭致病菌	否
	化学性：清洗剂	是	不适当的清洗造成设备、管通中清洗剂的残留	通过既定CIP程序清洗消毒	否
	物理性：环境污染物	是	储存容器密封不适带来环境污染物	封闭容器	否
脱气	生物性：细菌	是	不适当的清洗造成设备、管道中细菌残留	通过既定CIP程序清洗消毒	否
	化学性：清洗剂等	是	不适当的清洗造成设备、管道中清洗剂的残留	通过既定CIP程序清洗消毒	否
	物理性：空气	是	乳中空气含量超标	保证空气含量达到标准要求	否

续表

加工步骤	食品安全危害	危害显著（是/否）	判断依据	预防措施	关键控制点（是/否）
均质	生物性：细菌	是	不适当的清洗造成细菌的残留	通过既定CIP程序清洗消毒	否
	化学性：清洗剂	是	不适当的清洗造成清洗剂的残留	通过既定CIP程序清洗消毒	否
	物理性：机油、脂肪球上浮	是	1. 均质机泄漏造成机油混入乳中； 2. 均质压力不稳定，压力过小，均质完全不完全，发生"浮油"影响质量	1. 设备定期维修保养； 2. 均质压力符合工艺要求	否
超高温瞬时灭菌及灌装系统CIP清洗	生物性：细菌	是	不适当的清洗造成设备管道中细菌残留	1. 通过既定CIP程序清洗消毒，控制碱液及酸液浓度、温度、压力、清洗时间； 2. 控制清水清洗时间	是
	化学性：清洗剂	是	不适当的清洗造成设备、管道中清洗剂的残留	1. 通过既定程序清洗消毒，控制碱液及酸液浓度、温度、压力、清洗时间； 2. 控制清水清洗时间、pH	是
	物理性：无	否	—		
UHT灭菌	生物性：细菌污染	是	杀菌温度、时间不符合工艺要求使细菌存活并繁殖或导致牛乳褐变	严格执行杀菌工艺要求	是
	化学性：清洗剂	是	不适当清洗造成清洗剂残留	通过既定CIP程序清洗消毒	否
	物理性：无	否	—		
冷却	生物性：细菌	是	不适当的清洗造成设备、管道中的细菌残留	通过既定CIP程序清洗消毒	否
	化学性：清洗剂	是	不适当的清洗造成设备、管道中清洗剂的残留	通过既定CIP程序清洗消毒	否
	物理性：无	否	—		
包材灭菌	生物性：细菌	是	1. 外来细菌污染； 2. 不适当的包材灭菌程序造成包材内表面细菌残留	控制双氧水的浓度、温度、用量、接触时间	是
	化学性：双氧水	是	不适当的包材灭菌程序造成包材内表面消毒剂残留	控制双氧水用量	是
	物理性：无	否	—		否

续表

加工步骤	食品安全危害	危害显著（是/否）	判断依据	预防措施	关键控制点（是/否）
无菌灌装	生物性：细菌	是	1. 不适当清洗造成设备、管道中细菌残留； 2. 灌装真空度不符合要求，易使微生物入侵	1. 通过既定CIP程序清洗消毒； 2. 监控真空度符合标准	是
	化学性：清洗剂	是	不适当清洗造成设备、管道中清洗剂残留	通过既定CIP程序清洗消毒	是
	物理性：无	否	—	—	否
封合成型	生物性：细菌	是	牛乳袋封口不严格造成细菌二次污染	监控产品的密封性	是
	化学性：无	否	—	—	否
	物理性：无	否	—	—	否
装箱入库	生物性：细菌	是	病原菌在适宜条件下繁殖	适宜的储存时间	否
	化学性：无	否	—	—	否
	物理性：无	否	—	—	否
合格出厂	生物性：无	否	—	—	否
	化学性：无	否	—	—	否
	物理性：无	否	—	—	否
运输和销售	生物性：细菌	是	病原菌在适宜条件下繁殖	适宜的储存时间	否
	化学性：无	否	—	—	否
	物理性：无	否	—	—	否

2. HACCP体系的建立

以超高温瞬时灭菌乳为例，通过对乳制品的原料和加工过程的危害分析，确定超高温瞬时灭菌乳关键控制点为：接收原料奶（生物性和化学性危害）、CIP清洗系统（储奶罐、配料缸、管道等前处理系统及超高温瞬时灭菌及灌装系统，生物性和化学性危害）、超高温瞬时灭菌（生物性危害）、包材灭菌（生物性和化学性危害）、无菌灌装（生物性和化学性危害）、封合成型（生物性危害）。列出HACCP体系，确定关键限值的监控程序、纠偏措施、验证程序和记录（见表11-7）。

表 11-7 HACCP 体系

关键控制点（CCP）	显著危害	关键限值	监控					纠偏措施	记录	验证
			对象	内容	方法	频率	人员			
原料验收	生物性 化学性	微生物指标符合标准，抗生素反应阴性，重金属残药、亚硝酸盐、硝酸盐残留、乙醇试验等符合国家标准，掺伪试验达到标准	牛乳	微生物、抗生素、重金属、农药残留、硝酸盐、亚硝酸盐残留、碱度、酸度、掺伪、口味等	微生物检验，感官检验、化学试验，索证	每批	检验员	根据偏离情况处理：①退货；②另作他用	供应商提供的相关验证明，原料验收记录、检验记录、纠偏记录	质量管理部门定期审查供应商提供的相关证明，原料审查原料乳，定期审查接收检验记录，对纠偏处理结果检查
储奶罐、配料缸、管道及加工处理系统 CIP 清洗	生物性 化学性	清水清洗、碱液清洗（2%～2.5%，90℃以上，10min）；清水清洗，酸液清洗（1.5%～2%，90℃以上，10min）；清水清洗，水流量	接触乳的生产设备及管道	清洗时间、酸碱液浓度、温度、流量、压力	电导率测定记录，时间记录，温度记录，pH	每次	操作工	重新清洗	清洗记录，仪器校正记录	检测清洗液微生物指标、检测清洗液 pH、抽样检测产品微生物指标
超高温瞬时灭菌及灌装系统 CIP 清洗	生物性 化学性	清水清洗、碱液清洗（2%～2.5%，90℃以上，10min）；清水清洗，酸液清洗（1.5%～2%，90℃以上，10min）；清水清洗，水流量	接触乳的生产设备及管道	清洗时间、酸碱液浓度、温度、流量、压力	电导率测定记录，时间记录，温度记录，pH	每次	操作工	重新清洗	清洗记录，仪器校正记录	检测清洗液微生物指标、检测清洗液 pH、抽样检测产品微生物指标
UHT 灭菌	生物性	灭菌温度：140℃±2℃，灭菌时间：2s	牛乳	时间，温度	观察温度、流量记录	连续	操作工	根据偏离情况处理：①重新加工；②报废；③另作他用	灭菌记录，纠偏记录	抽样检测产品微生物指标，质量部定期审查灭菌记录
包材灭菌	生物性 化学性	双氧水浓度、温度及用量符合要求	双氧水	双氧水浓度、温度、用量、包材走速	观察双氧水温度记录、用量记录、包材情况、走速	连续	操作工	根据偏离情况处理：①重新杀菌；②报废；③调整设备到最佳状态	双氧水使用记录、纠偏记录	质量部定期检查使用记录

续表

关键控制点（CCP）	显著危害	关键限值	监控					纠偏措施	记录	验证
			对象	内容	方法	频率	人员			
无菌灌装	生物性化学性	双氧水喷雾量、喷雾时间、喷射温度符合工艺要求，包装机灭菌温度、时间符合工艺要求	双氧水热空气	双氧水液位、喷雾时间、喷射温度、灭菌温度、时间	观察双氧水液位差、喷雾时间，温度记录观察灭菌温度、时间	每次连续	操作工	根据偏离情况处理：①重新杀菌；②报废；③调整设备到最佳状态	双氧水使用记录灭菌记录纠偏记录	质量部定期检查使用记录
封合成型	生物性	封口严密	包装产品	包装产品封口严密性	撕拉试验	开机检查，然后每10min抽取2个检查	操作工	根据偏离情况处理：①重新杀菌；②报废；③调整设备到最佳状态	检验记录纠偏记录	质量部定期抽测

复习巩固

（1）HACCP体系包括哪几个基本原理？

（2）实施HACCP体系应遵循什么步骤？

单元十二 ISO 22000食品安全管理体系

学习目标

ISO 22000食品安全管理体系

知识与技能目标

（1）熟悉ISO 22000食品安全管理体系的适用范围；

（2）掌握ISO 22000食品安全管理体系的内容和要求；

（3）能依据ISO 22000标准查找企业案例存在的问题并提出改进方案。

思政与素养目标

提高食品安全管理意识。

思维导图

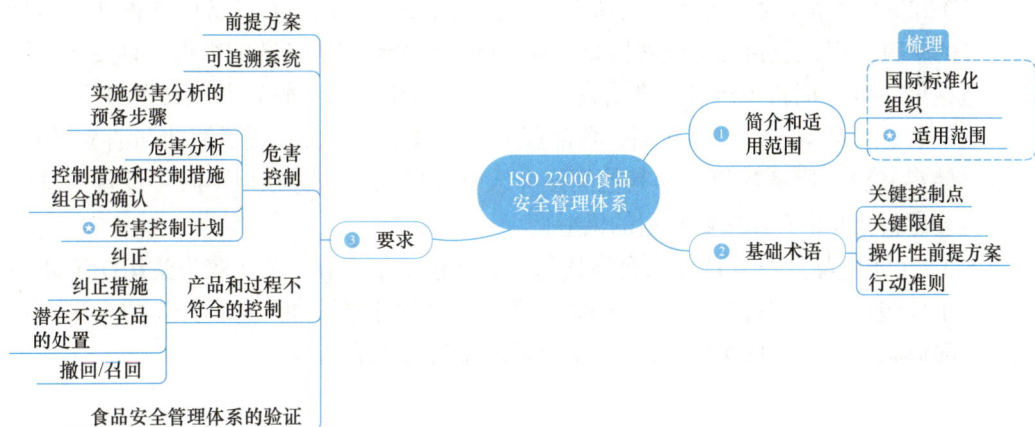

案例导入

郑州思念食品有限公司的食品安全管理创新

郑州思念食品有限公司（以下简称思念食品）始终坚持农田到餐桌，贯穿全过程的质量管控，做到两级末端延伸管理，从源头到终端守护食品安全。思念食品拥有国家

CNAS（China National Accreditation Service for Conformity Assessment，中国合格评定国家认可委员会）认可检测实验室、国家级企业技术中心和省级工程技术中心，通过ISO 9001国际质量管理体系认证、ISO 22000食品安全管理体系、HACCP体系认证。2019年，思念食品全品项通过BRC（British Retail Consortium，英国零售食品商协会）认证，获得A级证书，是业内首家将全线产品纳入食品安全全球认证标准体系的企业，由此获得产品进入全球主流食品市场的通行证。

（资料来源：https://www.synear.cn/index.php?m=content&c=index&a=lists&catid-23，有改动）

必备知识

一、ISO 22000食品安全管理体系简介

ISO 22000食品安全管理体系是国际标准化组织（ISO）为保证全球食品安全所制定的国际标准，它建立在GMP、SSOP、HACCP的基础上，提出对整个食品链进行全程监管的要求。《食品安全管理体系——食品链中各类组织的要求》（ISO 22000：2018）可以指导食品链中的各类组织，按照最基本的管理要素要求建立以HACCP体系为原理的食品安全管理体系。

二、ISO 22000食品安全管理体系的适用范围

ISO 22000食品安全管理体系的所有要求是通用的，适用于食品链中各种规模和复杂程度的所有组织，包括直接或间接介入食品链中一个或多个环节的组织。直接介入的组织包括但不限于饲料生产者、动物食品生产者、野生动植物收获者、农作物种植者、辅料生产者、食品生产者、零售商、食品服务方、餐饮服务方、提供清洁和消毒服务、运输、储存和分销服务的组织。其他间接介入食品链的组织包括但不限于设备、清洁剂、包装材料及其他食品接触材料的供应商。

ISO 22000食品安全管理体系允许任何组织，包括小型和（或）欠发达组织（如小农场、小分包商、小零售或食品服务商），在食品管理体系中加入外部开发的元素。通过内外部资源确保满足ISO 22000食品安全管理体系的要求。

三、ISO 22000食品安全管理体系的基础术语

1．食品安全

食品安全是指食品在按照其预期用途制备和（或）食用时，不会对消费者造成不良健康影响的保障。

注：（1）食品安全与终产品中食品安全危害的发生有关，不包括与营养不良有关的其他健康因素。

（2）不要与食品（食品安全）的可获得性和获取情况相混淆。

（3）食品安全也包括饲料和动物食品。

2．食品安全危害

食品安全危害是指食品中对健康有潜在不良影响的生物、化学或物理因素。

注：（1）"危害"一词不应与"风险"一词混淆。对于食品安全而言，风险指的是发生不良健康影响（如患病）的可能性，和暴露于特定危害时该影响的严重程度（死亡、住院等）。

（2）食品安全危害包括过敏原和放射性物质。

3．食品链

食品链是指从初级生产直至消费的各环节，涉及食品及其辅料的生产、加工、分销、储存和处理。

注：（1）食品链包括饲料和动物食品生产。

（2）食品链还包括与食品或原材料接触的材料的生产。

（3）食品链还包括服务提供商。

4．关键控制点

关键控制点是指过程中的一个步骤，可采取控制措施进行预防或者将显著食品安全危害降低到可接受水平，设定关键限值，并可通过测量确保纠正的实施。

5．关键限值

关键限值是指区分可接受和不可接受的判定值。

注：关键限值的设定用于确定CCP是否持续受控。如果超过或不符合关键限值，受影响的产品应作为潜在不安全产品处理。

6．前提方案（prerequisite program，PRP）

前提方案（PRP）是指保证组织内和整个食品链食品安全所必需的基本条件和活动。

注：所需的前提方案取决于组织运营所处的食品链环节和组织的类型。对应的例子有：良好农业规范（good agricultural practice，GAP）、良好兽医规范（good veterian practice，GVP）、良好制造规范（good manufacturing practice，GMP）、良好卫生规范（good hygiene practice，GHP）、良好生产规范（good pharmacy practice，GPP）、良好分销规范（good distribution practice，GDP）和良好交易规范（good trader practice，GTP）。

7．操作性前提方案（operational prerequisite program，OPRPs）

操作性前提方案（OPRPs）是指用于预防食品中显著危害或者将其降低至可接受水平的控制措施或控制措施组合，其行动准则和监视或观测可确保有效控制过程和（或）

产品。

8．行动准则

行动准则是指监视操作性前提方案的可测量或可观测的规范。

注：制定行动准则，以确定操作性前提方案是否在控制范围内，区分可接受（符合或达到标准指操作性前提方案按预期运行）和不可接受（不符合或未达到标准指操作性前提方案未按预期运行）。

9．外包

外包是指安排由外部组织履行组织的部分职能或过程。

注：外部组织不在食品安全管理体系范围内，尽管外包职能或过程在该范围内。

10．追溯

追溯是指追踪某一事物在指定的生产、加工和分销环节的历史、应用、运动和位置的能力。

注：（1）运动与材料的来源、食品的加工历史或分销有关。

（2）物体可以是产品、材料、装置、设备和服务等。

11．纠正

纠正是指为消除已发现的不合格所采取的措施。

注：（1）纠正与潜在不安全产品的处理有关，所以可以连同纠正措施一起实施。

（2）纠正可以是重新加工、进一步加工和（或）消除不合格的不良影响（如改做其他用途或贴上特定标签）。

12．纠正措施

纠正措施是指为消除不合格的原因，防止再次出现所采取的措施。

注：（1）一个不合格可能有若干个原因。

（2）纠正措施包括原因分析。

13．确认

确认是指获得证据表明控制措施（或控制措施组合）能够有效控制显著的食品安全危害。

注：（1）在控制措施组合的设计及随后的变更时进行确认。

（2）确认、监视和验证区分如下。

活动前进行确认，提供预期结果实现能力有关的信息；

活动期间进行监视，提供指定时间框架内活动有关的信息；

活动后进行验证，并提供符合性得到确认的有关信息。

14．监视

监视是指体系、过程或活动状态的确定。

注：（1）要确定状态，可能需要进行检查、监督或严格观测。

（2）对于食品安全，监视是指进行一系列计划的观测或测量，以评估某一过程是否按预期操作。

15．验证

验证是指通过提供客观证据对规定要求已经得到满足的认定。

四、ISO 22000食品安全管理体系的要求

（一）前提方案

企业应建立、实施、维护和更新前提方案，以助于预防和（或）减少产品、产品加工和工作环境中的污染（包括食品安全危害）。组织应将前提方案形成文件化的信息，规定其选择、制订、适用的监控方式和验证。

在制订前提方案时，组织应考虑以下方面。

（1）建筑物和相关设施的构造和布局。

（2）包括分区、工作空间和员工设施在内的厂房布局。

（3）空气、水、能源和其他基础条件的供给。

（4）虫害控制、废弃物和污水处理及支持性服务。

（5）设备的适宜性及其清洁、维护保养的可实现性。

（6）供应商批准和保证过程（如原料、辅料、化学品和包装材料）。

（7）来料接收、储存、分销、运输和产品的处理。

（8）交叉污染的预防措施。

（9）清洁和消毒。

（10）人员卫生。

（11）产品信息/消费者意识。

（12）其他有关方面。

（二）可追溯系统

可追溯系统应能够唯一地识别从供方的进料到终产品初次分销的途径。企业应确保适用的法律、法规和客户要求得到识别。企业应按规定的期限保留文件化信息，作为可追溯系统的证据，至少包括产品的保质期。企业应验证和测试可追溯系统的有效性，系统验证包括终产品数量和配料数量的一致性。在建立和实施可追溯系统时，至少应考虑以下方面。

（1）所接收的原料、辅料和中间产品的批次与终产品的关系。

（2）原料/产品的返工。

（3）终产品分销。

（三）危害控制

1. 实施危害分析的预备步骤

为进行危害分析，食品安全小组应收集、保存和更新文件化的预备信息，包括但不限于适用的法律法规和客户要求，企业的产品、工艺和设备，与食品安全管理体系相关的食品安全危害。

1）原料、辅料和产品接触材料特性

企业应确保所有适用于原料、辅料和产品接触材料的食品安全法律法规要求得到识别。企业应保存文件化的信息，对所有原料、辅料和产品接触材料予以描述，其详略程度应足以实施危害分析。适宜时，描述内容包括以下方面。

（1）生物、化学和物理特性。

（2）配制辅料的组成，包括添加剂和加工助剂。

（3）来源（如动物、植物或蔬菜）。

（4）原产地（产地）。

（5）生产方法。

（6）包装和交付方式。

（7）储存条件和保质期。

（8）使用或生产前的准备和（或）处置。

（9）与采购材料和辅料预期用途相适宜的有关食品安全的接收准则或规范。

2）终产品特性

企业应确保所有适用于预期生产的终产品的法律法规和食品安全要求得到识别。企业应保存有关终产品特性的文件化信息，其详略程度应足以进行危害分析。适宜时，包括以下方面的信息。

（1）产品名称或类似标志。

（2）成分。

（3）与食品安全有关的生物、化学和物理特性。

（4）预期的保质期和储存条件。

（5）包装。

（6）与食品安全有关的标识和（或）处理、制备及使用的说明书。

（7）分销和交付的方式。

3）预期用途

企业应考虑预期用途，包括终产品合理的预期处理和终产品非预期但可能发生的错误处置和误用，并保存文件化信息，其详略程度应足以实施危害分析。适宜时，应识别每种产品的消费群体和对特定食品安全危害易感的消费者/使用者。

4）流程图和工艺描述

（1）流程图的准备。食品安全小组应建立、保存和更新流程图，作为食品安全管理体系所覆盖的产品或产品类别和过程的文件化信息。在进行危害分析时，应使用流程图作为评价食品安全危害可能出现、增加、减少或引入的基础。流程图应清晰、准确和足够详尽，其详略程度应足以实施危害分析。适宜时，流程图应包括以下方面：

① 操作中所有步骤的顺序和相互关系；

② 任何外包过程；

③ 原料、辅料、加工助剂、包装材料、公用设施和中间产品的投入点；

④ 返工点和循环点；

⑤ 终产品、中间产品、副产品和废弃物的放行点或排放点。

（2）流程图的现场确认。食品安全小组应现场确认流程图的准确性，适宜时，更新流程图，并保留为文件化信息。

5）过程和过程环境的描述

食品安全小组应对过程和过程环境进行描述，包括预期的季节变化或班次模式引起的变化，应适当更新描述，并保存文件化信息，其详略程度应足以实施危害分析。适宜时，应包括以下几方面的信息。

（1）厂房布局，包括食品和非食品处理区域。

（2）加工设备和接触材料、加工助剂和原料流向。

（3）现有的前提方案、工艺参数、控制措施（如有）和（或）应用的严格程度，或影响食品安全的程序。

（4）可能会影响控制措施的选择和产品合格性的外部要求（如来自法规和监管机构或客户）。

2．危害分析

食品安全小组应根据预备信息进行危害分析，以确定需要控制的危害。控制的程度应确保食品安全，适宜时，采取控制措施的组合。

1）危害识别和可接受水平的确定

企业应识别并记录与产品类别、过程类别和过程环境相关的所有合理预期发生的食品安全危害，识别每一个食品安全危害可存在、引入、增加或持续的步骤（如原料接收、加工、分销和交付）。在识别危害时，企业应考虑在食品链中的前后关联，流程图的所有步骤，生产设备、公用设施（服务），过程环境和人员。

针对每个识别的食品安全危害，只要可能，企业应确定终产品中食品安全危害的可接受水平。企业应保存关于可接受水平确定和可接受水平依据的文件化信息。

2）危害评估

企业应对每种已识别的食品安全危害进行危害评估，以确定其预防或降低至可接受的水平是否是必需的。企业应评估每种食品安全危害在应用控制措施之前、在终产品中发生的可能性及与预期用途有关的不良健康影响后果的严重性。企业应识别任何重大的食品安全危害。企业应当描述危害评估所使用的方法，应保存危害评估的结果作为文件化信息。

3）控制措施的选择和分类

基于危害评估，企业应选择适宜的控制措施或控制措施组合，以预防或降低所识别的显著食品安全危害至规定的可接受水平。企业应将选择的得到识别的控制措施采用系统的方法分类为操作性前提方案（OPRPs）或关键控制点（CCP）。控制措施的选择和分类的决策过程和结果应保存为文件化信息。会影响控制措施的选择和严格性的外部要求（如法律、法规和客户要求），也应保存为文件化信息。

（1）对于每种选择的控制措施，企业应对作用失效的可能性及一旦作用失效其结果的严重性进行评估。评估应包括：

① 对识别的显著食品安全危害的影响；

② 相对其他控制措施，在系统中的位置；

③ 是否针对性地建立，并用于将危害降低到可接受的水平；

④ 是否为单一措施或控制措施组合的部分；

（2）对于每种控制措施，组织应对其可行性进行评估。评估应包括：

① 建立可测量的关键限值和（或）可测量或可观察的行动准则；

② 监视以探测在关键限值和（或）可测量或可观察的行动准则内的任何作用失效；

③ 在失效情况下及时纠正。

3. 控制措施和控制措施组合的确认

食品安全小组应确认所选择的控制措施能够实现对显著食品安全危害的预期控制。确认应在实施危害控制计划中的控制措施和控制措施的组合之前，和任何变更之后进行。当确认结果表明控制措施不能达到预期的控制时，食品安全小组应修改和重新评估控制措施和（或）控制措施组合。修改可能包括控制措施［即过程参数、严格程度和（或）其组合］的变更和（或）原料的生产技术、终产品特性、分销方式和终产品预期用途的变更。食品安全小组应保存确认方法和控制措施能够实现预期的控制的能力的证据为文件化信息。

4. 危害控制计划（HACCP/OPRPs 计划）

组织应建立、实施和保存危害控制计划，并保留实施的证据作为文件化信息。组织应建立每个关键控制点或操作性前提方案的控制措施，使其包括以下信息：

① 该关键控制点或操作性前提方案控制的食品安全危害；

② 关键控制点的关键限值或操作性前提方案的行动准则；

③ 监视程序；

④ 当关键限值或行动准则未满足要求时，所采取的纠正；

⑤ 职责和权限；

⑥ 监视的记录。

1）关键限值和行动准则的确定

企业应规定关键控制点的关键限值或操作性前提方案的行动准则，其确定的依据应保存为文件化信息。关键控制点的关键限值应是可测量的，符合关键限值应确保不超过可接受的水平。操作性前提方案的行动准则应是可测量的或可观察的，符合行动准则应有助于确保不超过可接受水平。

2）关键控制点和操作性前提方案的监视系统

企业应对每个关键控制点的控制措施或控制措施的组合建立监测系统，来监测任何作用的失效以使其保持在关键限值内。系统应包括所有针对关键限值的有计划的测量。企业应对每个操作性前提方案的控制措施或控制措施的组合建立监测系统，来监测作用失效使其满足行动准则。

每个关键控制点和每个操作性前提方案的监视系统，应由文件化信息组成，包括以下几个方面。

（1）在适当的时间范围内提供结果的测量或观察。

（2）使用的监测方法或装置。

（3）适用的校准方法，或用于OPRPs，用于验证可靠测量或观察的等效方法。

（4）监视频次。

（5）监视结果。

（6）与监视有关的职责和权限。

（7）与评价监视结果有关的职责和权限。

在每个关键控制点中，监视方法和频次能够及时发现任何作用失效以保持在关键限值内，以便及时隔离和评估产品。对于每个操作性前提方案，监视方法和频次应与其失效的可能性和后果的严重性成比例。当监测操作性前提方案是基于观察的主观数据（如视觉检测）时，该方法应有指导书或规范的支持。

3）前提方案和危害控制计划监视、测量的控制

企业应提供证据表明采用的特定监视、测量方法和设备足以满足与前提方案和危害控制计划有关的监视和测量活动。

所使用的监视和测量应包括以下几个方面。

（1）使用前在规定的时间间隔内校准或检定。

（2）进行调整或必要时再调整。

（3）得到识别，以确定其校准状态。

（4）防止可能使测量结果失效的调整。

（5）防止损坏和失效。

校准和检定的结果应保留为文件化的信息。所有设备的校准应能溯源到国际或国家标准的测量标准；在不存在上述标准时，校准或检定的依据应保留为文件化信息。当发现设备或过程环境不符合要求时，企业应对以往测量结果的有效性进行评估。组织应对设备或过程环境和任何受不符合影响的产品采取适当的措施。评估和由此产生的行动应保存为文件化信息。

食品安全管理体系范围内的监视和测量软件应在使用前由组织、软件供应商或第三方进行确认。企业应保持确认活动的文件化信息，并及时更新软件。当有变更时，包括对商用现成软件的软件配置/修改。在实施之前，它们应该被授权、形成文件并确认。商用现成软件在其设计的应用范围内的一般使用可以被认为是充分确认的。

4）关键限值和行动准则未满足时采取的措施

企业应规定当关键限值和行动准则未满足时所采取的纠正和纠正措施并按要求执行，应确保以下几个方面。

（1）不放行潜在不安全品。

（2）识别不合格的原因。

（3）关键控制点或操作性前提方案控制的参数回到关键限值或行动准则内。

（4）防止再发生。

5）前提方案和危害控制计划的信息更新

在制订危害控制计划后，企业应确保危害控制计划和（或）前提方案是最新的。必要时，企业应更新以下信息。

（1）原料、辅料和产品接触材料特性。

（2）终产品特性。

（3）预期用途。

（4）流程图及工艺和工艺环境的描述。

（四）产品和过程不符合的控制

企业应确保由操作性前提方案和关键控制点的监视得到的数据由指定的人员进行评估，该人员应有能力并有权启动纠正和纠正措施。

1. 纠正

当关键控制点的关键限值和（或）操作性前提方案的行动准则未满足要求时，企业应确保根据产品的用途和放行要求，识别、控制和处置受影响的产品。企业应制定、保存和更新文件化信息，包括以下几个方面：

① 识别、评估和纠正受影响产品的方法，以确定对它们进行适宜的处置；

② 评审所实施的纠正的安排。

当操作性前提方案的行动准则未满足要求时，企业应进行评估并保留评估结果作为文件化信息，包括以下几个方面：

① 确定有关食品安全方面作用失效的后果；

② 确定作用失效的原因；

③ 识别受影响的产品并按规定处置。

企业应保留文件化信息，以描述对不合格品和过程采取的纠正，包括以下几个方面：

① 不符合的性质；

② 作用失效的原因；

③ 由于不符合而产生的后果。

2．纠正措施

当关键控制点的关键限值和（或）操作性前提方案的行动准则未满足要求时，应评估纠正措施的需求。企业应建立并保留文件化信息，规定适宜的措施以识别和消除已发现的不符合的原因，防止其再次发生，并在识别出不符合后，恢复至受控状态。企业应保留所有纠正措施的文件化信息。

这些纠正措施应包括以下几个方面。

（1）评审客户和（或）消费者投诉和（或）监管的检验报告所识别的不符合。

（2）评审监视结果可能向失控发展的趋势。

（3）确定不符合的原因。

（4）确定和实施措施，以确保不符合不再发生。

（5）记录所采取纠正措施的结果。

（6）验证所采取的纠正措施，以确保其有效性。

3．潜在不安全品的处置

企业应采取措施防止潜在不安全品进入食品链，应保留已被识别为潜在不安全品在其控制下，直到产品评估和处置确定为止。当产品在组织的控制之外，并继而确定为不安全时，企业应通知相关方，并启动撤回/召回。相关方的控制和相关响应和处理潜在不安全产品的授权应保留为文件化信息。

1）放行的评价

企业应评价受不符合影响的每批产品。企业不应放行受关键控制点的关键限值失控影响的产品，但应按不合格品处理的规定处置，应保留产品放行的评价结果作为文件化信息。

受操作性前提方案的行动准则失控影响的产品符合下列任一条件时，才可作为安全产品放行。

（1）除监视系统外的其他证据表明证实控制措施有效。

（2）证据表明，针对特定产品的控制措施的组合作用达到预期效果（即确定的可接受水平）。

（3）抽样、分析和（或）其他验证活动的结果证实受影响的产品符合确定的相关食品安全危害的可接受水平。

2）不合格品的处理

组织应保留不合格品处理的文件化信息，包括有批准授权人员的识别。组织对不能满足放行要求的产品应做如下处理。

（1）在企业内或企业外重新加工或进一步加工以确保食品安全危害已降低至可接受水平。

（2）重新定位为其他用途，只要食品链中的食品安全不受影响。

（3）销毁和（或）按废物处理。

4．撤回/召回

企业应指定有能力的人员授权其启动和执行撤回/召回，以确保及时地撤回/召回被确定为不安全批次的终产品。撤回/召回产品及库存中受影响的产品应被封存或在企业的控制下予以保留，直到按照不合格品处理进行管理。撤回/召回的原因、范围和结果应保留文件化信息，并向最高管理者报告，作为管理评审的输入，企业应通过应用适宜技术验证撤回/召回的实施和有效性（如模拟撤回/召回或实际撤回/召回），并保留文件化信息。

企业应建立和保存文件化信息，以便通知相关方［如立法和执法部门，顾客和（或）最终消费者］；处置撤回/召回产品及库存中受影响的产品；安排采取措施的顺序。

（五）食品安全管理体系的验证

企业应建立、实施和保持验证活动。验证策划应规定验证活动的目的、方法、频次和职责。企业应确保验证活动不由负责监视同一活动的人员进行。应保存验证结果的文件化信息，并应予以沟通。

当验证是基于对终产品样品或直接过程样品的测试，且测试样品的结果显示不符合食品安全危害的可接受水平时，企业应对受影响的产品批次作为潜在不安全品处理，并采取纠正措施。食品安全小组应当对验证结果进行分析，并将其作为食品安全管理体系绩效评价的输入。

验证活动应确定以下几个指标：

① 前提方案得以实施且有效；

② 危害控制体系得以实施且有效；

③ 危害水平在确定的可接受水平之内；

④ 危害分析的输入得以更新；

⑤ 组织确定的其他措施得以实施且有效。

拓展资源

罐头食品生产企业关键过程的控制

罐头食品生产企业应建立产品实现关键过程的操作和监视程序，并形成文件，明确规定操作要求、监视项目及限值、监视频率、监视人员、纠正和纠正措施等。关键过程的操作和监视程序的实施应形成记录，并由具备能力的人员定期验证。

1. 原辅材料的控制

1) 原辅材料的要求

原辅材料的要求主要包括以下几点。

(1) 畜禽肉类原料要求。畜禽肉类原料要采用来自非疫区健康良好的畜禽。每批原料应有产地动物防疫部门出具的兽医检疫合格证明。重金属、兽药和其他有毒有害化学物质残留量应符合相关的法律法规和标准要求。进口的畜禽肉类原料应来自经国家有关部门批准的肉类生产企业，附有出口国家或地区官方兽医部门出具的检疫合格证书和（或）入境口岸有关官方部门出具的检验检疫合格证书。畜禽肉类原料应在满足产品特性的温度条件下储藏和运输，保持清洁卫生。

(2) 水产类原料要求。水产类原料应来自无污染的水域，重金属、兽药和其他有毒有害化学物质残留量应符合适用的法律法规和标准要求。进口水产类原料应附有出口国家或地区官方部门出具的卫生合格证书和（或）入境口岸有关官方部门出具的检验检疫合格证书。水产类原料应在满足产品特性的温度条件下储藏和运输，不应使用未经许可的或成分不明的化学物质，并保持清洁卫生。

(3) 植物类及食用菌原料要求。植物类原料应来自安全无污染的种植区域，重金属、农药和其他有毒有害化学物质残留量应符合相关的法律法规和标准要求。植物类原料应在满足产品特性的温度下储存和运输。对有特殊加工时间要求的原料，应明确从采摘、收购到进厂加工的时限。

(4) 食品添加剂的使用要求。使用食品添加剂的品种和添加数量应符合《食品安全国家标准　食品添加剂使用标准》（GB 2760—2014）的要求，出口产品应符合进口国的相关要求。

(5) 罐头容器要求。罐头食品所使用包装容器的材质、内涂料、接缝补涂料及密封胶应符合相关卫生标准的要求。包装容器在储存和运输过程中应保持清洁卫生。装有食品的包装容器的密封性应能满足要求。金属罐头容器应符合《罐头食品金属容器通用技术要求》（GB/T 14251—2017）的要求。液体食品无菌包装用复合袋应符合《液体食品无菌包装用复合袋》（GB/T 18454—2019）的要求。玻璃罐头容器应符合《玻璃容器　食品罐头瓶》（QB/T 4594—2013）的要求。

2) 采购的控制

罐头食品生产企业应建立选择、评价供方的程序，对原料、辅料、容器及包装物料的供方进行评价、选择并建立合格供方名录。罐头食品生产企业宜优先选择符合良好农业（含水产养殖）规范（GAP）和良好兽医规范（GVP）要求的原料供应商作为合格供方。

3) 验收

罐头食品生产企业应对原料和辅料进行描述，制订与采购原料、辅料预期用途相适宜的接收准则或规范。

2．装罐密封

1）装罐

装罐应符合《进出口罐头食品检验规程 第5部分：灌装》（SN/T 0400.5—2005）的控制要求。罐头食品生产企业应控制罐头固形物的最大装罐量。酸化食品在生产过程中应控制pH，保证平衡后最终产品的pH小于4.6。

2）容器密封

罐头食品容器的密封性应符合相应材质容器的有关要求。

3）纠正和纠正措施

当监视发现装罐密封未能满足规定的要求时，企业应及时实施预先制订的纠正和纠正措施程序。企业应对有问题的产品应实施隔离，并由有资格的人员进行评价和处理。处理结果应经过食品安全小组的评价和确认。

3．热力杀菌

1）杀菌工艺规程

罐头食品生产企业应制订热力杀菌工艺规程，保证杀菌强度达到足以杀灭目标菌，并应提供制订热力杀菌工艺规程的技术依据。

2）杀菌装置

杀菌装置应满足《进出口罐头食品检验规程 第6部分：热力杀菌》（SN/T 0400.6—2005）的要求。罐头食品生产企业应确保热力杀菌装置的热分布均匀，在新装置使用前或对装置进行改造后应实施热分布测定，绘制热分布图。杀菌的测量设备在使用过程中应定期进行校准，杀菌装置在使用过程中应定期进行测定。

3）杀菌控制

罐头食品生产企业应对杀菌关键因子实施控制，严格按照杀菌工艺操作规程进行操作。杀菌控制应满足《进出口罐头食品检验规程 第6部分：热力杀菌》（SN/T 0400.6—2005）的要求。已杀菌和未杀菌产品应有明显的标志加以区分。罐头食品生产企业发现所实施的热力杀菌过程未能满足热力杀菌工艺规程的要求时，应及时实施制订的纠正和纠正措施程序，对有问题的产品实施隔离，由有资格的人员进行评价和处理。处理结果应经过食品安全小组的评估和确认。

4．冷却

冷却方法如涉及外循环冷却水或水槽、水池的使用，杀菌冷却水应加氯处理或用其他方法消毒。冷却系统的冷却水排放处的消毒剂余量要达到相关规定要求。对于间歇式杀菌，应按每锅次对余氯含量进行测定。对于连续式杀菌，应按照足以确保维持有效杀菌强度的时间间隔对排水口的消毒剂余量进行测定。

当罐头食品生产企业发现消毒剂残留量未能满足规定的要求时，应及时实施制订的纠正和纠正措施。对已冷却的产品实施隔离，由有资格的人员对其安全性实施评价和处理，处理结果应经过食品安全小组的评估和确认。

5．产品标识

罐头食品生产企业应建立和实施产品标识程序，并形成文件。其中，产品代码应符合《罐头食品代号的标示要求》（QB/T 2683—2005）的要求，食品标签应符合《食品安全国家标准 预包装食品标签通则》（GB 7718—2011）的要求。

复习巩固

（1）ISO 22000食品安全管理体系的适用范围包括哪些?

（2）ISO 22000食品安全管理体系的要求是什么?

模块三

食品企业
合规管理

单元十三 食品有毒有害物质限量标准

学习目标

知识与技能目标

（1）掌握食品致病菌限量标准；

（2）掌握食品污染物限量标准；

（3）掌握食品农药残留和兽药残留限量标准；

（4）能对食品中有毒有害物质限量是否超标做出判定。

思政与素养目标

增强食品安全意识，提升职业责任感和使命感。

思维导图

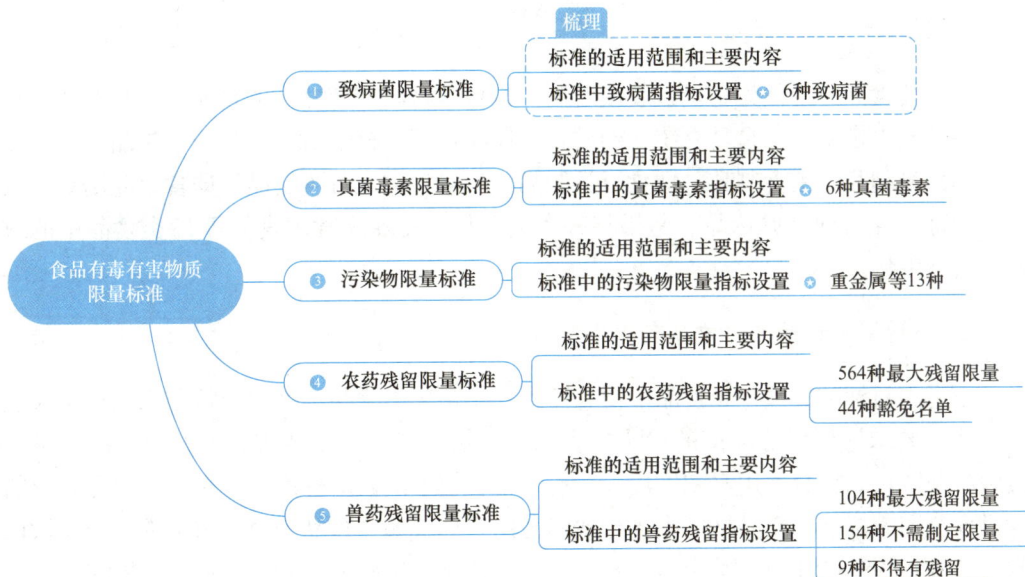

梳理

- 食品有毒有害物质限量标准
  - ❶ 致病菌限量标准
    - 标准的适用范围和主要内容
    - 标准中致病菌指标设置 —— 6种致病菌
  - ❷ 真菌毒素限量标准
    - 标准的适用范围和主要内容
    - 标准中的真菌毒素指标设置 —— 6种真菌毒素
  - ❸ 污染物限量标准
    - 标准的适用范围和主要内容
    - 标准中的污染物限量指标设置 —— 重金属等13种
  - ❹ 农药残留限量标准
    - 标准的适用范围和主要内容
    - 标准中的农药残留指标设置
      - 564种最大残留限量
      - 44种豁免名单
  - ❺ 兽药残留限量标准
    - 标准的适用范围和主要内容
    - 标准中的兽药残留指标设置
      - 104种最大残留限量
      - 154种不需制定限量
      - 9种不得有残留

案例导入

乳制品质量安全水平在食品行业继续处于领先位置

2021年，我国奶业生产量继续增长，规模养殖比例进一步提升，技术创新速度加快，乳品质量持续保持较高水平，国产品牌美誉度和国际竞争力逐步增强。

2021年，乳制品和生鲜乳抽检合格率均达到99.9%，继续保持较高水准；乳蛋白、乳脂肪的抽检平均值分别为3.32%、3.83%，实现双增长；菌落总数、体细胞抽检平均值优于欧盟标准；三聚氰胺等重点监控违禁添加物抽检合格率连续13年保持100%。全国4261个生鲜乳收购站和5342辆运输车，实现监管全覆盖，保障生鲜乳质量安全。

（资料来源：《中国奶业质量报告（2022）》）

必备知识

一、食品中致病菌限量标准

2021年9月16日，中华人民共和国国家卫生健康委员会、国家市场监督管理总局联合发布了《食品安全国家标准　预包装食品中致病菌限量》（GB 29921—2021）正式发布并于2021年11月22日起实施。

（一）标准的适用范围和主要内容

1．适用于预包装食品

预包装食品是指预先定量包装或者制作在包装材料和容器中的食品。它具有两个特点：一是预先定量；二是具有统一的质量或体积标识。标准对乳制品、肉制品、水产制品、即食蛋制品、粮食制品、即食豆类制品、巧克力类及可可制品、即食果蔬制品、饮料、冷冻饮品、即食调味品、坚果与籽实类食品、特殊膳食用食品等13类食品中的致病菌进行限量。

2．不适用于新标准的预包装食品种类

不适用新标准的预包装食品主要有两种：①罐头类食品；②包装饮用水和饮用天然矿泉水。要求达到商业无菌的罐头类食品，应执行商业无菌要求，不在新标准中规定其致病菌限量。包装饮用水和饮用天然矿泉水，暂不纳入新标准，并根据需要在相应的食品安全国家标准、产品标准中进行致病菌的管理，如《食品安全国家标准　包装饮用水》（GB 19298—2014）、《食品安全国家标准　饮用天然矿泉水》（GB 8537—2018）等。

3．标准中未涵盖的其他食品种类

新标准中未涵盖的其他食品种类主要包括以下两种。

（1）非即食生鲜类食品中致病菌主要通过生产加工过程标准（规范）进行控制，如鲜、冻动物性水产品，鲜、冻畜、禽产品等。

（2）微生物风险较低的食品或食品原料，如食用盐、味精、食糖、植物油、乳糖、蒸馏酒及其配制酒、发酵酒及其配制酒、蜂蜜及蜂蜜制品、花粉、食用油脂制品、食醋等，不规定其致病菌限量。

（二）标准中致病菌指标设置

标准对沙门氏菌、单核细胞增生李斯特氏菌、致泻大肠埃希氏菌、金黄色葡萄球菌、副溶血性弧菌、克罗诺杆菌属（阪崎肠杆菌）等6种致病菌指标和限量进行了调整。

（1）沙门氏菌。沙门氏菌是细菌性食物中毒的主要致病菌，各国普遍提出该致病菌限量要求。标准按照二级采样方案对所有13类食品设置沙门氏菌限量规定，具体为$n=5$，$c=0$，$m=0$（即在被检的5份样品中，不允许任一样品检出沙门氏菌）。n为同一批次产品应采集的样品件数；c为最大可允许超出m值的样品数；在二级采样方案中m为最高安全限量值。

（2）单核细胞增生李斯特氏菌。单核细胞增生李斯特氏菌是重要的食源性致病菌。标准按照二级采样方案设置了乳制品中干酪、再制干酪和干酪制品，肉制品，冷冻饮品，即食果蔬制品中的去皮或预切的水果、去皮或预切的蔬菜及上述类别混合食品中的单核细胞增生李斯特氏菌限量，具体为$n=5$，$c=0$，$m=0$（即在被检的5份样品中，不允许任一样品检出单核细胞增生李斯特氏菌）。另外，标准设置了对水产制品中即食生制动物性水产制品核细胞增生李斯特氏菌的限量要求，具体为$n=5$，$c=0$，$m=100CFU/g$（即在被检的5份样品中，不允许任一样品单核细胞增生李斯特氏菌超出100CFU/g）。

（3）致泻大肠埃希氏菌。标准按照二级采样方案设置了肉制品中的牛肉制品、即食生肉制品、发酵肉制品类，即食果蔬制品中的去皮或预切的水果、去皮或预切的蔬菜及上述类别混合食品中致泻大肠埃希菌的限量，具体为$n=5$，$c=0$，$m=0$（即在被检的5份样品中，不允许任一样品检出致泻大肠埃希菌）。

（4）金黄色葡萄球菌。金黄色葡萄球菌是我国细菌性食物中毒的主要致病菌之一，其致病力与该菌产生的金黄色葡萄球菌肠毒素有关。标准按照二级采样方案设置了乳制品中巴氏杀菌乳、调制乳、发酵乳、加糖炼乳（甜炼乳）、调制加糖炼乳中金黄色葡萄球菌的限量，具体为$n=5$，$c=0$，$m=0$（即在被检的5份样品中，不允许任一样品检出金黄色葡萄球菌）。标准按照三级采样方案设置了肉制品、粮食制品、即食豆类制品、即食果蔬制品、冷冻饮品及即食调味品中金黄色葡萄球菌限量，具体为$n=5$，$c=1$，$m=100CFU/g（mL）$，$M=1000CFU/g（mL）$（即在被检的5份样品中，最多允许1份样品金黄色葡萄球菌检出量在100MPN/g（mL）和1000MPN/g（mL）之间）。标准按照三级采样方案设置了乳制品中乳粉、调制乳粉及特殊膳食用食品中金黄色葡萄球菌的限量，具体为$n=5$，$c=2$，$m=10CFU/g（mL）$，$M=100CFU/g（mL）$（即在被检的5份样品中，最多允许2份样品金黄色葡萄球菌检出量在10MPN/g（mL）和100MPN/g（mL）之间）。标准按照三级采样方案设置了乳制品中干酪、再制干酪和干酪制品中金黄色葡

萄球菌限量为 $n=5$，$c=2$，$m=100CFU/g$（mL），$M=1000CFU/g$（mL）[即在被检的 5 份样品中，最多允许 2 份样品金黄色葡萄球菌检出量在 100MPN/g（mL）和 1000MPN/g（mL）之间]。在三级采样方案中，m 为致病菌指标可接受水平的限量值，M 为致病菌指标的最高安全限量值。

（5）副溶血性弧菌。副溶血性弧菌是我国沿海及部分内地区域食物中毒的主要致病菌，主要污染水产制品或者交叉污染肉制品等，其致病性与带菌量及是否携带致病基因密切相关。标准按照三级采样方案设置了即食生制动物性水产制品和即食水产调味品中副溶血性弧菌的限量，具体为 $n=5$，$c=1$，$m=100MPN/g$（mL），$M=1000MPN/g$（mL）[即在被检的 5 份样品中，最多允许 1 份样品副溶血性弧菌检出量在 100MPN/g（mL）和 1000MPN/g（mL）之间]。

（6）克罗诺杆菌属。克罗诺杆菌属（阪崎肠杆菌）是一种条件致病菌，该菌仅对 6 月龄以下婴儿具有较高风险，标准整合了《食品安全国家标准　婴儿配方食品》（GB 10765—2021）和《食品安全国家标准　特殊医学用途婴儿配方食品通则》（GB 25596—2010）中阪崎肠杆菌的限量要求，并维持不变。因需与现行检验方法标准保持一致，标准将"阪崎肠杆菌"修改为"克罗诺杆菌属（阪崎肠杆菌）"。

部分致病菌限量详见表 13-1。

表 13-1　预包装食品中部分致病菌限量

食品类别	致病菌指标	采样方案及限量（若非指定，均以 /25g 或 /25mL 表示）				检验方法	备注
		n	c	m	M		
肉制品	沙门氏菌	5	0	0	—	GB 4789.4	—
	单核细胞增生李斯特氏菌	5	0	0	—	GB 4789.30	
	金黄色葡萄球菌	5	1	100CFU/g	1000CFU/g	GB 4789.10	
	致泻大肠埃希氏菌	5	0	0	—	GB 4789.6	仅适用于牛肉制品、即食生肉制品、发酵肉制品类
水产制品	沙门氏菌	5	0	0	—	GB 4789.4	仅适用即食生制动物性水产制品
	副溶血性弧菌	5	1	100MPN/g	1000MPN/g	GB 4789.7	
	单核细胞增生李斯特氏菌	5	0	100CFU/g	—	GB 4789.30	
粮食制品	沙门氏菌	5	0	0	—	GB 4789.4	—
	金黄色葡萄球菌	5	1	100CFU/g	1000CFU/g	GB 4789.10	
即食豆类制品	沙门氏菌	5	0	0	—	GB 4789.4	—
	金黄色葡萄球菌	5	1	100CFU/g	1000CFU/g	GB 4789.10	

续表

食品类别	致病菌指标	采样方案及限量（若非指定，均以/25g 或/25mL 表示）				检验方法	备注
		n	c	m	M		
即食果蔬制品	沙门氏菌	5	0	0	—	GB 4789.4	—
	金黄色葡萄球菌	5	1	100CFU/g（mL）	1000CFU/g（mL）	GB 4789.10	
	单核细胞增生李斯特氏菌	5	0	0	—	GB 4789.30	仅适用于去皮或预切的水果、去皮或预切的蔬菜及上述类别混合食品
	致泻大肠埃希氏菌	5	0	0	—	GB 4789.6	

《食品安全国家标准　散装即食食品中致病菌限量》（GB 31607—2021）为第一个散装即食食品的食品安全国家标准，包含了5种致病菌：沙门氏菌、金黄色葡萄球菌、蜡样芽孢杆菌、单核细胞增生李斯特氏菌、副溶血性弧菌，适用于提供给消费者可直接食用的非预包装食品（含预先包装但需要计量称重的散装即食食品），包括热处理散装即食食品、部分或未经热处理的散装即食食品、其他散装即食食品；不适用于餐饮服务中的食品、执行商业无菌要求的食品、未经加工或处理的初级农产品。

二、食品中真菌毒素和污染物限量标准

（一）食品中真菌毒素的限量标准

食品中真菌毒素是指某些真菌在生产繁殖过程中产生的一类内源性天然污染物，主要对谷物及其制品和部分加工水果造成污染，人和动物食用后会引起致死性的急性疾病，并且与癌症风险增高有关，且一般加工方式难以去除，所以应对食品中真菌毒素制定严格的限量标准。《食品安全国家标准　食品中真菌毒素限量》（GB 2761—2017）是食品安全通用标准，对保障食品安全、规范食品生产经营、维护公众健康具有重要意义，该标准于2017年9月17日正式实施。

1. 标准的适用范围和主要内容

《食品安全国家标准　食品中真菌毒素限量》（GB 2761—2017）规定了水果及其制品、谷物及其制品（不包括焙烤制品）、豆类及其制品、坚果及籽类、乳及乳制品、油脂及其制品、调味品、饮料类、酒类、特殊膳食用食品等10类食品中黄曲霉毒素B_1、黄曲霉毒素M_1、脱氧雪腐镰刀菌烯醇、展青霉素、赭曲霉毒素A及玉米赤霉烯酮等6种真菌毒素限量规定。

2. 标准中的真菌毒素指标设置

（1）黄曲霉毒素B_1。黄曲霉毒素B_1在天然食物中最为多见，危害性也最强。标准

中对玉米、小麦、花生、油脂、婴幼儿配方食品、运动营养食品等30类食品规定了不同类别食品中黄曲霉毒素B_1的限量规定，具体为小于等于0.5μg/kg、小于等于10μg/kg和小于等于20μg/kg。

（2）黄曲霉毒素M_1。黄曲霉毒素M_1具有较大毒性，主要存在于乳及乳制品中。标准中对乳及乳制品、婴儿配方食品、较大婴儿和幼儿配方食品、特殊医学用途婴儿配方食品、特殊医学用途配方食品（特殊医学用途婴儿配方食品涉及的品种除外）、辅食营养补充品、运动营养食品、孕妇及乳母营养补充食品等8类食品规定了黄曲霉毒素M_1的限量规定，具体为小于等于0.5μg/kg。

（3）脱氧雪腐镰刀菌烯醇。脱氧雪腐镰刀菌烯醇是小麦、大麦、燕麦、玉米等谷物及其制品中最常见的一类污染性真菌毒素。人使用被污染的谷物制成的食品后可能会引起呕吐、腹泻等消化系统和头疼、头晕神经系统疾病。标准中对玉米、玉米面（渣、片）、大麦、小麦、麦片、小麦粉等6类食品规定了脱氧雪腐镰刀菌烯醇的限量规定，具体为小于等于1000μg/kg。

（4）展青霉素。展青霉素主要生长在水果上，这种毒素会引起动物的胃肠道功能紊乱和各种不同器官的水肿和出血。标准中对水果制品（果丹皮除外）、果蔬汁类及其饮料、酒类等3类食品规定了展青霉素的限量规定，具体为小于等于50μg/kg。

（5）赭曲霉毒素A。赭曲霉毒素A是由曲霉属的7种曲霉和青霉属的6种青霉菌产生的一组重要的、污染食品的真菌毒素，它是毒性最大、分布最广、产毒量最高、对农产品的污染最重的一种毒素。标准中对谷物、谷物研磨加工品、豆类、葡萄酒、烘焙咖啡豆、研磨咖啡（烘焙咖啡）、速溶咖啡等7类食品中的赭曲霉毒素A进行了限量规定，因食品种类不同，限量为小于等于2.0μg/kg、小于等于5.0μg/kg和小于等于10.0μg/kg。

（6）玉米赤霉烯酮。玉米赤霉烯酮主要污染玉米、小麦、大米、大麦、小米和燕麦等谷物，玉米赤霉烯酮具有雌激素样作用，能造成动物急慢性中毒，引起动物繁殖机能异常甚至死亡。标准中对小麦、小麦粉、玉米、玉米面（渣、片）等4类食品中玉米赤霉烯酮进行了限量规定，具体为小于等于60μg/kg。

部分真菌毒素限量详见表13-2、表13-3（以黄曲霉毒素为例）。

表13-2　食品中黄曲霉毒素B_1限量指标

食品类别（名称）	限量/（μg/kg）
谷物及其制品	
玉米、玉米面（渣、片）及玉米制品	20
稻谷ª、糙米、大米	10
小麦、大麦、其他谷物	5.0
小麦粉、麦片、其他去壳谷物	5.0
豆类及其制品	
发酵豆制品	5.0
坚果及籽类	
花生及其制品	20
其他熟制坚果及籽类	5.0

食品类别（名称）	限量/（μg/kg）
油脂及其制品	
植物油脂（花生油、玉米油除外）	10
花生油、玉米油	20
调味品	
酱油、醋、酿造酱	5.0
特殊膳食用食品	
婴幼儿配方食品	0.5（以粉状产品计）
婴儿配方食品ᵇ	0.5（以粉状产品计）
较大婴儿和幼儿配方食品ᵇ特殊医学用途婴儿配方食品	0.5（以粉状产品计）
婴幼儿辅助食品	
婴幼儿谷类辅助食品	0.5
特殊医学用途配方食品ᵇ（特殊医学用途婴儿配方食品涉及的品种除外）	0.5（以固态产品计）
辅食营养补充品ᶜ	0.5
运动营养食品ᵇ	0.5
孕妇及乳母营养补充食品ᶜ	0.5

a　稻谷以糙米计。

b　以大豆及大豆蛋白制品为主要原料的产品。

c　只限于含谷类、坚果和豆类的产品。

表13-3　食品中黄曲霉毒素 M_1 限量指标

食品类别（名称）	限量/（μg/kg）
乳及乳制品ᵃ	0.5
特殊膳食用食品	
婴幼儿配方食品	0.5（以粉状产品计）
婴儿配方食品ᵇ	0.5（以粉状产品计）
较大婴儿和幼儿配方食品ᵇ特殊医学用途婴儿配方食品	0.5（以粉状产品计）
特殊医学用途配方食品ᵇ（特殊医学用途婴儿配方食品涉及的品种除外）辅食营养补充品ᶜ	0.5（以粉状产品计）
运动营养食品ᵇ	0.5
孕妇及乳母营养补充食品ᶜ	0.5
	0.5

a　乳粉按生乳折算。

b　以乳类及乳蛋白制品为主要原料的产品。

c　只限于含乳类的产品。

（二）食品中污染物的限量标准

食品污染物是食品从生产（包括农作物种植、动物饲养和兽医用药）、加工、包装、贮存、运输、销售直至食用等过程中产生的或由环境污染带入的、非有意加入的化学性危害物质。《食品安全国家标准　食品中真菌毒素限量》（GB 2761—2017）中规定了我国食品中真菌毒素的限量要求，《食品安全国家标准　食品中污染物限量》（GB 2762—2017）中规定了除农药残留、兽药残留、生物毒素和放射性物质以外的化学污染物限量要求。我国对食品中农药残留限量、兽药残留限量、放射性物质限量另行制定相关食品安全国家标准。

《食品安全国家标准　食品中污染物限量标准》（GB 2762—2017）是食品安全通用标准，对保障食品安全、规范食品生产经营、维护公众健康具有重要意义，该标准于2017年9月17日正式实施。

1. 标准的适用范围和主要内容

《食品安全国家标准　食品中污染物限量标准》（GB 2762—2017）标准中主要对水果及其制品、蔬菜及其制品、食用菌及其制品、谷物及其制品、豆类及其制品、藻类及其制品、坚果及籽类、肉及肉制品、水产动物及其制品、乳及乳制品、蛋及蛋制品、油脂及其制品、调味品、饮料类、酒类、食糖及淀粉糖、淀粉及淀粉制品、焙烤食品、巧克力制品及糖果、冷冻饮品、特殊膳食用食品、其他食品等22大类食品中铅、镉、汞、砷、锡、镍、铬、亚硝酸盐、硝酸盐、苯并［a］芘、N-二甲基亚硝胺、多氯联苯、3-氯-1，2-丙二醇等指标进行了限量规定。

2. 标准中的污染物限量指标设置

《食品安全国家标准　食品中污染物限量标准》（GB 2762—2017）以保障公众健康为基础，重点对我国居民健康构成较大风险的食品污染物和对居民膳食暴露量有较大影响的食品种类设置限量规定。指标设置以风险评估为基础，遵循国际食品法典委员会（Codex Alimentarius Commission，CAC）食品中污染物标准制定原则，结合污染物监测和暴露评估，确定污染物及其在相关食品中的限量，确保科学性。食品污染物的控制需要将源头控制与生产过程控制相结合，重点对食品原料中污染物进行控制，通过严格生产过程卫生控制，降低食品终产品中相关污染物含量。对于食品生产和加工者，无论是否制订污染物限量，均应在食品生产经营过程中对污染物进行控制，使食品中各种污染物的含量达到最低水平，从而最大程度地维护消费者健康利益。《食品安全国家标准　食品中污染物限量标准》（GB 2762—2017）共设定150余个限量指标，基本满足我国食品污染物控制需求，适应我国食品安全监管需要。（食品中铅限量指标见表13-4，食品中亚硝酸盐、硝酸盐限量指标见表13-5）。

表13-4　食品中铅含量指标

食品类别（名称）	限量（以Pb计）/（mg/kg）
谷物及其制品[a]［麦片、面筋、八宝粥罐头、带馅（料）面米制品除外］	0.2
麦片、面筋、八宝粥罐头、带馅（料）面米制品	0.5
蔬菜及其制品	0.1
新鲜蔬菜（芸薹类蔬菜、叶菜蔬菜、豆类蔬菜、薯类除外）	0.3
芸薹类蔬菜、叶菜蔬菜	0.2
豆类蔬菜、薯类	
蔬菜制品	1.0
水果及其制品	
新鲜水果（浆果和其他小粒水果除外）	0.1
浆果和其他小粒水果	0.2
水果制品	1.0

续表

食品类别（名称）	限量（以Pb计）/（mg/kg）
食用菌及其制品	1.0
豆类及其制品	
豆类	0.2
豆类制品（豆浆除外）	0.5
豆浆	0.05
藻类及其制品（螺旋藻及其制品除外）	1.0（干重计）
螺旋藻及其制品	2.0（干重计）
坚果及籽类（咖啡豆除外）	0.2
咖啡豆	0.5
肉及肉制品	
肉类（畜禽内脏除外）	0.2
畜禽内脏	0.5
肉制品	0.5
水产动物及其制品	
鲜、冻水产动物（鱼类、甲壳类、双壳类除外）	1.0（去除内脏）
鱼类、甲壳类	0.5
双壳类	1.5
水产制品（海蜇制品除外）	1.0
海蜇制品	2.0
乳及乳制品（生乳、巴氏杀菌乳、灭菌乳、发酵乳、调制乳、乳粉、非脱盐乳清粉除外）	0.3
生乳、巴氏杀菌乳、灭菌乳、发酵乳、调制乳	0.05
乳粉、非脱盐乳清粉	0.5
蛋及蛋制品（皮蛋、皮蛋肠除外）	0.2
皮蛋、皮蛋肠	0.5
油脂及其制品	0.1
调味品（食用盐、香辛料类除外）	1.0
食用盐	2.0
香辛料类	3.0
食糖及淀粉糖	0.5
淀粉及淀粉制品	
食用淀粉	0.2
淀粉制品	0.5
焙烤食品	0.5
饮料类（包装饮用水、果蔬汁类及其饮料、含乳饮料、固体饮料除外）	0.3mg/L
包装饮用水	0.01mg/L
果蔬汁类及其饮料［浓缩果蔬汁（浆）除外］、含乳饮料	0.05mg/L
浓缩果蔬汁（浆）	0.5mg/L
固体饮料	1.0
酒类（蒸馏酒、黄酒除外）	0.2
蒸馏酒、黄酒	0.5
可可制品、巧克力和巧克力制品及糖果	0.5
冷冻饮品	0.3

续表

食品类别（名称）	限量（以Pb计）/（mg/kg）
特殊膳食用食品	
婴幼儿配方食品（液态产品除外）	0.15（以粉状产品计）
液态产品	0.02（以即食状态计）
婴幼儿辅助食品	
婴幼儿谷类辅助食品（添加鱼类、肝类、蔬菜类的产品除外）	0.2
添加鱼类、肝类、蔬菜类的产品	0.3
婴幼儿罐装辅助食品（以水产及动物肝脏为原料的产品除外）	0.25
以水产及动物肝脏为原料的产品	0.3
特殊医学用途配方食品（特殊医学用途婴儿配方食品涉及的品种除外）	
10岁以上人群的产品	0.5（以固态产品计）
1岁～10岁人群的产品	0.15（以固态产品计）
辅食营养补充品	0.5
运动营养食品	
固态、半固态或粉状	0.5
液态	0.05
孕妇及乳母营养补充食品	0.5
其他类	
果冻	0.5
膨化食品	0.5
茶叶	5.0
干菊花	5.0
苦丁茶	2.0
蜂产品	
蜂蜜	1.0
花粉	0.5

a　稻谷以糙米计。

表13-5　食品中亚硝酸盐、硝酸盐限量指标

食品类别（名称）	限量/（mg/kg）	
	亚硝酸盐（以$NaNO_2$计）	硝酸盐（以$NaNO_3$计）
蔬菜及其制品		
腌渍蔬菜	20	—
乳及乳制品		
生乳	0.4	—
乳粉	2.0	—
饮料类		
包装饮用水（矿泉水除外）	0.005mg/L（以NO_2^-计）	—
矿泉水	0.1mg/L（以NO_2^-计）	45mg/L（以NO_3^-计）
特殊膳食用食品		
婴幼儿配方食品		
婴儿配方食品	2.0[a]（以粉状产品计）	100（以粉状产品计）
较大婴儿和幼儿配方食品	2.0[a]（以粉状产品计）	100[b]（以粉状产品计）
特殊医学用途婴儿配方食品	2.0（以粉状产品计）	100（以粉状产品计）

续表

食品类别（名称）	限量/（mg/kg）	
	亚硝酸盐（以NaNO₂计）	硝酸盐（以NaNO₃计）
婴幼儿辅助食品		
婴幼儿谷类辅助食品	2.0ᶜ	100ᵇ
婴幼儿罐装辅助食品	4.0ᶜ	200ᵇ
特殊医学用途配方食品（特殊医学用途婴儿配方食品涉及的品种除外）	2ᵈ（以固态产品计）	100ᵇ（以固态产品计）
辅食营养补充品	2ᵃ	100ᵇ
孕妇及乳母营养补充食品	2ᶜ	100ᵇ

a 仅适用于乳基产品。
b 不适合于添加蔬菜和水果的产品。
c 不适合于添加豆类的产品。
d 仅适用于乳基产品（不含豆类成分）。

三、食品中农药残留和兽药残留限量标准

（一）食品中农药最大残留限量标准

农药残留问题是随着农药大量生产和广泛使用而产生的，是农药使用后一个时期内没有被分解而残留于生物体、收获物、土壤、水体、大气中的微量农药原体、有毒代谢物、降解物和杂质的总称。虽然农药在保护作物、减少产量损失、防治病虫害等方面起了很大作用，但是因农药使用不当、过度使用等多种问题，残留的农药随粮食、蔬菜、水果、鱼、虾、肉、蛋、乳进入人体或动物体，危害人或动物的健康。为保障食品安全、规范食品生产经营、维护公众健康，《食品安全国家标准 食品中农药最大残留限量标准》（GB 2763—2021）代替《食品安全国家标准 食品中农药最大残留限量》（GB 2763—2019）于2021年9月3日正式实施。

1. 标准的适用范围和主要内容

《食品安全国家标准 食品中农药最大残留限量标准》（GB 2763—2021）对谷物、油料和油脂、蔬菜（鳞茎类）、蔬菜（芸薹属类）、蔬菜（叶菜类）、蔬菜（茄果类）、蔬菜（瓜类）、蔬菜（豆类）、蔬菜（茎类）、蔬菜（根茎类和薯芋类）、蔬菜（水生类）、蔬菜（芽菜类）、蔬菜（其他类）、干制蔬菜、水果（柑橘类）、水果（仁果类）、水果（核果类）、水果（浆果和其他小型水果）、水果（热带和亚热带水果）、水果（瓜果类）、干制水果、坚果、糖料、饮料类、食用菌、调味料、药用植物、动物源性食品等28大类食品中2，4-滴等564种农药10092项最大残留限量指标。为明确农药最大残留限量应用范围，标准对食品类别及测定部位进行了明确界定，如某种农药的最大残留限量应用于某一食品类别时，在该食品类别下的所有食品均适用，有特别规定的除外。此外，标准还列出了豁免制定食品中最大残留限量标准的农药名单，用于界定不需要制定食品中农药最大残留限量的范围。

2．标准中的农药残留指标设置

《食品安全国家标准　食品中农药最大残留限量标准》（GB 2763—2021）规定了564种农药的最大残留限量指标，部分农药最大残留限量见表13-6。此外，标准中列出了部分豁免制定食品中最大残留限量标准的农药名单（表13-7）。

表13-6　《食品安全国家标准　食品中农药最大残留限量》中部分农药最大残留限量

农药名称	食品种类	最大残留限量/（mg/kg）
2，4-滴、2，4-滴钠盐	核果类水果	0.05
百草枯	鳞茎类蔬菜	0.05
苯硫威	水果	0.5
吡虫啉	花生仁	0.5
炳森锌	人参	0.3
草甘膦	苹果	0.5
除虫菊素	茄果类蔬菜	0.05
代森联	南瓜	0.2
稻丰散	橙	1
敌草胺	西瓜	0.05
敌敌畏	豆类蔬菜	0.2
敌菌灵	黄瓜	10
丁草胺	玉米	0.5
啶虫脒	芹菜	3
毒死蜱	黄瓜	0.1
对硫磷	杂粮类	0.1
多菌灵	韭菜	2
二苯胺	牛肝	0.05
二嗪磷	哈密瓜	0.2
呋虫胺	茶叶	20
氟虫腈	芽菜类蔬菜	0.02
氟环唑	香蕉	3
福美双	大蒜	0.5
甲草胺	姜	0.05

表13-7　《食品安全国家标准　食品中农药最大残留限量》豁免农药清单（部分）

中文名称	英文名称	中文名称	英文名称
枯草芽孢杆菌	Bacillus subtilis	香菇多糖	lentinan
木霉菌	Trichoderma spp.	蝗虫微孢子虫	Nosema locustae
菜青虫颗粒体病毒	Pieris rapae granulosis virus（PiraGV）	低聚糖素	oligosaccharide
三十烷醇	triacontanol	小盾壳霉	Coniothyrium minitans
聚半乳糖醛酸酶	polygalacturonase	Z-8-十二碳烯乙酯	Z-8-dodecen-1-yl acetate
超敏蛋白	harpin protein	Z-8-十二碳烯醇	Z-8-dodecen-1-ol
S-诱抗素	S-abscisic acid	混合脂肪酸	Mixedfattyacids

(二)食品中兽药最大残留限量标准

兽药残留是影响食品安全的主要因素之一。人们对食品安全的重视程度越来越高,动物源性食品中兽药残留也越来越受到大众关注。兽药残留是指用药后蓄积或存留于畜禽机体或产品(如鸡蛋、乳品、肉品等)中的原型药物或其代谢产物,包括与兽药有关的杂质的残留。残留的兽药随动物源性食品进入人体,危害人体健康。为保障动物源性食品安全、规范动物源性食品生产经营、维护公众健康,《食品安全国家标准 食品中兽药最大残留限量标准》(GB 31650—2019)于2020年4月1日正式实施。该标准代替农业部公告第235号《动物性食品中兽药最高残留限量》相关部分,增加了"可食下水"和"其他食品动物"的术语定义;增加了阿维拉霉素等13种兽药及残留限量;增加了阿苯达唑等28种兽药的残留限量;增加了阿莫西林等15种兽药的日允许摄入量;增加了醋酸等73种允许用于食品动物,但不需要制定残留限量的兽药;修订了乙酰异戊酰泰乐菌素等17种兽药的中文名称或英文名称;修订了安普霉素等9种兽药的日允许摄入量;修订了阿苯达唑等15种兽药的残留标志物;修订了阿维菌素等29种兽药的靶组织和残留限量;修订了阿莫西林等23种兽药的使用规定;删除了蝇毒磷的残留限量;删除了氨丙啉等6种允许用于食品动物,但不需要制定残留限量的兽药;不再收载禁止药物及化合物清单。

1. 标准的适用范围和主要内容

《食品安全国家标准 食品中兽药最大残留限量标准》(GB 31650—2019)规定了动物性食品中阿苯达唑等104种(类)兽药的最大留残限量;规定了醋酸等154种允许用于食品动物,但不需要制定残留限量的兽药;规定了氯丙嗪等9种允许作治疗用,但不得在动物性食品中检出的兽药。本标准适用于与最大残留限量相关的动物性食品。

2. 标准中的兽药残留指标设置

《食品安全国家标准 食品中兽药最大残留限量标准》(GB 31650—2019)中兽药主要包括3种情况,分别是已批准动物性食品中最大残留限量规定的兽药;允许用于食品动物,但不需要制定残留限量的兽药;允许作治疗用,但不得在动物性食品中检出的兽药。具体内容如表13-8~表13-10所示。

表13-8 已批准动物性食品中最大残留限量规定的部分兽药

兽药名称	动物种类	靶组织	最大残留限量 / (μg/kg)
阿莫西林	所有食品动物(产蛋期禁用)	肌肉	50
氨丙啉	牛	脂肪	2000
杆菌肽	家禽	蛋	500
倍他米松	猪	肾	0.75
达氟沙星	鱼	皮+肉	100

续表

兽药名称	动物种类	靶组织	最大残留限量/(μg/kg)
越霉素	猪	可食组织	2000
地塞米松	牛	奶	0.3
二氟沙星	猪	肝	800
多西环素	牛	肌肉	100
红霉素	鸡	蛋	50
庆大霉素	鸡	可食组织	100
吉他霉素	猪	可食下水	200
莫能菌素	羊	肝	20
氯苯胍	鸡	皮+脂	200
大观霉素	鸡	蛋	2000
磺胺氯甲嘧啶	所有食品动物（产蛋期禁用）	肌肉	100
磺胺类	所有食品动物（产蛋期禁用）	脂肪	100
敌百虫	牛	肌肉	50
泰万菌素	猪	肝	50
维吉尼亚霉素	猪	肌肉	100

表 13-9　允许用于食品动物但不需要制定残留限量的部分兽药

兽药名称	动物种类	兽药名称	动物种类
醋酸	牛、马	二甲硅油	牛、羊
安络血	马、牛、羊、猪	度米芬	所有食品动物
氯化铵	马、牛、羊、猪	乙醇	所有食品动物
甜菜碱	所有食品动物	氟氯苯氰菊酯	蜜蜂
硼砂	所有食品动物	叶酸	所有食品动物
咖啡因	所有食品动物	明胶	所有食品动物
泛酸钙	所有食品动物	甘油	所有食品动物
次氯酸钙	所有食品动物	葡萄糖	马、牛、羊、猪
氯己定	所有食品动物	石蜡	马、牛、羊、猪
可的松	马、牛、羊、猪	垂体后叶	马、牛、羊、猪

表 13-10　允许作治疗用但不得在动物性食品中检出的兽药

兽药名称	动物种类	靶组织
氯丙嗪	所有食品动物	所有可食动物
地西泮（安定）	所有食品动物	所有可食动物

续表

兽药名称	动物种类	靶组织
地美硝唑	所有食品动物	所有可食动物
苯甲酸雌二醇	所有食品动物	所有可食动物
潮霉素B	猪、鸡	可食组织、鸡蛋
甲硝唑	所有食品动物	所有可食动物
苯丙酸诺龙	所有食品动物	所有可食动物
丙酸睾酮	所有食品动物	所有可食动物
赛拉嗪	产奶动物	奶

　　此外，除了《食品安全国家标准　食品中兽药最大残留限量标准》（GB 31650—2019）外，中华人民共和国农业农村部公告（包括第250、第284、第350 号等）中明确列出了食品动物中禁止使用的药品及其他化合物清单，以及新批准的兽药清单，共同进行兽药残留监控工作，保证动物性食品卫生安全。

拓展资源

水产制品污染物限量查询

　　查询某种食品中某种污染物的限量指标是《食品安全国家标准　食品中污染物限量》（GB 2762—2017）的主要功能。下面介绍水产制品污染物限量查询。

　　1. 水产制品中污染物限量概况查询

　　"水产制品"属于《食品安全国家标准　食品中污染物限量》（GB 2762—2017）中附录A食品类别（名称）说明中的"水产动物及其制品"大类，通过检索附录A，了解"水产制品"主要包括水产品罐头、鱼糜制品（如鱼丸等）、腌制水产品、鱼子制品、熏、烤水产品、发酵水产品、其他水产制品等8 类（表13-11）。通过检索标准中的"指标要求"，将水产制品污染物限量指标进行汇总（表13-12～表13-19）。

　　2. 水产制品中污染物限量的快速查询

　　1）特定水产品中污染物限量查询（以烤鱼片为例）

　　首先需要明确的是"烤鱼片"属于水产制品中的水产制品（海蜇制品除外）、其他鱼类制品（凤尾鱼、旗鱼制品除外）、鱼类及其制品、水产动物及其制品、肉食性鱼类及其制品、熏烤水产品、干制水产品的种类类别。其次相对应找到烤鱼片所属类别产品中污染物规定及污染物限量指标。

表 13-11　水产制品类别及说明

食品类别	食品类别说明	食品类别	食品类别说明
水产动物及其制品	鲜、冻水产动物 　鱼类 　　非肉食性鱼类 　　肉食性鱼类（例如鲨鱼、金枪鱼等） 　甲壳类 　软体动物 　　头足类 　　双壳类 　　棘皮类 　　腹足类 　　其他软体动物 　其他鲜、冻水产动物	水产动物及其制品	水产制品 　水产品罐头 　鱼糜制品（例如鱼丸等） 　腌制水产品 　鱼子制品 　熏、烤水产品 　发酵水产品 　其他水产制品

表 13-12　水产制品中铅限量指标

食品类别（名称）	限量（以 Pb 计）/（mg/kg）
水产制品（海蜇制品除外）	10
海蜇制品	20

表 13-13　水产制品中镉限量指标

食品类别（名称）	限量（以 Cd 计）/（mg/kg）
鱼类罐头（凤尾鱼、旗鱼罐头除外）	0.2
凤尾鱼、旗鱼罐头	0.3
其他鱼类制品（凤尾鱼、旗鱼制品除外）	0.1
凤尾鱼、旗鱼制品	0.3

表 13-14　水产制品中汞限量指标

食品类别（名称）	限量（以 Hg 计）/（mg/kg）	
	总汞	甲基汞[a]
水产动物及其制品（肉食性鱼类及其制品除外）	—	0.5
肉食性鱼类及其制品	—	1.0

a　水产动物及其制品可先测定总汞，当总汞水平不超过甲基汞限量值时，不必测定甲基汞；否则，需要测定甲基汞。

表 13-15　水产制品中砷限量指标

食品类别（名称）	限量（以 As 计）/（mg/kg）	
	总砷	无机砷
水产动物及其制品（鱼类及其制品除外）	—	0.5
鱼类及其制品	—	0.1

表13-16 水产制品中铬限量指标

食品类别（名称）	限量（以 Cr 计）/（mg/kg）
水产动物及其制品	20

表13-17 水产制品中苯并［a］芘限量指标

食品类别（名称）	限量/（mg/kg）
水产动物及其制品 熏、烤水产品	50

表13-18 水产制品中 N-二甲基亚硝胺限量指标

食品类别（名称）	限量/（μg/kg）
水产制品（水产品罐头除外）	4.0
干制水产品	4.0

表13-19 水产制品中多氯联苯限量指标

食品类别（名称）	限量/（mg/kg）
水产动物及其制品	0.5

注：多氯联苯以 PCB28、PCB52、PCB101、PCB118、PCB138、PCB153 和 PCB180 总和计。

　　随着互联网技术的发展，我们可以采用食品中污染物限量查询数据库快速查询，即可方便获取烤鱼片中污染物限量指标（表13-20）。

表13-20 烤鱼片中污染物限量指标

污染物名称	食品类别名称	限量要求	检验方法	备注
甲基汞	肉食性鱼类制品	≤1.0mg/kg	按《食品安全国家标准 食品中总汞及有机汞的测定》（GB 5009.17—2014）规定的方法测定	限量值以 Hg 计。水产动物及其制品可先测定总汞，当总汞水平不超过甲基汞限量值时，不必测定甲基汞；否则，需再测定甲基汞
镉	水产制品：其他鱼类制品（凤尾鱼、旗鱼制品除外）	≤0.1mg/kg	按《食品安全国家标准 食品中镉的测定》（GB 5009.15—2014）规定的方法测定	限量值以 Cd 计
铅	水产制品（海蜇制品除外）	≤1.0mg/kg	按《食品安全国家标准 食品中铅的测定》（GB 5009.12—2017）规定的方法测定	限量以 Pb 计

续表

污染物名称	食品类别名称	限量要求	检验方法	备注
N-二甲基亚硝胺	干制水产品	≤4.0μg/kg	按《食品安全国家标准 食品中N-亚硝胺类化合物的测定》（GB 5009.26—2016）规定的方法测定	
无机砷	鱼类制品	≤0.1mg/kg	按《食品安全国家标准 食品中总砷及无机砷的测定》（GB 5009.11—2014）规定的方法测定	限量以As计。对于制定无机砷限量的食品可先测定其总砷，当总砷水平不超过无机砷限量值时，不必测定无机砷；否则，需再测定无机砷
氯联苯	水产动物及其制品	≤0.5mg/kg	按《食品安全国家标准 食品中指示性多氯联苯含量的测定》（GB 5009.190—2014）规定的方法测定	多氯联苯以 PCB 28、PCB 52、PCB 101、PCB 118、PCB 138、PCB 153 和 PCB 180 总和计
铬	水产动物及其制品	≤2.0mg/kg	按《食品安全国家标准 食品中铬的测定》（GB 5009.123—2014）规定的方法测定	限量以Cr计
锡	食品（饮料类、婴幼儿配方食品、婴幼儿辅助食品除外）	≤250mg/kg	按《食品安全国家标准 食品中锡的测定》（GB 5009.16—2014）规定的方法测定	仅适用于采用镀锡薄板容器包装的食品。限量以Sn计

2）水产品中特定污染物限量查询（以甲基汞为例）

甲基汞是一种具有神经毒性的环境污染物，全国水产品甲基汞卫生标准科研协作组调研发现甲基汞几乎完全可被人体吸收，并对神经细胞具有选择性的毒性，其排泄缓慢，在人体内的半衰期约70d，生物体内的半衰期可长达1000d。甲基汞在鱼体内具有很强的富集作用，人体甲基汞的摄入主要来源于水产品的污染。如何查询水产品中甲基汞的限量指标，首先需要明确我们查询的污染物为甲基汞，依据《食品安全国家标准 食品中污染物限量》（GB 2762—2017）的相关规定，通过食品中污染物限量查询数据库可实现快速查询（表13-21）。

表13-21 水产品中甲基汞限量规定

食品类别中文名称	限量要求	检验方法	备注
水产动物及其制品（肉食性鱼类及其制品除外）	≤0.5mg/kg	按《食品安全国家标准 食品中总汞及有机汞的测定》（GB 5009.17—2014）规定的方法测定	限量值以Hg计。水产动物及其制品可先测定总汞，当总汞水平不超过甲基汞限量值时，不必测定甲基汞；否则，需再测定甲基汞
肉食性鱼类	≤1.0mg/kg		
肉食性鱼类制品	≤1.0mg/kg		

复习巩固

（1）列举我国食品中有毒有害物质限量标准。

（2）食品安全产品标准主要规定了各类产品除通用安全指标以外的安全性指标。请列举 5 种常见食品的食品安全产品标准。

食品添加剂和食品营养强化剂合规

学习目标

知识和技能目标

（1）掌握食品添加剂的使用标准；

（2）熟悉食品营养强化剂的使用标准；

（3）能对食品中添加剂和营养强化剂的使用是否合规做出判定。

思政和素养目标

树立食品产品合规意识。

思维导图

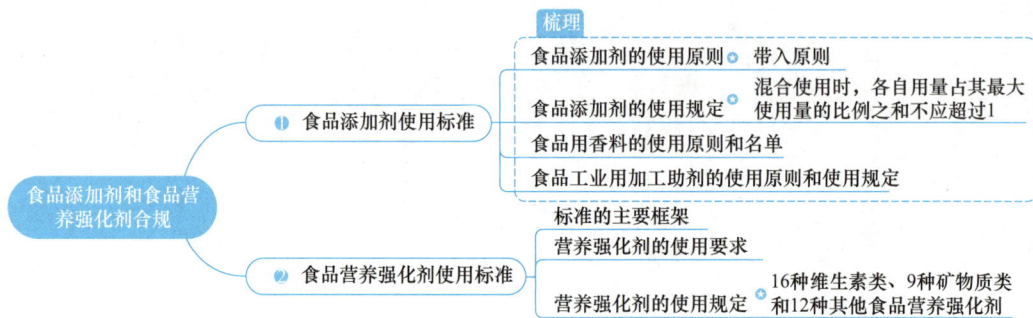

案例导入

超范围使用食品添加剂，生产企业被罚款6.55万元

1. 违法事实

上海某食品有限公司从青岛某食品有限公司处购进"奶香花生"。当事人使用上述"奶香花生"生产"奶香花生（500g/袋）"，经出厂检验（损耗5袋）合格后置于成品库内待售。经上海某技术有限公司检验，上述"奶香花生（500g/袋）"的"山梨酸及其钾盐（以山梨酸计）"项目检验结果为0.125g/kg，不符合《食品安全国家标准　食品添加

剂使用标准》（GB 2760—2014）"不得使用"的技术要求，检验结论为不合格。

又查明，当事人采购的原料"奶香花生"经当事人送验，"山梨酸及其钾盐（以山梨酸计）"项目不符合"不得使用"的要求，系导致当事人生产的"奶香花生（500g/袋）"不合格的直接原因。

当事人实施的生产超范围使用食品添加剂的"奶香花生（500g/袋）"的行为，违反了《食品安全法》第三十四条"禁止生产经营下列食品、食品添加剂、食品相关产品：（四）超范围、超限量使用食品添加剂的食品；"的规定。

2．处罚结果

（1）没收违法所得人民币肆仟零壹拾贰元整；（2）罚款人民币陆万伍仟伍佰元整。

（资料来源 https://fw.scjgj.sh.gov.cn/shaic/punish!detail.action?uuid=2c9bf29c8384989a0183f7c66fd149ed，有改动）

必备知识

一、食品添加剂使用标准

食品添加剂是指为改善食品品质和色、香、味，以及为防腐、保鲜和加工工艺的需要而加入食品中的人工合成或者天然物质。食品用香料、胶基糖果中基础剂物质、食品工业用加工助剂也包括在内。

为了进一步规范食品添加剂的使用、保障食品添加剂使用的安全性，中华人民共和国国家卫生和计划生育委员会根据《食品安全法》的有关规定，于2014年12月31日颁布了《食品安全国家标准　食品添加剂使用标准》（GB 2760—2014），并于2015年5月24日起实施。此版本将取代2011版。

《食品安全国家标准　食品添加剂使用标准》（GB 2760—2014）规定了食品添加剂的使用原则、允许使用的食品添加剂品种、使用范围及最大使用量或残留量，主要包括以下内容。

（一）食品添加剂的使用原则

1．食品添加剂的基本使用要求

食品添加剂的使用应遵循如下要求。

（1）不应对人体产生任何健康危害。

（2）不应掩盖食品腐败变质。

（3）不应掩盖食品本身或加工过程中的质量缺陷或以掺杂、掺假、伪造为目的而使用食品添加剂。

（4）不应降低食品本身的营养价值。

（5）在达到预期效果的前提下尽可能降低在食品中的使用量。

2．食品添加剂的使用情形

食品添加剂的使用情形通常包括以下几点。
（1）保持或提高食品本身的营养价值。
（2）作为某些特殊膳食用食品的必要配料或成分。
（3）提高食品的质量和稳定性，改进其感官特性。
（4）便于食品的生产、加工、包装、运输或者贮藏。

3．食品添加剂的质量标准

食品添加剂应当符合相应的质量规格要求。

4．食品添加剂的带入原则

在下列情况下，食品添加剂可以通过食品配料（含食品添加剂）带入食品中。
（1）食品配料中允许使用该食品添加剂。
（2）食品配料中该添加剂的用量不应超过允许的最大使用量。
（3）应在正常生产工艺条件下使用这些配料，并且食品中该添加剂的含量不应超过由配料带入的水平。
（4）由配料带入食品中的该添加剂的含量应明显低于直接将其添加到该食品中通常所需要的水平。

当某食品配料作为特定终产品的原料时，批准用于上述特定终产品的添加剂允许添加到这些食品配料中，同时该添加剂在终产品中的量应符合本标准的要求。在所述特定食品配料的标签上应明确标示该食品配料用于上述特定食品的生产。

（二）食品添加剂的使用规定

《食品国家标准　食品添加剂使用标准》（GB 2760—2014）中规定了283种食品添加剂的允许使用品种、使用范围及最大使用量或残留量。同一功能的食品添加剂（相同色泽着色剂、防腐剂、抗氧化剂）在混合使用时，各自用量占其最大使用量的比例之和不应超过1。

《食品国家标准　食品添加剂使用标准》（GB 2760—2014）中同时规定了可在各类食品中（特殊食品类别除外）按生产需要适量使用的食品添加剂75种，这些食品添加剂包含增稠剂、增味剂、着色剂、酸度调节剂和甜味剂等多种，如果胶、谷氨酸钠、高粱红、柠檬酸和木糖醇等，此类食品添加剂以天然为主而非合成，有些对人体还有保健功效。

《食品国家标准　食品添加剂使用标准》（GB 2760—2014）中还列出了不能按生产需要适量使用食品添加剂的特殊食品类别名单，包括灭菌乳、婴幼儿配方食品、蜂蜜等在内的39个食品类别。这些食品类别使用添加剂时应严格遵守食品添加剂的允许使用品种、使用范围及最大使用量或残留量的规定。

（三）食品用香料的使用原则和名单

在食品中使用食品用香料、香精的目的是使食品在产生中改变或提高其风味。食品用香料一般配制成食品用香精后用于食品加香，部分也可直接用于食品加香。食品用香料、香精不包括只产生甜味、酸味或咸味的物质，也不包括增味剂。

1. 食品用香料、香精的使用原则

食品用香料、香精在各类食品中按生产需要适量使用，不得添加食品用香料、香精的食品名单除外。这类食品名单包括灭菌乳、蜂蜜等28个食品类别。

用于配制食品用香精的食品用香料品种应符合标准规定。用物理方法、酶法或微生物法（所用酶制剂应符合本标准的有关规定）从食品（可以是未加工过的，也可以是经过了适合人类消费的传统的食品制备工艺的加工过程）中制得的具有香味特性的物质或天然香味复合物可用于配制食品用香精。

具有其他食品添加剂功能的食品用香料，在食品中发挥其他食品添加剂功能时，应符合本标准的规定，如苯甲酸、肉桂醛、瓜拉纳提取物、双乙酸钠（二醋酸钠）、琥珀酸二钠、磷酸三钙、氨基酸等。

食品用香精可以含有对其生产、贮存和应用等所必需的食品用香精辅料（包括食品添加剂和食品）。食品用香精中允许使用的辅料应符合相关标准的规定；在达到预期目的的前提下尽可能减少使用品种；作为辅料添加到食品用香精中的食品添加剂不应在最终食品中发挥功能作用，在达到预期目的的前提下尽可能降低在食品中的使用量。

2. 食品用香料的名单

食品用香料包括天然香料和合成香料两种。允许使用的食品用天然香料名单包括丁香叶油等393种，允许使用的食品用合成香料名单包括丙二醇等1477种。

（四）食品工业用加工助剂的使用原则和使用规定

1. 食品工业用加工助剂的使用原则

食品工业用加工助剂在使用时应遵循如下原则。

（1）加工助剂应在食品生产加工过程中使用，使用时应具有工艺必要性，在达到预期目的前提下应尽可能降低使用量。

（2）加工助剂一般应在制成最终成品之前除去，无法完全除去的，应尽可能降低其残留量，其残留量不应对健康产生危害，不应在最终食品中发挥功能作用。

（3）加工助剂应该符合相应的质量规格要求。

2. 食品工业用加工助剂的使用规定

（1）《食品安全国家标准　食品添加剂使用标准》（GB 2760—2014）规定了包括α-淀粉酶在内的54种食品用酶制剂及其来源名单，各种酶的来源和供体应符合标准的规定。

（2）《食品安全国家标准　食品添加剂使用标准》（GB 2760—2014）规定了包括甘油在内的38种可在各类食品加工过程中使用，残留量不需限定的加工助剂名单（不含酶制剂）。

（3）《食品安全国家标准　食品添加剂使用标准》（GB 2760—2014）规定了包括1-丁醇在内的77种需要规定功能和使用范围的加工助剂名单（不含酶制剂）。

《食品安全国家标准　食品添加剂使用标准》（GB 2760—2014）中共分为酸度调节剂、抗结剂、消泡剂、抗氧化剂、漂白剂、膨松剂、胶基糖果中的基础物质、着色剂、护色剂、乳化剂、酶制剂、增味剂、面粉处理剂、被膜剂、水分保持剂、防腐剂、稳定剂、甜味剂、增稠剂、食用香料、加工助剂和其他22大类283种食品添加剂，每种食品添加剂另外有对应的国家标准规定了该食品添加剂的感官要求和理化指标等。

二、食品营养强化剂使用标准

营养强化剂是指为了增加食品的营养成分（价值）而加入食品中的天然或人工合成的营养素和其他营养成分。

食品安全国家标准审评委员会审查通过了《食品安全国家标准　食品营养强化剂使用标准》（GB 14880—2012），于2012年3月15日公布，自2013年1月1日正式施行。该标准代替了《食品营养强化剂使用卫生标准》（GB 14880—1994）。

《食品安全国家标准　食品营养强化剂使用标准》（GB 14880—2012）规定了食品营养强化的主要目的、使用营养强化剂的要求、可强化食品类别的选择要求及营养强化剂的使用规定。适用于食品中营养强化剂的使用［国家法律、法规和（或）标准另有规定的除外］主要包括以下内容。

（一）标准的主要框架

《食品安全国家标准　食品营养强化剂使用标准》（GB 14880—2012）包括正文和四个附录。正文包括了范围、术语和定义、营养强化的主要目的、使用营养强化剂的要求、可强化食品类别的选择要求、营养强化剂的使用规定、食品类别（名称）说明和营养强化剂质量标准8个部分。4个附录则对允许使用的营养强化剂品种、使用范围及使用量，允许使用的营养强化剂化合物来源，允许用于特殊膳食用食品的营养强化剂及化合物来源，以及食品类别（名称）4个不同方面进行了规定。

（二）营养强化剂的使用要求

营养强化剂的使用要求包括以下几点。

（1）使用不应导致人群食用后营养素及其他营养成分摄入过量或不均衡，不应导致任何营养素及其他营养成分的代谢异常。

（2）使用不应鼓励和引导与国家营养政策相悖的食品消费模式。

（3）添加到食品中的营养强化剂应能在特定的贮存、运输和食用条件下保持质量的稳定。

（4）添加到食品中的营养强化剂不应导致食品一般特性如色泽、滋味、气味、烹调特性等发生明显不良改变。

（5）不应通过使用营养强化剂夸大食品中某一营养成分的含量或作用，来误导和欺骗消费者。

（三）营养强化剂的使用规定

营养强化剂的使用规定如下。

（1）营养强化剂的允许使用品种、使用范围及使用量应符合标准要求。允许使用的营养强化剂化合物来源应符合标准要求。

（2）特殊膳食用食品中营养素及其他营养成分的含量按相应的食品安全国家标准执行，允许使用的营养强化剂及化合物来源应符合标准要求。

《食品安全国家标准　食品营养强化剂使用标准》（GB 14880—2012）中共分为16种维生素类、9种矿物质类和12种其他食品营养强化剂，每种食品营养强化剂有对应的国家标准规定了该食品营养强化剂的感官要求和理化指标等。表14-1汇总了部分已制定国家标准的食品营养强化剂。

表14-1　部分食品营养强化剂标准目录

序号	标准编号	标准名称
1	GB 1903.1—2015	食品安全国家标准　食品营养强化剂　L-盐酸赖氨酸
2	GB 1903.2—2015	食品安全国家标准　食品营养强化剂　甘氨酸锌
3	GB 1903.3—2015	食品安全国家标准　食品营养强化剂　5′单磷酸腺苷
4	GB 1903.4—2015	食品安全国家标准　食品营养强化剂　氧化锌
5	GB 1903.5—2016	食品安全国家标准　食品营养强化剂　5′-胞苷酸二钠
6	GB 1903.6—2015	食品安全国家标准　食品营养强化剂　维生素E琥珀酸钙
7	GB 1903.7—2015	食品安全国家标准　食品营养强化剂　葡萄糖酸锰
8	GB 1903.8—2015	食品安全国家标准　食品营养强化剂　葡萄糖酸铜
9	GB 1903.9—2015	食品安全国家标准　食品营养强化剂　亚硒酸钠
10	GB 1903.10—2015	食品安全国家标准　食品营养强化剂　葡萄糖酸亚铁
11	GB 1903.11—2015	食品安全国家标准　食品营养强化剂　乳酸锌
12	GB 1903.12—2015	食品安全国家标准　食品营养强化剂　L-硒-甲基硒代半胱氨酸
13	GB 1903.13—2016	食品安全国家标准　食品营养强化剂　左旋肉碱（L-肉碱）
14	GB 1903.14—2016	食品安全国家标准　食品营养强化剂　柠檬酸钙
15	GB 1903.15—2016	食品安全国家标准　食品营养强化剂　醋酸钙（乙酸钙）
16	GB 1903.16—2016	食品安全国家标准　食品营养强化剂　焦磷酸铁

续表

序号	标准编号	标准名称
17	GB 1903.17—2016	食品安全国家标准 食品营养强化剂 乳铁蛋白
18	GB 1903.18—2016	食品安全国家标准 食品营养强化剂 柠檬酸苹果酸钙
19	GB 1903.19—2016	食品安全国家标准 食品营养强化剂 骨粉
20	GB 1903.20—2016	食品安全国家标准 食品营养强化剂 硝酸硫胺素
21	GB 1903.21—2016	食品安全国家标准 食品营养强化剂 富硒酵母
22	GB 1903.22—2016	食品安全国家标准 食品营养强化剂 富硒食用菌粉
23	GB 1903.23—2016	食品安全国家标准 食品营养强化剂 硒化卡拉胶
24	GB 1903.24—2016	食品安全国家标准 食品营养强化剂 维生素C磷酸酯镁
25	GB 1903.25—2016	食品安全国家标准 食品营养强化剂 D-生物素
26	GB 1886.82—2015	食品安全国家标准 食品营养强化剂 5′-尿苷酸二钠
27	GB 30604—2015	食品安全国家标准 食品营养强化剂 1，3-二油酸—2-棕榈酸甘油三酯

拓展资源

食品添加剂的带入

1．什么是食品添加剂的带入

食品添加剂的带入是指某种食品添加剂不是直接加入食品中的，而是随着其他含有该种食品添加剂的食品配料带进的。

2．被动带入

当食品终产品中不允许添加某种食品添加剂，而食品配料（含食品添加剂）中允许使用该种食品添加剂，这时会出现通过食品配料被动带入该种食品添加剂的情况。这种情况的带入原则［《食品安全国家标准 食品添加剂使用标准》（GB 2760—2014）中3.4.1］必须同时满足以下四个条件。

（1）根据标准，食品配料中允许使用该食品添加剂。

（2）食品配料中该添加剂的用量不应超过允许的最大使用量。

（3）应在正常生产工艺条件下使用这些配料，并且食品中该添加剂的含量不应超过由配料带入的水平。

（4）由配料带入食品中的该添加剂的含量应明显低于直接将其添加到该食品中通常所需要的水平。

在这种情况下，食品添加剂在食品配料中发挥工艺作用，同时又随着食品配料不可避免地被带入食品终产品中，在食品终产品中不发挥工艺作用。

例如，按照《食品安全国家标准　食品添加剂使用标准》（GB 2760—2014）的规定，酱肉生产中不允许添加苯甲酸，但是可能需要使用酱油作为配料，而酱油中允许使用苯甲酸，其最大使用量为1.0g/kg，因此在正常生产工艺条件下，酱肉中可以含有苯甲酸，但其在酱肉中的含量不应超过由酱油带入的水平。

再如，糕点生产中不允许添加植酸钠，但是糕点需要使用植物油作为配料，而植物油中允许使用植酸钠，植酸钠起到防止植物油氧化酸败的作用，其最大使用量为0.2g/kg。因此在正常生产工艺条件下，糕点中可以含有由植物油带入的植酸钠，且其在糕点中的含量不应超过由植物油带入的水平。

如果为了使终产品达到抗氧化、延长货架期的作用，而故意在其食品配料中大量添加某抗氧化剂，或者故意将某无工艺必要性的配料以抗氧化剂载体的身份用于终食品，即在配料中使用抗氧化剂的目的是在终产品中发挥功能作用的情况，不符合这种带入原则（表14-2）。

表14-2　常见符合被动带入原则的食品品种

食品终产品	添加的食品配料	易带入的食品添加剂
熟肉制品、豆干再制品	酱油、醋、蚝油等调味品	防腐剂：苯甲酸、脱氧乙酸
熟肉制品	鸡精、姜黄粉等调味料	着色剂：柠檬酸、日落黄
香辛料油（如辣椒油、芥辣油等）、油炸制品	食用植物油	抗氧化剂：BGA、BHT、TBHQ
饼干	人造奶油、干酪、氢化植物油等	防腐剂：山梨酸
煲汤料	蜜钱产品	防腐剂：苯甲酸、山梨酸抗氧化剂、漂白剂：二氧化硫、硫黄、亚硫酸盐类
糕点、面包	吉士粉、果酱、装饰性果酱、蛋黄酱	着色剂：柠檬黄、日落黄、胭脂红、苋菜红、诱惑红（部分添加剂作为馅料允许使用）
腊肠、香肠类	胶原蛋白肠衣、可食用动物肠衣	着色剂：胭脂红、诱惑红

3．主动带入

当特定食品终产品允许使用某种食品添加剂，而食品配料（含食品添加剂）不允许使用该种食品添加剂，由于工艺需求而将该种食品添加剂主动加入食品配料中，也就是我们在食品配料中主动带入了该种食品添加剂，这时带入原则［《食品安全国家标准　食品添加剂使用标准》（GB 2760—2014）中3.4.2］应满足以下四个条件。

（1）根据标准，食品终产品中允许使用该食品添加剂。

（2）该食品添加剂在食品配料中的使用量，应保证在食品终产品中的量不超过标准规定。

（3）添加了该种食品添加剂的食品配料仅能作为特定食品终产品的原料。

（4）食品配料的标签上必须明确标识该食品配料是用于特定食品终产品的生产。

　　在这种情况下，食品添加剂在食品终产品中发挥工艺作用，在食品配料中不发挥工艺作用，而以食品配料为载体被加入食品终产品中。

　　例如，一种植物油产品是某种蛋糕的配料，为了方便这种蛋糕的生产，这种植物油中添加了在蛋糕的生产过程中起着色作用的 β-胡萝卜素（β-胡萝卜素是脂溶性色素，在植物油中分散均匀，便于在蛋糕中使用）。根据《食品安全国家标准　食品添加剂使用标准》（GB 2760—2014）规定，β-胡萝卜素不能在植物油中使用，但它可以作为着色剂在焙烤食品中使用，蛋糕属于焙烤食品的一种，因此 β-胡萝卜素可以在蛋糕中使用，最大使用量为 1.0g/kg。由此可以判断，在这种用于该蛋糕生产的植物油中可以添加 β-胡萝卜素，且 β-胡萝卜素在植物油中的添加量换算到蛋糕中时不超过 1.0g/kg，该情况符合这种带入原则。同时，这种植物油的标签上应明确标示用于蛋糕的生产。

　　比较常见的这类食品配料有：用于肉制品加工的复合调味料和裹粉、煎炸粉，其中加入着色剂、水分保持剂、膨松剂、酸度调节剂、甜味剂、抗氧化剂、防腐剂等，在最终产品肉制品中发挥改善色泽、调整口感、增加风味及增加出品率等工艺作用；用于糕点加工的蛋糕预拌粉，其中加入膨松剂、乳化剂、增稠剂、水分保持剂、酸度调节剂、着色剂等，使最终产品糕点品质改良，更具弹性和松软性（表14-3）。

表14-3　常见符合主动带入原则的食品品种

食品配料	易带入的食品添加剂	食品终产品
冰激凌预拌粉	调味剂、着色剂、增稠剂等	冰激凌
碳酸饮料用糖浆	防腐剂、调味剂、着色剂、香精香料等	可乐、果味汽水等碳酸饮料
蛋糕预拌粉	膨松剂、乳化剂、增稠剂、水分保持剂、酸度调节剂等	蛋糕
面包专用小麦粉	防腐剂、膨松剂、酶制剂等	面包
糕点专用油脂	β-胡萝卜素等油溶性色素	各种中西式糕点
果冻、布丁粉	甜味剂、防腐剂、着色剂、增稠剂、酸度调节剂等	果冻、布丁

4. 食品添加剂合规使用的判定

　　食品中食品添加剂的使用必须严格按照《食品安全国家标准　食品添加剂使用标准》（GB 2760—2014）执行，但在判定食品中食品添加剂的使用情况时应考虑带入原则，结合食品终产品及配料表中各成分允许使用的食品添加剂的使用范围和使用量进行综合判定。

　　如果某种食品终产品及其配料中均不允许使用某种食品添加剂，但在这种食品中发现了这种食品添加剂的使用，这既违反了该食品中食品添加剂的使用规定，也不符合带入原则。

　　如果某种食品终产品中不允许使用某种食品添加剂，却通过检测发现了这种食品添加剂的存在，应考虑是否是因为该食品的某种配料允许使用这种食品添加剂，是否符合带入原则［《食品安全国家标准　食品添加剂使用标准》（GB 2760—2014）中3.4.1］。

　　如果某种食品配料中不允许使用某种食品添加剂，却通过检测发现了这种食品添加剂的存在，或者食品配料中某种食品添加剂的含量不符合标准规定，应结合该配料的标签标识来判断其是否符合带入原则［《食品安全国家标准　食品添加剂使用标准》（GB 2760—2014）中3.4.2］。

复习巩固

（1）食品添加剂的使用原则和使用规定是什么？

（2）食品营养强化剂的使用规定是什么？

单元十五 ◀ 食品标签和营养标签标准合规

食品标签和营养标签标准合规

学习目标

知识和技能目标

（1）掌握食品标签通则；

（2）掌握预包装食品营养标签的要求；

（3）能对食品标签和营养标签是否合规做出判定。

思政和素养目标

养成严谨求实的科学态度。

思维导图

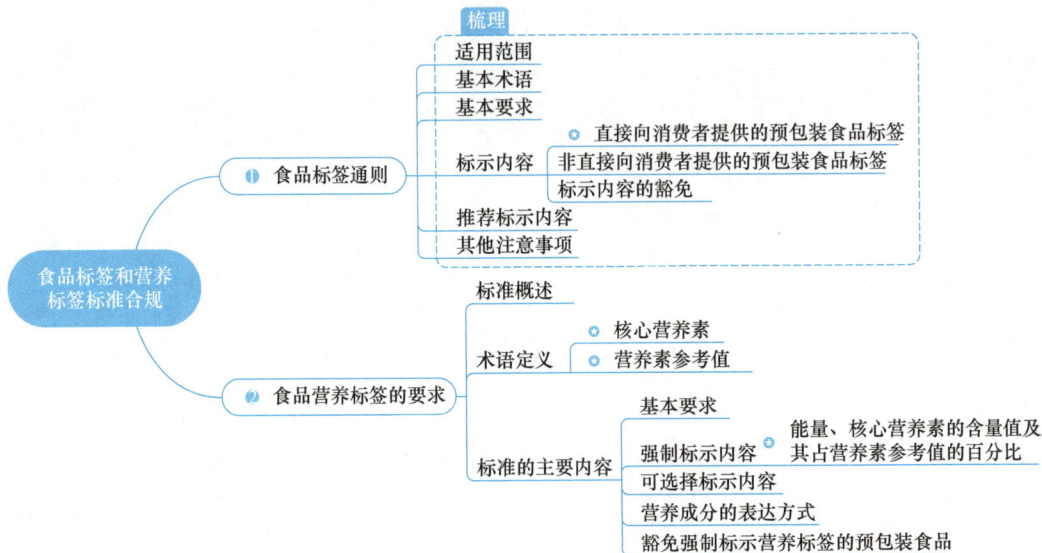

案例导入

标签标注不合规，一酒类集团被罚款 10 000 元

2022年初，四川省泸县市场监管局接到群众投诉举报称，泸县某酒类集团股份有限公司生产的"泸坊人参酒"添加了新资源食品"人参"，而外包装标签上未按照相关

规定规范标注不适宜人群和食用限量。经查，当事人生产的"泸坊人参酒"标签标注有"配料与辅料：白酒、水、人参（人工种植）"。

原国家卫生部《关于批准人参（人工种植）为新资源食品的公告》（2012年第17号）批准了人参（人工种植）为新资源食品，在该公告附件中注明了人参（人工种植）其他需要说明的情况有：孕妇、哺乳期妇女及14周岁以下儿童不宜食用，标签、说明书中应当标注不适宜人群和食用限量。而当事人在其生产的"泸坊人参酒"标签上未把"哺乳期妇女"标注为不适宜人群。

当事人的上述行为违反了《食品安全法》第六十七条第一款第九项的规定，即预包装食品的包装上应当有标签，标签应当标明"法律、法规或者食品安全标准规定应当标明的其他事项"。泸县市场监管局依法对当事人处以罚款人民币10 000元的行政处罚。

（资料来源：http://scjgj.luzhou.gov.cn/ywdt/qxdt/content_853653，有改动）

必备知识

一、食品标签通则

（一）标准概述

《食品安全国家标准　预包装食品标签通则》（GB 7718—2011）属于食品安全国家标准，相关规定、规范性文件规定的相应内容与本标准不一致的，应当按照本标准执行。

标准规定了预包装食品标签的通用性要求，如果其他食品安全国家标准有特殊规定的，应同时执行预包装食品标签的通用性要求和特殊规定。

（二）标准的主要内容

1．适用范围

标准适用于两类预包装食品：一是直接提供给消费者的预包装食品；二是非直接提供给消费者的预包装食品。另外，不属于标准管理的标示标签也可参照标准执行。

1）直接提供给消费者的预包装食品

一是生产者直接或通过食品经营者（包括餐饮服务）提供给消费者的预包装食品；二是既提供给消费者，又提供给其他食品生产者的预包装食品。进口商经营的此类进口预包装食品也应按照上述规定执行。

直接提供给消费者的预包装食品，是指在任何场所（如商店、超市、零售摊点、餐饮业的餐桌及飞机、火车、轮船场所）经销者直接提供给消费者的预包装食品，所有事项均在标签上标示。

2）非直接提供给消费者的预包装食品

一是生产者提供给其他食品生产者的预包装食品；二是生产者提供给餐饮业作为原

料、辅料使用的预包装食品。进口商经营的此类进口预包装食品也应按照上述规定执行。

非直接向消费者提供的预包装食品标签上必须标示食品名称、规格、净含量、生产日期、保质期和贮存条件，其他内容如未在标签上标注，则应在说明书或合同中注明，如食品原料，是交付给食品加工企业做进一步加工用的。

3）不属于标准管理的标示标签

一是散装食品标签；二是在贮藏运输过程中以提供保护和方便搬运为目的的食品贮运包装标签；三是现制现售食品标签。以上情形也可以参照本标准执行。

2．基本术语

按照《食品安全法》要求，标准修改了"预包装食品"和"生产日期"的定义，增加了"规格"定义和"规格"标示方式。

1）预包装食品

预先定量包装或者制作在包装材料和容器中的食品，包括预先定量包装，以及预先定量制作在包装材料和容器中并且在一定限量范围内具有统一的质量或体积标识的食品。预包装食品首先应当预先包装，此外包装上要有统一的质量或体积的标示。不定量的包装食品就不是预包装食品。

2）配料

配料是指在制造或加工食品时使用的，并存在（包括以改性的形式）于产品中的任何物质，包括食品添加剂。改性是指制作食品时使用的原料、辅料经过加工后，形成的产品改变了原来的性质。

3）生产日期（制造日期）

标准规定的"生产日期"是指预包装食品形成最终销售单元的日期。原《预包装食品标签通则》（GB 7718—2004）中"包装日期""灌装日期"等术语在本标准中统一为"生产日期"。

食品成为最终产品的日期，也包括包装或灌装日期，即将食品装入（灌入）包装物或容器中，形成最终销售单元的日期。"最终销售单元"是指直接卖给消费者的单件预包装食品。最终产品是完成了全部生产工序的产品。成品检验是必要的生产工序。不经过检验只能是成品，而非产品。

4）主要展示版面

主要展示版面是指预包装食品包装物或包装容器上容易被观察到的版面，即包装物或包装容器最明显、无须特意寻找的部位。

3．基本要求

按照《食品安全法》要求，标准增加了以下的内容。

（1）应符合法律、法规的规定，并符合相应食品安全标准的规定。

（2）不应标注或者暗示具有预防、治疗疾病作用的内容，非保健食品不得明示或者暗示具有保健作用。

（3）不应与食品或者其包装物（容器）分离。

（4）应使用规范的汉字（商标除外）。具有装饰作用的各种艺术字，应书写正确，易于辨认。

（5）预包装食品包装物或包装容器最大表面面积大于35cm²时，强制标示内容的文字、符号、数字的高度不得小于1.8mm。

（6）一个销售单元的包装中含有不同品种、多个独立包装可单独销售的食品，每件独立包装的食品标识应当分别标注。

若外包装易于开启识别或透过外包装物能清晰地识别内包装物（容器）上的所有强制标示内容或部分强制标示内容，可不在外包装物上重复标示相应的内容；否则应在外包装物上按要求标示所有强制标示内容。

4．标示内容

1）直接向消费者提供的预包装食品标签

直接向消费者提供的预包装食品标签的标示应包括食品名称、配料表、净含量和规格、生产者和（或）经销者的名称、地址和联系方式、生产日期和保质期、贮存条件、食品生产许可证编号、产品标准代号及其他需要标示的内容。

（1）食品名称。食品名称应在食品标签的醒目位置，清晰地标示反映食品真实属性的专用名称。反映食品真实属性的专用名称通常是指国家标准、行业标准、地方标准中规定的食品名称或食品分类名称。"真实属性"即食品本身固有的性质、特性，使消费者一看名称就能联想到食品的本质。例如，代可可脂巧克力。

当国家标准或行业标准中已规定了某食品的名称时，应选用等效的名称。"等效的名称"是指标签上的产品名称或配料表中的配料名称，可以采用与国家标准或行业标准同义、本质相同的名称。例如，环己基氨基磺酸钠，又名甜蜜素。

无规定名称时，应选用不使消费者误解或混淆的常用名称或通俗名称。可以标示"新创名称"、"音译名称"、"地区俚语名称"或"商标名称"，但应在所示名称的同一展示版面标示上述规定的名称。当使用的商品名称含有易使人误解食品属性的文字或术语（词语）时，应在所示名称的同一展示版面邻近部位使用同一字号标示食品真实属性的专用名称。如果因字号或字体颜色不同而易使人误解时，应使用同一字号及同一字体颜色标示食品真实属性的专用名称。例如，新创名称的邻近部位使用同一字号标示食品真实属性的专用名称［如士力架（花生夹心巧克力）］。

饮料产品名称应依据《饮料通则》（GB 10789—2015）来分类。

（2）配料表。当加工过程中所有的原料已改变为其他成分，可用"原料"或"原料与辅料"代替"配料""配料表"，并标示各种原料、辅料和食品添加剂，加工助剂不需要标示。单一配料的预包装食品应当标示配料表。此外，水应在配料表中标示，挥发的水或挥发性配料不需要标示。可食用的包装物也应在配料表中标示原始配料，国家另有法律法规规定的除外。不同配料类别的标示方式如表15-1所示。复合配料（不包含复合食品添加剂），应标示复合配料的名称。配料表中配料的标示应清晰，易于辨认和识读，配料间可以用逗号、分号、空格等易于分辨的方式分隔。各种配料应按加入量的递减顺序一一排列；加入量不超过2%的配料可以不按递减顺序排列。标签标示内容应真实准确，不得使用易使消费者误解或具有欺骗性的文字、图形等方式介绍食品。当使用的图形或文字可能使消费者误解时，应用清晰醒目的文字加以说明。

表15-1 不同配料类别的标示方式

配料类别	标示方式
各种植物油或精炼植物油，不包括橄榄油	"植物油"或"精炼植物油"；如经过氢化处理，应标示为"氢化"或"部分氢化"
各种淀粉，不包括化学改性淀粉	"淀粉"
加入量不超过2%的各种香辛料或香辛料浸出物（单一的或合计的）	"香辛料"、"香辛料类"或"复合香辛料"
添加量不超过10%的各种果脯蜜饯水果	"蜜饯""果脯"
食用香精、香料	食用香精/食用香料/食用香精/香料

复合配料在配料表中的标示分以下两种情况。

① 如果直接加入食品中的复合配料已有国家标准、行业标准或地方标准，并且其加入量小于食品总量的25%，则不需要标示复合配料的原始配料。加入量小于食品总量25%的复合配料中含有的食品添加剂，若符合《食品安全国家标准 食品添加剂使用标准》（GB 2760—2014）规定的带入原则且在最终产品中不起工艺作用的，不需要标示，但复合配料中在终产品起工艺作用的食品添加剂应当标示。推荐的标示方式为：在复合配料名称后加括号，并在括号内标示该食品添加剂的通用名称，如"酱油（含焦糖色）"。

② 如果直接加入食品中的复合配料没有国家标准、行业标准或地方标准，或者该复合配料已有国家标准、行业标准或地方标准且加入量大于食品总量的25%，则应在配料表中标示复合配料的名称，并在其后加括号，按加入量的递减顺序一一标示复合配料的原始配料，其中加入量不超过食品总量2%的配料可以不按递减顺序排列。复合配料需要标示其原始配料的，如果部分原始配料与食品中的其他配料相同，可以选择以下两种方式之一标示：一是参照以上标示；二是在配料表中直接标示复合配料中的各原始配料，各配料的顺序应按其在终产品中的总量决定。

按照《食品安全法》规定，标准细化了食品添加剂的标示要求，明确了食品添加剂应标示《食品安全国家标准 食品添加剂使用标准》（GB 2760—2014）中的通用名称，可以标示为具体名称、功能类别名称＋具体名称或国际编码。食品中添加了两种或两种以上同一功能的食品添加剂，可选择分别标示各自的具体名称；或者选择先标示功能类别名称，再在其后加括号标示各自的具体名称或国际编码（INS号）。例如，可以标示为"卡拉胶，瓜尔胶"、"增稠剂（卡拉胶，瓜尔胶）"或"增稠剂（407，412）"。如果某一种食品添加剂没有INS号，可同时标示其具体名称。例如，"增稠剂（卡拉胶，聚丙烯酸钠）"或"增稠剂（407，聚丙烯酸钠）"，如表15-2所示。

表 15-2　食品添加剂在配料表中的标示形式

标示形式	举例
递减顺序，标示具体名称	配料：×××（××××，××，磷脂，聚甘油蓖麻醇酯，×××，柠檬黄），××，丙二醇脂肪酸酯，卡拉胶，瓜尔胶，胭脂红，×××，丙二醇
递减顺序，标示功能类别名称及国际编码	配料：×××（××××，××，乳化剂（322，476），着色剂（102）），××，乳化剂（477），增稠剂（407，412），着色剂（160b），增稠剂（1520）
递减顺序，标示食品添加剂的功能类别名称及具体名称	配料：×××〔××××，××，乳化剂（磷脂，聚甘油蓖麻醇酯），×××，着色剂（柠檬黄）〕，××，乳化剂（丙二醇脂肪酸酯），增稠剂（卡拉胶，瓜尔胶），着色剂（胭脂红），增稠剂（丙二醇）

食品添加剂通用名称标示注意事项：①食品添加剂可能具有一种或多种功能，《食品安全国家标准　食品添加剂使用标准》（GB 2760—2014）列出了食品添加剂的主要功能，供使用参考，生产经营企业应按照食品添加剂在产品中的实际功能在标签上标示功能类别名称；②如果《食品安全国家标准　食品添加剂使用标准》（GB 2760—2014）中对一个食品添加剂规定了两个及以上的名称，每个名称均是等效的通用名称，以"环己基氨基磺酸钠（又名甜蜜素）"为例，"环己基氨基磺酸钠"和"甜蜜素"均为通用名称；③"单，双甘油脂肪酸酯（油酸、亚油酸、亚麻酸、棕榈酸、山嵛酸、硬脂酸、月桂酸）"可以根据使用情况标示为"单，双甘油脂肪酸酯"或"单，双硬脂酸甘油酯"或"单硬脂酸甘油酯"等；④根据食物致敏物质标示需要，可以在《食品安全国家标准　食品添加剂使用标准》（GB 2760—2014）规定的通用名称前增加来源描述，如"磷脂"可以标示为"大豆磷脂"；⑤《食品安全国家标准　食品添加剂使用标准》（GB 2760—2014）规定，阿斯巴甜应标示为"阿斯巴甜（含苯丙氨酸）"。

复配食品添加剂应在食品配料表中一一标示在终产品中具有功能作用的每种食品添加剂。食品添加剂含有的辅料不在终产品中发挥功能作用时，不需要在配料表中标示。食品加工助剂不需要标示。酶制剂如果在终产品中已经失去酶活力的，不需要标示；如果在终产品中仍然保持酶活力的，应按照食品配料表标示的有关规定，按制造或加工食品时酶制剂的加入量，排列在配料表的相应位置。食品营养强化剂应当按照《食品安全国家标准　食品营养强化剂使用标准》（GB 14880—2012）或原卫生部公告中的名称标示，既可以作为食品添加剂或食品营养强化剂，又可以作为其他配料使用的配料，应按其在终产品中发挥的作用规范标示。当作为食品添加剂使用，应标示其在《食品安全国家标准　食品添加剂使用标准》（GB 2760—2014）中规定的名称；当作为食品营养强化剂使用，应标示其在《食品安全国家标准　食品营养强化剂使用标准》（GB 14880—2012）中规定的名称；当作为其他配料发挥作用，应标示其相应具体名称，如味精（谷氨酸钠）既可作为调味品，又可作为食品添加剂，当作为食品添加剂使用时，应标示为谷氨酸钠，当作为调味品使用时，应标示为味精。例如，核黄素、维生素E、聚葡萄糖等，既可作为食品添加剂，又可作为食品营养强化剂，当作为食品添加剂使用时，应标示其在《食品安全国家标准 食品添加剂使用标准》（GB 2760—2014）中规定的名称；当作为食品营养强化剂使用时，应标示其在《食品安全国家标准 食品营养强化剂使用标准》（GB 14880—2012）中规定的名称。

（3）配料的定量标示。在食品标签或食品说明书上特别强调添加了或含有一种或数种有价值、有特性的配料或成分，应标示添加量。

只在食品名称中出于反映食品真实属性需要，提及某种配料或成分而未在标签上特别强调时，不需要标示该种配料或成分的添加量或在成品中的含量。只强调食品的口味时也不需要定量标示，但产品标准另有规定的除外。

添加量很少，仅作为香料用的配料而未在标签上特别强调，也不需要标示香料在成品中的含量。如果在食品标签上强调某种或多种配料或成分含量较低或无时，应同时标示其在终产品中的含量。

（4）净含量和规格。净含量标示由净含量、数字和法定计量单位组成。标示位置应与食品名称在包装物或容器的同一展示版面。所有字符高度（以字母L、k、g等计）应符合本标准4.1.5.4的要求。"净含量"与其后的数字之间可以用空格或冒号等形式区隔。"法定计量单位"分为体积单位和质量单位。净含量大于等于1000g时，计量单位应为千克（kg）。固态食品只能标示质量单位，液态、半固态、黏性食品可以选择标示体积单位或质量单位。

单件预包装食品的规格等同于净含量，可以不另外标示规格，具体标示方式参见标准附录C的C.2.1；预包装内含有若干同种类预包装食品时，净含量和规格的具体标示方式参见附录C的C.2.3，同一预包装内含有多个单件预包装食品时，还应标示规格。规格的标示应由单件预包装食品净含量和件数组成，或只标示件数，可不标示"规格"二字；预包装食品内含有若干不同种类预包装食品时，净含量和规格的具体标示方式参见标准附录C的C.2.4。标示"规格"时，不强制要求标示"规格"两字。

赠送装或促销装预包装食品净含量的标示：赠送装（或促销装）的预包装食品的净含量应按照标准的规定进行标示，可以分别标示销售部分的净含量和赠送部分的净含量，也可以标示销售部分和赠送部分的总净含量，并同时用适当的方式标示赠送部分的净含量。例如，"净含量500g、赠送50g"，"净含量500g＋50g"；"净含量550g（含赠送50g）"等。

无法清晰区别固液相产品的固形物含量的标示：固、液两相且固相物质为主要食品配料的预包装食品，应在靠近"净含量"的位置以质量或质量分数的形式标示沥干物（固形物）的含量，如糖水梨罐头。半固态、黏性食品、固液相均为主要食用成分或呈悬浮状、固液混合状等无法清晰区别固液相产品的预包装食品无须标示沥干物（固形物）的含量。预包装食品由于自身的特性，可能在不同的温度或其他条件下呈现固、液不同形态的，不属于固、液两相的食品，如蜂蜜、食用油等产品。

（5）生产者、经销者的名称、地址和联系方式。生产者名称和地址应当是依法登记注册、能够承担产品安全责任的生产者的名称、地址。

联系方式应当标示依法承担法律责任的生产者或经销者的有效联系方式。联系方式应至少标示以下内容中的一项：电话（热线电话、售后电话或销售电话等）、传真、电子邮件等网络联系方式、与地址一并标示的邮政地址（邮政编码或邮箱号等）。进口食品应标示原产国地名及中国依法登记注册的代理商、进口商或经销者的名称、地址和联系方式，可不标示生产者的名称、地址和联系方式。

（6）日期标示。应清晰标示预包装食品的生产日期和保质期，如日期标示采用"见包装物某部位"的形式，应标示所在包装物的具体部位。

销售单元包含若干标示了生产日期及保质期的独立包装食品时，外包装上的生产日期和保质期可以选择以下3种方式之一标示：一是生产日期标示最早生产的单件食品的生产日期，保质期按最早到期的单件食品的保质期标示；二是生产日期标示外包装形成销售单元的日期，保质期按最早到期的单件食品的保质期标示；三是在外包装上分别标示各单件食品的生产日期和保质期。

应按年、月、日的顺序标示日期，如果不按此顺序标示，应注明日期表示顺序。

日期标示不得另外加贴、补印或篡改，是指在已有的标签上通过加贴、补印等手段单独对日期进行篡改的行为。如果整个食品标签以不干胶形式制作，包括"生产日期"或"保质期"等日期内容，整个不干胶加贴在食品包装上符合本标准规定。

标示日期时使用"见包装"字样时，应当区分以下2种情况：一是包装体积较大，应指明日期在包装物上的具体部位；二是小包装食品，可采用"生产日期见包装""生产日期见喷码"等形式。以上要求是为了方便消费者找到日期信息。

（7）预包装食品标签应标示贮存条件。贮存条件可以标示为："贮存条件""贮藏条件""贮藏方法"等标题，或不标示标题。例如，常温（或冷冻，或冷藏，或避光，或阴凉干燥处）保存；0～4℃保存；请置于阴凉干燥处；常温保存，开封后需冷藏。

（8）食品生产许可证编号、产品标准代号。食品标签上应标注食品生产许可证编号，为SC＋14位阿拉伯数字。

食品标签上应当标示产品所执行的标准代号和顺序号，可以不标示年代号。产品标准可以是食品安全国家标准、食品安全地方标准、食品安全企业标准或其他国家标准、行业标准、地方标准和企业标准。

标题可以采用但不限于这些形式：产品标准号、产品标准代号、产品标准编号、产品执行标准号等。

（9）其他标示内容。经电离辐射线或电离能量处理过的食品，应在食品名称附近标明"辐照食品"。

转基因食品的标示应符合相关法律、法规的规定。

如果食品的国家标准、行业标准中已明确规定质量（品质）等级的，应按标准要求标示质量（品质）等级。产品分类、产品类别等不属于质量等级。

特殊膳食类食品和专供婴幼儿的主辅类食品，应当标示主要的营养成分及其含量。

2）非直接向消费者提供的预包装食品标签

标示内容：食品名称、规格、净含量、生产日期、保质期和贮存条件，其他内容如未在标签上标注，则应在说明书或合同中注明。

3）标示内容的豁免

标准豁免标示内容有两种情形：一是规定了可以免除标示保质期的食品种类，包括酒精度大于10%的饮料酒、食醋、食用盐、固体食糖类、味精；二是规定了当食品包装物或包装容器的最大表面面积小于10cm²时可以免除的标示内容，包装容器的最大表面面积小于10cm²时，可以只标示产品名称、净含量、生产者的名称和地址。两种情形分别考虑了食品本身的特性和在小标签上标示大量内容存在困难。豁免意味着不强制要求标示，企业可以选择是否标示。例如，标准豁免条款中的"固体食糖"为白砂糖、绵白糖、红糖和冰糖等，不包括糖果。

5．推荐标示内容

1）批号

根据产品需要，食品企业可以标示产品的批号。

2）食用方法

根据产品需要，食品企业可以标示容器的开启方法、食用方法、烹调方法、复水再制方法等对消费者有帮助的说明。

3）致敏物质

参照《国际食品法典》，标准增加了食品致敏物质推荐性标示要求，以便于消费者根据自身情况科学选择食品。

食品中的某些原料或成分，被特定人群食用后会诱发过敏反应，有效的预防手段之一就是在食品标签中标示所含有或可能含有的食品致敏物质，以便提示有过敏史的消费者选择适合自己的食品。标准参照《国际食品法典》列出了八类致敏物质，鼓励企业自愿标示以提示消费者，有效履行社会责任。八类致敏物质以外的其他致敏物质，生产者也可自行选择是否标示。具体标示形式由食品生产经营企业参照以下内容自主选择。

致敏物质可以选择在配料表中用易于识别的配料名称直接标示，如牛奶、鸡蛋粉、大豆磷脂等；也可以选择在邻近配料表的位置加以提示，如"含有……"等；对于配料中不含某种致敏物质，但同一车间或同一生产线上还生产含有该致敏物质的其他食品，使得致敏物质可能被带入该食品的情况，则可在邻近配料表的位置使用"可能含有……""可能含有微量……""本生产设备还加工含有……的食品""此生产线也加工含有……的食品"等方式标示致敏物质信息。例如，含有麸质的谷物及其制品、甲壳纲类动物及其制品（如虾、龙虾、蟹等）、花生及其制品、坚果及其果仁类制品。

6．其他注意事项

1）标签中使用繁体字

标准规定食品标签使用规范的汉字，但不包括商标。"规范的汉字"指《通用规范汉字表》中的汉字，不包括繁体字。食品标签可以在使用规范汉字的同时，使用相对应的繁体字。

2）标签中使用"具有装饰作用的各种艺术字"

"具有装饰作用的各种艺术字"包括篆书、隶书、草书、手书体字、美术字、变体字、古文字等。使用这些艺术字时应书写正确、易于辨认、不易混淆。

3）标签的中文、外文对应关系

预包装食品标签可同时使用外文，但所用外文字号不得大于相应的汉字字号。对于该标准及其他法律、法规、食品安全标准要求的强制标识内容，中文、外文应有对应的关系。

4）最大表面面积大于10cm²但小于等于35cm²时的标示要求

食品标签应当按照该标准要求标示所有强制性内容。根据标签面积具体情况，标签内容中的文字、符号、数字的高度可以小于1.8mm，应清晰，易于辨认。

5）强制标示内容既有中文又有字母字符时的高度要求

中文字高应大于等于1.8mm，kg、mL等单位或其他强制标示字符应按其中的大写字母或"k、f、l"等小写字母判断是否大于等于1.8mm。

6）销售单元包含若干可独立销售的预包装食品时标签标示要求

该销售单元内的独立包装食品应分别标示强制标示内容。外包装（或大包装）的标签标示分为两种情况：①外包装（或大包装）上同时按照本标准要求标示，如果该销售单元内的多件食品为不同品种时，应在外包装上标示每个品种食品的所有强制标示内容，可将共有信息统一标示；②若外包装（或大包装）易于开启识别、或透过外包装（或大包装）能清晰识别内包装物（或容器）的所有或部分强制标示内容，可不在外包装（或大包装）上重复标示相应的内容。

7）可食用包装物的含义及标示要求

可食用包装物是指由食品制成的，既可以食用又承担一定包装功能的物质。这些包装物容易和被包装的食品一起被食用，因此应在食品配料表中标示其原料。对于已有相应的国家标准和行业标准的可食用包装物，当加入量小于预包装食品总量25%时，可免于标示该可食用包装物的原始配料。

8）胶原蛋白肠衣的标示

胶原蛋白肠衣属于食品复合配料，已有相应的国家标准和行业标准。根据《食品安全国家标准　预包装食品标签通则》（GB 7718—2011）4.1.3.1.3的规定，对胶原蛋白肠衣加入量小于食品总量25%的肉制品，其标签上可不标示胶原蛋白肠衣的原始配料。

9）食品中菌种的标示

《卫生部办公厅关于印发〈可用于食品的菌种名单〉的通知》（卫办监督发〔2010〕65号）和原卫生部2011年第25号公告分别规定了可用于食品和婴幼儿食品的菌种名单。预包装食品中使用了上述菌种的，应按照《食品安全国家标准　预包装食品标签通则》（GB 7718—2011）的要求标注菌种名称，企业可同时在预包装食品上标注相应菌株号及菌种含量。自2014年1月1日起食品生产企业应按照以上规定在预包装食品标签上标示相关菌种。2014年1月1日前已生产销售的预包装食品，可继续使用现有标签，在食品保质期内继续销售。

10）进口预包装食品应标签标示要求

进口预包装食品的食品标签可以同时使用中文和外文，也可以同时使用繁体字。《食品安全国家标准　预包装食品标签通则》（GB 7718—2011）中强制要求标示的内容应全部标示，推荐标示的内容可以选择标示。进口预包装食品同时使用中文与外文时，其外文应与中文强制标识内容和选择标示的内容有对应关系，即中文与外文含义应基本一致，外文字号不得大于相应中文汉字字号。对于特殊包装形状的进口食品，在同一展示面上，中文字体高度不得小于外文对应内容的字体高度。

对于采用在原进口预包装食品包装外加贴中文标签方式进行标示的情况，加贴中文标签应按照《食品安全国家标准　预包装食品标签通则》（GB 7718—2011）的方式标示；原外文标签的图形和符号不应有违反《食品安全国家标准　预包装食品标签通则》（GB 7718—2011）及相关法律法规要求的内容。

进口预包装食品外文配料表的内容均须在中文配料表中有对应内容，原产品外文配料表中没有标注，但根据我国的法律、法规和标准应标注的内容，也应标注在中文配料表中（包括食品生产加工过程中加入的水和单一原料等）。

进口预包装食品应标示原产国或原产地区的名称，以及在中国依法登记注册的代理商、进口商或经销者的名称、地址和联系方式；可不标示生产者的名称、地址和联系方式。原有外文的生产者的名称地址等不需要翻译成中文。

进口预包装食品的原产国国名或地区区名，是指食品成为最终产品的国家或地区名称，包括包装（或灌装）国家或地区名称。进口预包装食品中文标签应当如实准确标示原产国国名或地区区名。

进口预包装食品可免于标示相关产品标准代号和质量（品质）等级。如果标示了产品标准代号和质量（品质）等级，应确保真实、准确。

进口预包装食品仅有保质期和最佳食用日期，应根据保质期和最佳食用日期，以加贴、补印等方式如实标示生产日期。

11）绿色食品标签的标识

根据《食品安全国家标准　预包装食品标签通则》（GB 7718—2011）4.1.10规定，预包装食品（不包括进口预包装食品）应标示产品所执行的标准代号。标准代号是指预包装食品产品所执行的涉及产品质量、规格等内容的标准，可以是食品安全国家标准、食品安全地方标准、食品安全企业标准，或其他相关国家标准、行业标准、地方标准。按照《绿色食品标志管理办法》规定，企业在产品包装上使用绿色食品标志，即表明企业承诺该产品符合绿色食品标准。企业可以在包装上标示产品执行的绿色食品标准，也可以标示其生产中执行的其他标准。

二、食品营养标签标准

（一）标准概述

《食品安全国家标准　预包装食品营养标签通则》（GB 28050—2011）适用于预包

装食品营养标签上营养信息的描述和说明；不适用于保健食品及预包装特殊膳食用食品的营养标签标示。

（二）术语定义

1．营养标签

预包装食品标签上向消费者提供食品营养信息和特性的说明，包括营养成分表、营养声称和营养成分功能声称。营养标签是预包装食品标签的一部分。

2．核心营养素

营养标签中的核心营养素包括蛋白质、脂肪、碳水化合物和钠。

3．营养成分表

营养成分表是指标有食品营养成分名称、含量和占营养素参考值（nutrient reference values，NRV）百分比的规范性表格。

4．营养素参考值（NRV）

营养素参考值是指专用于食品营养标签，用于比较食品营养成分含量的参考值。

5．营养声称

营养声称是对食品营养特性的描述和声明，如能量水平、蛋白质含量水平。营养声称包括含量声称和比较声称。含量声称是描述食品中能量或营养成分含量水平的声称，声称用语包括"含有"、"高"、"低"或"无"等。比较声称是与消费者熟知的同类食品的营养成分含量或能量值进行比较以后的声称，声称用语包括"增加"或"减少"等。

6．营养成分功能声称

某营养成分可以维持人体正常生长、发育和正常生理功能等作用的声称。

（三）标准的主要内容

1．基本要求

预包装食品营养标签标示的任何营养信息应真实、客观，不得标示虚假信息，不得夸大产品的营养作用或其他作用。预包装食品营养标签应使用中文，如同时使用外文标示的，其内容应当与中文相对应，外文字号不得大于中文字号。

营养成分表应以一个"方框表"的形式表示（特殊情况除外），方框可为任意尺寸，并与包装的基线垂直，表题为"营养成分表"。营养标签应标在向消费者提供的最小销售单元的包装上。

食品营养成分含量应以具体数值标示，数值可通过原料计算或产品检测获得。各营养成分的营养素参考值（NRV）见 GB 28050 附录 A，如能量的营养素参考值（NRV）为 8400kJ；蛋白质的营养素参考值（NRV）为 60g。营养标签的格式见 GB 28050 附录 B 营养标签格式，食品企业可根据食品的营养特性、包装面积的大小和形状等因素选择使用其中的一种格式。

2. 强制标示内容

所有预包装食品营养标签强制标示的内容包括能量、核心营养素的含量值及其占营养素参考值（NRV）的百分比。当标示其他成分时，应采取适当形式使能量和核心营养素的标示更加醒目。核心营养素包括蛋白质、脂肪、碳水化合物和钠。

对除能量和核心营养素外的其他营养成分进行营养声称或营养成分功能声称时，在营养成分表中还应标示出该营养成分的含量及其占营养素参考值（NRV）的百分比。使用了营养强化剂的预包装食品，在营养成分表中还应标示强化后食品中该营养成分的含量值及其占营养素参考值（NRV）的百分比。食品配料含有或生产过程中使用了氢化和（或）部分氢化油脂时，在营养成分表中还应标示出反式脂肪（酸）的含量。其他未规定营养素参考值（NRV）的营养成分仅需标示含量。

3. 可选择标示内容

除强制标示内容外，营养成分表中还可选择标示 GB 28050 表 1（能量和营养成分名称、顺序、表达单位、修约间隔和"0"界限值）中的其他成分。

当某营养成分含量标示值符合 GB 28050 表 C.1（能量和营养成分含量声称的要求和条件）的含量要求和限制性条件时，可对该成分进行含量声称，声称方式见 GB 28050 表 C.1。当某营养成分含量满足 GB 28050 表 C.3（能量和营养成分比较声称的要求和条件）的要求和条件时，可对该成分进行比较声称，声称方式见 GB 28050 表 C.3。当某营养成分同时符合含量声称和比较声称的要求时，可以同时使用两种声称方式，或仅使用含量声称。含量声称和比较声称的同义语见 GB 28050 表 C.2（含量声称的同义语）和 GB 28050 表 C.4（比较声称的同义语）。当某营养成分的含量标示值符合含量声称或比较声称的要求和条件时，可使用 GB 28050 附录 D 中相应的一条或多条营养成分功能声称标准用语。不应对功能声称用语进行任何形式的删改、添加和合并。

4. 营养成分的表达方式

预包装食品中能量和营养成分的含量应以每 100 克（g）和（或）每 100 毫升（mL）和（或）每份食品可食部中的具体数值来标示。当用份标示时，应标明每份食品的量。份的大小可根据食品的特点或推荐量规定。

营养成分表中强制标示和可选择性标示的营养成分的名称和顺序、标示单位、修约间隔、"0"界限值应符合 GB 28050 表 1 的规定。当不标示某一营养成分时，依序上移。

当标示 GB14880 和原卫生部公告中允许强化的除 GB 28050 表 1 外的其他营养成分时，其排列顺序应位于 GB 28050 表 1 所列营养素之后。

5．豁免强制标示营养标签的预包装食品

下列预包装食品豁免强制标示营养标签：
（1）生鲜食品，如包装的生肉、生鱼、生蔬菜和水果、禽蛋等；
（2）乙醇含量≥0.5%的饮料酒类；
（3）包装总表面积≤100cm^{2}或最大表面面积≤20cm^{2}的食品；
（4）现制现售的食品；
（5）包装的饮用水；
（6）每日食用量≤10g 或 10mL 的预包装食品；
（7）其他法律、法规、标准规定可以不标示营养标签的预包装食品。

豁免强制标示营养标签的预包装食品，如果在其包装上出现任何营养信息时，应按照标准执行。

拓展资源

预包装食品标签常见的错误

1．标示具有保健、预防治疗疾病作用的内容

这是一类常见的违反基本条款中3.6的案例，生产企业为了吸引消费者的眼球，追求广告效应，使用一些明示或暗示的文字内容介绍产品或产品中的某些成分具有保健、预防治疗疾病的作用。

例如，"天山雪莲饮品"介绍说有"养气、养颜、养血功效"；"盐焗鸡爪"介绍说"多吃不但能软化血管，同时具有美容功效，鸡爪中含有四种蛋白质成分，能够有效抑制高血压"。

2．产品名称与配料表不符

这是一类常见的食品名称标示不规范情况，往往发生在食品名称用一种食品修饰另一种食品时，用作修饰意义的食品在产品加工过程中并没有使用过，误导消费者。

例如，"奶油瓜子"配料中没有奶油，应命名为"奶油味瓜子"；配料中使用非可可的植物油脂产品仍命名为"巧克力"并不规范，应命名为"代可可脂巧克力"，且代可可脂和巧克力应该使用同一字号。

3．产品名称不能反映产品真实属性

标准明确规定清晰的标示反映食品真实属性的专用名称。例如，有一产品命名为"熬点"，其真实属性是复合调味料，在命名时一定要把"复合调味料"标明；《饮料通则》（GB 10789—2015）中规定果汁含量≥10%方可命名为果汁饮料，但仍然有些产品果汁含量达不到要求仍命名"果汁饮料"，这也属于产品不能反映产品真实属性。

4．配料表标题标示不规范

配料表应以"配料"或"配料表"为引导词，如使用"主要成分""成分""主料""辅料"等均不规范，但酒、酱油、食醋等发酵产品，可以用"原料"或"原料与辅料"代替"配料"或"配料表"。

5．未标明复合配料的原始配料

标准规定，如果某种配料是由两种或两种以上的其他配料构成的复合配料（不包括复配食品添加剂），应在配料表中标示复合配料的名称，随后将复合配料的原始配料在括号内按加入量的递减顺序标示。当某种复合配料满足了两个条件，即已有国家标准、行业标准或地方标准，且其加入量小于食品总量的25%时，才可以不需要标示复合配料的原始配料。例如，汉堡调味粉、肉味粉等无相应的国家标准、行业标准或地方标准，应正确标示为汉堡调味粉（小麦粉、食盐……）、肉味粉（猪骨、酱油、淀粉、植物油……）。

6．食品添加剂标示不规范

食品添加剂标示不规范是指未按照标准要求标明食品添加剂的具体名称或食品添加剂的功能类别名称并同时标示食品添加剂的具体名称或国际编码（INS号），只标明其功能名称，如乳化剂、抗氧化剂等；同时部分食品添加剂书写不规范，出现错别字，如a-淀粉酶、单甘酯，应正确标示为α-淀粉酶、单硬脂酸甘油酯。

7．净含量和规格标示不规范

标准规定净含量的标示应由净含量、数字和法定计量单位组成，也即净含量的标题一定为"净含量"，如使用净重、毛重等都属于净含量标题标示不规范。部分不规范情况还包括净含量未使用法定计量单位，如"净含量2500g""0.250kg""2公斤""4700ml"均不规范，正确的标示应为应分别为2.5kg（质量≥1000g，应当使用的计量单位为kg或千克）、250g（质量＜1000g，应当使用的计量单位是克或g）、2kg、4.7L（体积≥1000ml，应当使用的单位为升或L，l）。净含量字符高度达不到相应要求也是常见的不规范。

8．配料的定量标示

标准中4.1.4.1和4.1.4.2规定："如果在食品标签中特别强调添加或含有一种或多种有价值、有特性的配料或成分，应标示所强调配料或成分的添加量或在成品中的含量"；如果在食品标签上特别强调添加或含有一种或多种配料或成分的含量较低或无时，应标示所强调配料或成分在成品中的含量。例如，"本产品特别添加深海鱼油""本产品选用比利时巧克力""不含蔗糖"等。

9．产品执行标准与产品不符

这是近一年来投诉较多的一类案例，如裱花蛋糕产品执行《糕点通则》（GB/T 20977—2007），但其适用范围中明确规定了不适用于裱花蛋糕和月饼；笋干烧黄豆执行《非发酵豆制品》（GB/T 22106—2008），但此产品无制浆工艺。

10．产品质量等级标示不规范

此类案例虽不多见，但反映出生产企业在管理上的随意性。例如，"香蕉片"产品，执行标准中并无质量等级，但标注为"一级品"；枸杞产品，标准GB/T 18672中分为特优、特级、甲级、乙级四等，标示为"一级""甲等"等形式均属于标示不规范。

复习巩固

（1）预包装食品需要标示的标签内容有哪些？

（2）预包装食品营养标签的要求有哪些？

参 考 文 献

贝惠玲，2015. 食品安全与质量控制技术［M］. 2版. 北京：科学出版社.

胡秋辉，王承明，石嘉怿，2020. 食品标准与法规［M］. 3版. 北京：中国质检出版社.

李建新，2013. 食品企业管理［M］. 北京：对外经济贸易大学出版社.

刘厚钧，苏会侠，张晓丽，2018. 食品企业管理［M］. 北京：电子工业出版社.

钱志伟，2011. 食品标准与法规［M］. 北京：中国农业大学出版社.

苏来金，2021. 食品安全与质量控制［M］. 北京：中国轻工业出版社.

汤高奇，石明生，2013. 食品安全与质量控制［M］. 北京：中国农业大学出版社.

王关义，等，2019. 现代企业管理［M］. 5版. 北京：清华大学出版社.

王世平，2017. 食品标准与法规［M］. 2版. 北京：科学出版社.

张冬梅，2021. 食品安全与质量控制技术［M］. 北京：科学出版社.

张冬梅，2021. 食品法律法规与标准［M］. 北京：科学出版社.

章金萍，2013. 市场营销实务［M］. 3版. 北京：中国人民大学出版社.

朱珠，范恩辉，2010. 食品企业管理［M］. 北京：科学出版社.